中国转变经济发展方式
理论演进70年

李陈／著

东南大学出版社
SOUTHEAST UNIVERSITY PRESS
·南京·

图书在版编目(CIP)数据

中国转变经济发展方式理论演进70年 / 李陈著. — 南京 : 东南大学出版社, 2020. 8

ISBN 978-7-5641-9039-2

Ⅰ. ①中… Ⅱ. ①李… Ⅲ. ①中国经济-经济发展模式-研究 Ⅳ. ①F120. 3

中国版本图书馆CIP数据核字(2020)第160742号

中国转变经济发展方式理论演进70年

著　　者　李　陈
责任编辑　陈　淑
编辑邮箱　535407650@qq. com

出版发行　东南大学出版社
出 版 人　江建中
社　　址　南京市四牌楼2号(邮编:210096)
网　　址　http://www. seupress. com
电子邮箱　press@seupress. com

印　　刷　江苏凤凰数码印务有限公司
开　　本　700mm×1 000mm　1/16
印　　张　15. 75
字　　数　265千字
版　　次　2020年8月第1版　2020年8月第1次印刷
书　　号　ISBN 978-7-5641-9039-2
定　　价　65. 00元

经　　销　全国各地新华书店
发行热线　025-83790519　83791830

前　言

转变经济发展方式理论是党和国家领导人根据21世纪初期经济发展的实际国情提出的重大命题。物质资料的生产是人类社会生存和发展的基础，转变经济发展方式是人类生生不息、繁衍进化的必然要求。我国经济新常态时期，经济高质量发展面临着经济增速下行压力，以及资源要素日益趋紧、产能过剩、金融杠杆高居不下、生态环境污染严重等各种风险与矛盾，这些风险与矛盾威胁着经济健康持续发展和人民生活质量的提高。在这种情况下，在已有的转变经济发展方式理论基础上，进一步深入研究符合经济新常态需要的转变经济发展方式理论，就具有一定的时代意义。

转变经济发展方式理论是一个历史范畴，它是党和国家领导人为解决我国经济社会发展过程中遇到转变经济增长方式理论无法解决的难题时提出的又一新范畴。这一范畴既与转变经济增长方式理论存在着密切联系，又是对转变经济增长方式理论的扩充和发展。“经济增长方式是指一个国家或地区在一定时期内，通过对各种生产要素的配置、组合和使用来实现一国生产的商品和劳务总量增加的方法和形式。”[①]依据在经济发展过程中，对生产要素的配置、组合和使用方式不同，把经济增长方式分为粗放型经济增长方式和集约型经济增长方式两种类型。转变经济增长方式理论内含着经济增长方式由粗放型增长方式向集约型增长方式转变。这种转变是把经济发展过程中依靠资金投入和要素投入驱动经济增长，转向依靠科学技术驱动经济增长，结果是把经济增长由“三高两低”[②]转向“三低两高”[③]，节约自然资源和保护环境。但不能把经济发展纯粹理解为财富的增长和环境保护，

① 李陈：《马克思关于转变经济发展方式的思想及其当代价值》，人民出版社2017年版，第10页。

② “三高两低”是指高投入、高能耗、高污染、低水平、低效益。

③ “三低两高”是指低消耗、低污染、低排放、高质量、高效益。

因为马克思主义经典作家告诉我们，经济发展包括生产、分配、交换和消费四个环节，消费既是经济发展的最终环节，也是经济发展的动因。因此，一个国家或地区经济发展的目的除了促进财富增加外，还要改善和提高人民群众生活水平。21世纪初，党和国家领导人意识到前期经济增长方式"重物不见人"的弊端，提出了转变经济发展方式理论。转变经济发展方式理论除了包含粗放型经济增长方式向集约型经济增长方式转变，经济结构与资源要素配置优化，生态环境保护，经济发展的质量、速度和效益并行外，还包含着提高人民群众生活水平，力求促进人的自由全面发展，最终达成人与自然、人与社会和谐相处的资源节约型、环境友好型、人的发展型的经济发展方式。

研究中国转变经济发展方式理论需从理论源头汲取智慧。我国是社会主义国家，指导我国经济发展的理论是马克思主义理论，因而马克思在经典著作中内含的经济发展方式思想，成为我国转变经济发展方式理论演进过程的指导思想和理论源头。事实上，马克思也是历史上比较科学地论述经济发展方式思想的第一人。世界经济思想史上，在马克思之前确有不少古典经济学家论述过或类似谈到经济发展方式方面的内容，但是这些经济学家在论述时，受阶级性的限制，要么理论视野狭隘，要么论述的内容不太全面，如在经济学领域有较强影响力的古典经济学家亚当·斯密和大卫·李嘉图。亚当·斯密仅从劳动分工提高劳动生产率和增加生产性劳动人数两个方面来论述经济增长方式。大卫·李嘉图主要是通过对收入分配的分析，探索收入分配对经济增长的决定作用。从经典著作内容来看，马克思对经济发展方式思想的论述，并未局限于亚当·斯密和大卫·李嘉图的相关论述，而是借助技术进步，"既研究了资本扩大再生产方式，把资本扩大再生产方式区分为内涵式和外延式两种类型，这与当今经济学理论所阐述的经济增长方式分为粗放型经济增长方式和集约型经济增长方式的内涵相似，又研究了社会总资本的发展方式，认为社会总资本要顺利发展，两大部门及其各自内部必须在总量平衡和结构平衡基础上实现实物补偿和价值补偿。同时，他还从广义角度论述了影响经济发展的各种因素，即包括资源要素、资本积累、科学技术、市场开拓、社会制度、企业管理和生态环境等方面，阐述了经济发展与自然资源保护、生态环境保护、社会发展、人的全面自由发展的共同动态演进的关系等思想"①。这些关于经济发展方式丰

① 李陈：《马克思关于经济发展方式的思想及其当代价值》，人民出版社2017年版，第2—3页。

富的思想,是古典经济学家所无法想象的。而经济新常态时期,我国经济发展渐次出现的经济增速下降,出口、投资和需求对经济增长的拉动力边际效益递减,全要素生产率下降、资源要素趋紧、成本升高、供需失衡、环境污染恶化,以及群众生活幸福指数下降等现象,都与转变经济发展方式力度不强、步幅不大有关。同时,这些反映经济发展的不良现象,在马克思论述资本主义经济发展方式思想的经典著作中都能窥见一斑。

研究转变经济发展方式理论还需从其形成的历史过程中总结演进规律。当前,我国经济发展取得的巨大成就,得益于四十多年的经济高速增长。但长期的粗放型经济发展,也给我国经济健康持续发展积累了不少隐患和弊端。受2008年国际金融危机的冲击和后续影响,这些积累的隐患和弊端逐渐显现,导致经济新常态时期经济发展面临诸多困难和挑战。事实上,党和国家领导人在领导和推动经济发展的时候,也意识到粗放型经济发展方式会给经济发展带来不利影响,因而在不同的发展阶段,党和国家领导人以及学界都在不同程度上逐渐深化对经济发展方式理论的认识,并在发展经济实践中积极引导我国转变经济发展方式。从20世纪五六十年代对马克思的经济发展方式思想的初步认识和争鸣,到改革开放后80年代至90年代初期邓小平经济发展新路子思想的形成,到90年代中后期至21世纪初期转变经济增长方式理论的提出,再到21世纪前10年转变经济发展方式理论的形成,以及经济新常态时期人们对转变经济发展方式理论的深化,我国转变经济发展方式理论形成及其实践过程,无不凝聚着每一代理论研究者和实践者的智慧和心血。因此,研究转变经济发展方式理论,不仅要考虑到当前的经济发展状况,还必须要深入研究马克思经济发展方式思想,汲取其思想精华,并结合我国转变经济发展方式理论演进过程中所展现的规律和智慧,为经济新常态时期转变经济发展方式理论研究提供新思考。

本书是在四川省社科规划基金项目(SC15B049)资助下取得的成果,其研究思路和内容如下:第一章在叙述马克思经济发展方式思想形成的时代背景、源泉及其过程基础上,从经济发展的方法或路径、生产要素的配置、经济发展与社会发展和人的发展关系等方面挖掘马克思经济发展方式的思想,并阐述其对苏联经济发展方式理论的影响。第二章论述了新中国成立到改革开放前这一时期,毛泽东经济发展方式思想的形成背景和内容,并阐述了20世纪五六十年代理论界对马克思经济发展方式思想的理论研讨,分析了这种思考的历史意义和时代局限性。第三章

论述了20世纪80年代到90年代初邓小平和陈云经济发展新路子思想的形成背景和内容，党和国家在十二大和十三大上对经济发展新路子思想的初步强调，以及这一时期理论界对马克思经济发展方式思想的深入研讨，及其对经济发展新路子思想的影响。第四章阐述了转变经济增长方式理论形成的国内外背景，党和国家领导人在党的十四届五中全会上明确提出转变经济增长方式，走新型工业化道路部署的贡献，以及理论界前后两次对转变经济增长方式理论的研讨。第五章阐述了加快转变经济发展方式理论提出的时代背景，以及为应对金融危机的冲击与影响，党和国家把转变经济发展方式提升到发展"主线"的高度加以重视，并作了相关部署。同时，也概括了理论界对加快转变经济发展方式的研讨，分析了研讨意义。第六章阐述了经济新常态呈现的特征、困难与挑战，介绍了党和国家领导人有针对性地提出以新发展理念引领经济高质量发展，从供需平衡的角度推进供给侧结构性改革的论述。在此，著者对经济新常态时期转变经济发展方式理论的地位演变与今后发展提出了新思考。

经济新常态时期，我国正处于努力促进经济发展提质增效阶段，向经济高质量发展迈进，迫切需要在习近平经济思想指导下，以新发展理念为指引，以供给侧结构性改革为抓手，优化经济结构，加快推进转变经济发展方式，破解经济发展遇到的难题与困境。因此，需要对复杂而又系统的中国特色转变经济发展方式理论进行系统的考察，而且对这方面理论发展史的研究还可以丰富中国特色社会主义政治经济学的内容，有利于加深对马克思主义中国化的理解。愿本课题成果在此方面能奉献力量，发挥基础作用。

目录
CONTENTS

第一章　中国转变经济发展方式理论的思想源泉

问题和风险存在决定了研究转变经济发展方式理论的必要性。经济新常态时期，在以往转变经济发展方式的基础上，我国经济发展呈现出产业结构由中低端向中高端转换、增长动力由要素驱动和投资驱动向创新驱动迈进的良好趋势。但在这一良好趋势下，我国经济发展也呈现出诸多隐忧。经济增速下行压力大，由此而来的各种潜在的风险如产能过剩、房地产风险、地方政府债务风险和金融风险等不断凸显，这些问题和风险在一定程度上制约了我国经济有效持续发展。为了解决经济新常态时期经济发展中存在的问题和风险，我国必须加快转变经济发展方式。理论是实践的先导，因而研究转变经济发展方式理论就成为一项必不可少的课题。

深入有效地推进我国转变经济发展方式理论研究，需从根源上研究马克思的经济发展方式思想。从经济史角度看，在马克思之前有不少经济学家对经济发展方式产生过或多或少的认识，但和马克思在批判性研究资本主义经济发展中提出的经济发展方式思想相比，马克思对经济发展方式思想的研究显得较为全面。同时，马克思作为马克思主义的创始人，他研究问题的立场、观点和方法又在指导着中国特色社会主义建设。因此，研究转变经济发展方式理论首先要在经典著作中挖掘马克思经济发展方式思想。

第一节　马克思经济发展方式思想衍生的时代渊源

马克思经济发展方式思想的衍生不是偶然的，而是特定历史条件下的必然产物，其衍生必然存在着特定的历史条件和思想渊源。它是在全面批判分析资本主义社会剥削本质、经济发展趋势，以及借鉴扬弃前人研究成果的基础上衍生起来的。

一、马克思经济发展方式思想衍生的历史条件

马克思经济发展方式思想的衍生是资本主义发展到一定历史阶段的产物。社会存在决定社会意识，任何科学理论都是现实实践在人们头脑中的反映，马克思经济发展方式思想的衍生，是对工业革命和社会化大生产带来的资本主义新经济发展方式演变的反映。深刻理解马克思经济发展方式思想衍生的历史条件，是深入理解马克思经济发展方式思想内涵以及转变经济发展方式理论的重要前提。

（一）工业革命与社会化大生产的发展

工业革命对资本主义经济发展产生了深远影响，不仅使资本主义经济发展方式出现演进变化，而且促进了社会化大生产的发展，加深了资本家对工人的剥削，进一步激化了资本家与工人阶级之间的矛盾，为马克思经济发展方式思想的衍生提供了坚实的物质基础和阶级基础。

资本主义制度的建立，为资本主义经济发展提供了新元素。资本主义生产方式于14—15世纪在欧洲产生后，在其以后的资本原始积累和商品经济运动过程中，不断强制劳动者与生产资料相分离，这不仅产生了大批一无所有靠出卖劳动力的劳动者，而且还促进了货币和生产资本日益集中在少数人手里并转化为资本。这些拥有资本的少数人，通过办工场、农场和矿山，把工人集中在一起劳作，这种劳作方式，虽然承袭了前资本主义时期依靠投资增加原料和劳动力为主的外延式发展，但却出现了工人集体使用生产资料的社会化大生产萌芽。社会化大生产萌芽这一新元素的出现，为以后工业革命的产生和社会化大生产的发展奠定了坚实的基础，并促进了当时生产力的发展。

工业革命的发生和完成，开启了人类新型经济增长方式形成的新大门。继1688年英国资产阶级革命胜利后，法、德、美等国家的资产阶级也相继于18世纪取得政权。取得政权后的资产阶级废除了前资本主义时期的各种经济发展障碍，实行自由的工商业活动政策。这些政策和措施的实施，促进了国内市场和世界市场的迅速扩大。18世纪，英国等资本主义国家的资本家深感市场对商品的需求与工场手工业狭隘生产技术的矛盾，加之相互之间对利润追逐的竞争，他们从内心深处迫切渴望通过提高生产技术，改进生产工具，以降低必要劳动时间和节约生产成本，扩大商品的供给量，获得更大的利润并在竞争中获胜。从18世纪30年代起，

英国从纺织领域开始了一系列生产工具变革，随后蔓延到交通运输等其他领域。直到19世纪30年代，英国基本上实现了以机器生产代替手工操作、工厂制度代替工场制度，提高了劳动生产率，实现了由传统粗放经济增长方式向集约经济增长方式的过渡。随后，法、美、德、日、意等资本主义国家也相继实现了机器大工业生产代替手工劳作的变革。大机器生产方式代替手工劳动方式和个体农业生产方式，标志着工业革命在主要资本主义国家完成。工业革命已经完成，便显示出它推动经济飞速发展的巨大威力。为此，马克思赞誉："资产阶级在它的不到一百年的阶级统治中所创造的生产力，比过去一切世代创造的全部生产力还要多，还要大。"① 工业革命促进资本主义经济增长方式转型，为马克思经济发展方式思想形成奠定了技术思想基础。

伴随着工业革命的完成，资本主义生产进入了社会化大生产阶段，并应运而生新的管理方式和管理理念。机器大工业取代个体农业和工场手工业，以机械力代替人力和畜力，不仅提高了劳动生产率，改变了经济增长方式，也使社会经济结构发生巨大变化，即由个体生产趋向社会化大生产。伴随着各主要资本主义国家工业化的次第完成，资本主义社会化大生产也获得了巨大发展。其主要表现为：其一，生产资料的集聚和生产规模的扩大。在竞争作用下，在使用大机器生产提高劳动生产率和降低单位产品劳动量的同时，资本家通过集聚和集中，不断扩大生产规模，变个人分散使用的生产资料为大批人共同使用的生产资料（包括生产工具），促进社会化大生产的形成。其二，资本所有权日益具有社会性。随着科学技术和社会分工的不断发展，在竞争的刺激下，资本主义企业生产的规模也越来越大。为了筹措资本扩大再生产，资本家开始把企业资本分割成众多股份向社会发行。此时，私人资本家和其他持有股份的出资者共同拥有企业财产的所有权，从而使资本所有权具有社会性。其三，个人劳动产品成为社会产品。在大机器生产条件下，随着专业分工的日益深化和协作的进一步发展，原来劳动者个人生产的产品转变为不同的劳动者之间、企业之间、部门之间、国家或地区之间相互协作进行生产，产品由私人产品变成了社会产品。其四，商品生产促进了世界市场的最终形成。大机器生产下的商品产量迅猛增加，迫使资产阶级打破地域限制，将狭小的地方市场扩展成统一的国内大市场后，不断在全球范围内扩张殖民地，抢夺世界市场，使生产、分

① 《马克思恩格斯文集》第2卷，人民出版社2009年版，第36页。

配、交换和消费在更大的范围进行，进而促成整个世界经济活动形成密切联系的整体。随着专业化分工的深化和科学技术的发展，资本主义生产的上述四个方面的社会化程度越来越高，并且日益成为衡量社会生产力发展的标志。但是，社会化大生产与资本主义固有的私有制又不可避免地存在着矛盾和冲突。随着社会化大生产的进一步发展，这种矛盾和冲突日益加深，这就要求资本家不断革新企业管理方式和管理理念，更好地控制工人，提高工人的劳动效率，以求更好地压榨和剥削工人创造的剩余价值。生产的社会化及其不断革新的企业管理方式和管理理念为马克思的经济发展方式提供了组织管理思想实践基础。

（二）资本主义残酷剥削制造深刻的社会矛盾与工人运动的发展

工业革命和社会化大生产促进了社会结构发生分化。工业革命直接带来了两种后果：其一，改变了经济增长方式。整个社会生产以大机器生产取代手工劳作，进而把前期的粗放型经济增长作为一种趋势转向集约型经济增长，且在竞争的作用下，这种趋势日益明显。其二，打破了封建社会形成的固有的阶级结构，使整个社会日益分裂为两大对立阶级——资产阶级和无产阶级。虽然资本主义制度的确立是历史的进步，但这种新制度仍然是一种剥削制度。在这种制度下，资产阶级对无产阶级的剥削比封建社会地主对农民的剥削更为严酷。马克思指出："它用公开的、无耻的、直接的、露骨的剥削代替了由宗教幻想和政治幻想掩盖着的剥削。"①因此，资本主义制度虽然促使生产力获得飞速发展，但带来的却是严重的两极分化和深刻的内在社会矛盾。

随着科学技术的不断进步和大机器在生产中的日益更新，资产阶级和无产阶级之间的矛盾不断加深。工业革命在创造出工业资本家的同时，也打造出一支数量庞大的无产阶级。在资产阶级剥削程度日益加大的情况下，工人生活状况日益恶化，再加上经济危机的周期发生导致工人经常性失业，无产阶级生活雪上加霜。在生活和工作处于人的异化状态下，无产阶级奋而抗争。"资产阶级用来推翻封建制度的武器，现在却对准资产阶级自己了。"②最初，工人阶级反对资产阶级的斗争只局限于感性认识，处于自发斗争状态。他们只是在经济上要求增加工资、缩短工时和改善劳动条件等，没有超出罢工和经济斗争的范围。随着斗争实践的深入，工

---

① 《马克思恩格斯文集》第3卷，人民出版社2009年版，第363页。

② 《马克思恩格斯文集》第2卷，人民出版社2009年版，第37页。

人阶级才逐渐认识到，资本主义制度才是工人自身受苦受难的根源，一般的经济斗争只能暂缓资产阶级的剥削程度，而不能消灭资本主义制度本身。于是，工人阶级把斗争的矛头指向资本主义国家机器，由经济斗争转向政治斗争，并从个人或小团体斗争转向联合斗争。19 世纪 30—40 年代，工人斗争达到新高潮。但这一时期的欧洲工人运动均受到资产阶级残酷镇压而失败，说明劳动生产率的提高和经济增长方式的转变，受益的是资产阶级，无产阶级的地位和贫穷并没有因此而改变，无产阶级仍然处于受奴役和受剥削的地位。

资产阶级的残酷压榨和无产阶级的反抗意识和行为，为马克思经济发展方式思想的形成奠定了人本思想基础。资本主义制度代替封建制度，特别是工业革命后大机器的采用，提高了劳动生产率，带动了经济结构调整，实现了经济增长方式转变。但由于资产阶级自私的经济人的本性存在，他们尽其所能地残酷压榨和剥削工人，致使工人辛苦劳作而食不果腹，挣扎在死亡线上。工人为了改善生活而进行的各种运动和起义斗争，却遭到了资产阶级的镇压而失败。这说明，无产阶级的温饱渴求，乃至于自由全面发展在资本主义社会内部无法得到实现。三大工人运动或起义的政治要求和政治口号，以及斗争的失败说明，无产阶级要实现自己的政治和经济利益诉求，需要有一个科学的理论来揭示资本主义经济发展的规律、趋势，以及经济增长方式演变的轨迹，解密无产阶级受苦受难的原因和资产阶级剥削工人的秘密。资本主义经济发展和工人对命运的抗争，为马克思关于经济发展最终目的是为了人的自由全面发展提供了人本思想基础。

二、马克思经济发展方式思想衍生的思想来源

理论不仅来源于实践，还要有思想和学说的传承，马克思经济发展方式的衍生也不例外，它的衍生除了建立在资本主义经济发展，以及无产阶级与资产阶级斗争等实践基础上外，还建立在一定的学说基础上。资本主义的建立及其在后续发展的过程中，先后出现了代表不同阶级利益的哲学、政治经济学和历史学等学术派别，这些学术派别思想，尤其是德国古典哲学、英国古典政治经济学和英法两国空想社会思想对马克思经济发展方式思想影响深远，成为马克思经济发展方式思想的来源。

（一）对德国古典哲学的扬弃与创新

马克思经济发展方式思想衍生于德国古典哲学两个方面：一个是辩证方法论，

另一个是人本学思想。其中,辩证法源于德国古典唯心主义哲学,特别是对黑格尔唯心主义辩证法的扬弃与创新;人本学思想来源于对费尔巴哈人本唯物主义思想的扬弃与创新。

德国古典唯心主义辩证法哲学的产生是与当时独特的时代背景相适应的。18世纪末到19世纪初的英国工业革命和法国资产阶级革命,对德国思想界产生了深刻的影响。然而当时的德国资本主义有所发展,却发展不充分。资产阶级在政治上极为软弱,想革命,但又害怕革命,企图把发展资本主义经济的希望寄托在封建贵族自上而下的改良上。因而,德国古典唯心辩证法正是资产阶级利益诉求和内心活动的生动写照。德国古典哲学创始人是康德,后经谢林、费希特发展,最后由黑格尔创立了唯心主义辩证法。

马克思经济发展方式思想扬弃和创新了德国古典哲学,尤其是黑格尔的辩证法思想。德国古典哲学在发展过程中,抛弃了自古希腊哲学以来的形而上学思想,自觉发展了唯心主义辩证法思想,尤其是作为德国古典哲学的集大成者的黑格尔,第一个全面地、有意识地演绎了绝对理念辩证运动过程,构建了包括三大规律和诸范畴在内的庞大的客观唯心主义辩证法体系。他提出,“绝对理念”或“绝对精神”是整个宇宙体系中万物的本源,是第一性的东西,由其派生出自然界和人类社会。“绝对理念”或“绝对精神”作为矛盾运动的主体,其自我运动和发展外化为整个世界万事万物的运动变化。这种外化过程是它自身的一种丧失或异化过程,在一系列的外化过程后,“绝对理念”最终在其发展的最高境界即人类的思维中认识自身,因而构成了一个包罗万象的辩证演绎封闭体系。在这个封闭的唯心主义神秘体系中,包含着辩证法的“合理内核”。他根据矛盾的产生、变化和发展过程,推断出事物存在着不断由低级向高级变化发展,并据此阐述了对立统一规律、质量互变规律、否定之否定规律的内涵及其内在联系。对此,马克思在肯定黑格尔的辩证法,吸取它的“合理内核”的同时,批判了它的唯心主义形式,创造了唯物辩证法,奠定了其经济发展方式思想的辩证方法论基础。

马克思经济发展方式思想也批判地继承了德国古典哲学,特别是费尔巴哈哲学的人本主义思想。德国古典哲学不断抬高“人”的地位,强调人的理智和能动性。费尔巴哈哲学,则冲破了唯心主义体系的束缚,在唯物主义思想基础上继续高扬人本主义思想。他认为,在人与自然、宗教的关系中,人是理性的尺度,是思维和存在的统一的基础和主体,提出了应以人为中心的哲学学说。他说:“我的第一个思想

是上帝，第二个是理性，第三个也是最后一个是人。神的主体是理性，而理性的主体是人。”[①]由此可见，费尔巴哈与黑格尔把“绝对观念”、神和理念描写为唯一的实在和动力的观点相反，费尔巴哈把人说成是现实世界中唯一的动力和实在，把人当作哲学的最高原则和思想发展的最终归宿。但是，他在考察人的本质时，总是撇开人的社会性和历史性去考察人，力图从自然观的角度推演出人是自然界里具有饮食、性爱和趋利避害的类的高级生物。马克思对此进行了批判，认为费尔巴哈虽然扬弃了黑格尔建立在唯心主义基础上对人的唯心主义诠释，但他却离开人的社会性、历史性去考察人的本质，把人的社会关系仅仅理解为脱离物质的、抽象的、超阶级的爱。为此，马克思认为，人的本质是一切社会关系的总和，社会关系则是建立在具有感性的客观的物质性的实践基础上的现实社会生活中，这种就把人理解为具体的、历史的、现实的人，是一种需要在物质生产活动中、经济发展中得以存在并发展的人。在感性的现实生活中理解人，为马克思经济发展方式思想提供了人本思想基础。

（二）对古典政治经济学经济增长方式思想的扬弃

古典政治经济学关于经济增长方式问题的研究起源于当时特定的历史条件，即工业革命的发生和完成。工业革命的发生和完成，特别是大机器在生产中的采用，在较大程度上提高了劳动生产率，推动了资本主义生产能力大幅提高。对此，古典政治经济学家为解释经济大幅增长的原因，对资本主义经济增长方式进行了研究。在古典经济学家中，对经济增长方式的研究具有代表性的是亚当·斯密和大卫·李嘉图，他们对经济增长方式的研究，为马克思研究资本主义经济发展方式提供了一定的思想线索。

斯密的经济增长方式思想主要集中在他对经济增长原因的研究中，即生产要素与劳动分工程度的分析上。他在《国民财富的性质和原因的研究》中说：“在劳动生产力上最大的增进，以及运用劳动时所表现的更大的熟练、技巧和判断力，看起来都是分工的结果。”[②]斯密认为，一是增加生产要素的数量和提高生产要素的质量是促进经济增长的原因。他还认为，促进经济增长的基本因素应包括劳动、资本和土地等的数量和质量，财富的增长和劳动生产率的提高，不仅与劳动者的数量和

① 费尔巴哈：《费尔巴哈哲学著作选集》上卷，荣振华、李金山等译，商务印书馆1984年版，第247页。

② [英]亚当·斯密：《国民财富的性质和原因的研究》，郭大力、王亚南译，商务印书馆1972年版，第1页。

劳动者的素质成正比，而且还与生产性劳动时间威正比。他提出，用于维持生产性劳动的人手越多，非生产性劳动时间人手越少，生产的财富就越多。同时，他也认识到，生产性劳动人手越多，劳动生产率越高，用于维持生产所需的费用就越多。为此，他提出，资本积累成为国民财富增长的决定性因素。同时，他还认为，土地作为生产要素，是促进经济发展的基本要素之一，是私人和公家一切收入的源泉。但土地面积具有有限性，在一定程度上阻碍了财富的增长。他通过观察，发现不同块的土地肥力不同，产量也就不同。他认为，对土地增加投资，就能提高土地单产量，从而有更多农产品产出。二是分工协作提高劳动生产率。斯密通过对劳动过程的观察后认为，分工协作在生产过程中起着非常重要的作用，它不仅可以让劳动者在劳动过程中不必经常转换工作浪费时间，而且还有利于劳动者在工作中积累经验，熟悉技能，乃至改进生产工具，推动劳动生产率的提高。同时，斯密也认识到，分工的深度和范围与市场的拓展程度有着紧密的联系，“市场容量要是过小，那就不能鼓励人们终生专务一业”①，而且“市场容量过小也不利于生产工具和专门机器的改进和发展”②。因此，他主张积极拓展市场范围，以促进分工的发展。在上述论述中，虽然斯密没有提出经济增长方式概念，也没明确对经济增长方式进行分类，但他对促进国民财富增长的两种原因的客观分析，尤其是对生产要素在质和量方面的变化对经济增长的影响的论述，事实上与我们今天所说的促进经济增长的粗放型和集约型两种类型的内涵相类似。马克思在批判亚当·斯密学说时提出，他把社会总产品的价值说成是劳动创造价值($v+m$)，以及抹杀资产阶级残酷剥削的勤俭是资本积累唯一方法是庸俗的观点。但是，马克思在继承了斯密关于影响经济增长的两种原因说的基础上，提出了资本扩大再生产方式，并分为两种类型。同时，马克思还继承了斯密关于市场的理论学说，认为市场对经济发展有重要的影响，提倡积极拓展市场范围。

李嘉图的经济增长方式思想隐含在他的生产收益递减和资本积累思想中，最明显的是在他的农业生产方式中的两种生产类型思想。他认为，扩大生产规模需要一定的资本投入，资本的投入来源于资本的积累，资本的积累取决于资本家在收入中的储蓄，而储蓄的大小取决于资本积累的动机，即利润率的高低。在继承了斯

① [英]亚当·斯密:《国民财富的性质和原因的研究》，郭大力、王亚南译，商务印书馆1972年版，第16页。
② 同①，第18页。

密关于经济增长的原因说的基础上，他提出了生产收益递减说。李嘉图认为，在土地数量有限和肥力不均的情况下，由于人口压力导致开垦的土地越来越多，土地肥力随之不断降低，人们付出的等量劳动所获得的收益就会随着肥力的减弱而依次递减。即使在同一块肥沃的土地上，随着资本和劳动力的投入增加，其增加的产量也会越来越少。为了抑制土地收益递减，他认为技术发展和新机器的采用成为一种必要。为此，他提出了集约生产和扩展生产的农业生产方式。集约生产方式是指不增加土地面积，而是增加资本和劳动力的投入量就能增加土地的单产量。他提出，增加机器、犁、打谷机等在农业生产中的使用，既可以减少劳动力使用，又可以提高单位面积的生产效率。扩展生产方式是指不增加资本和劳动力的投入，只增加耕种的土地面积从而实现农产品数量的增长。由此可见，李嘉图关于经济增长的生产收益递减思想和资本积累思想与斯密对经济增长的原因分析相比又前进了一步。李嘉图以生产收益递减作为理论依据，提出利润率的高低影响资本积累能力和投资程度，并进一步影响经济增长的快慢，甚至他对农业增长方式类型的分析，更是与现代经济增长方式类型相接近。同时，李嘉图还合理分析了农业生产方式与收入分配、利润率、资本积累等的关系。这些思想在当时的时代背景下是难能可贵的。

（三）对空想社会主义者关于人本思想的批判和创新

空想社会主义运动发起于16世纪初期，终止于19世纪中期。其主要代表人物，早期的有托马斯·莫尔、托马斯·闵采尔、康帕内拉；中期的有让·梅叶、摩莱里、格拉古·巴贝夫；晚期的有圣西门、傅立叶和欧文。

空想社会主义者的人本思想主要有：其一，对资本主义剥削制度进行猛烈批判。面对资产阶级对工人的残酷剥削，空想社会主义者进行了无情的批判和揭露。如莫尔的"羊吃人"运动说，圣西门的"真正的吸血鬼"和"真正黑白颠倒的世界"说，傅立叶的"工厂是温和的苦役场所"和"复活的奴隶制度"说等。其二，提出和建立人人公平参加劳动的社会制度。空想社会主义者在对资本制度进行批判后，先后在世界各地设计和建立了各种各样的人人公平参加劳动的社会制度。如莫尔和康帕内拉认为，劳动没有贵贱之分，每个人都必须参加劳动；温斯坦莱设计的未来理想社会是人人必须参加劳动，不允许雇佣别人替自己劳动。上述空想社会主义者只是设计未来理想社会的劳动组织形式，到了19世纪，圣西门、傅立叶和欧文不仅设计了未来理想社会劳动组织形式，而且在行动中也践行了这种理想社会模式。如圣西门设计和建立了实业制度，傅立叶设计和建立了“法郎吉”社会，欧文设计和建立了新和谐公社。虽然圣西门、傅立叶和欧文设计的理想社会最终失败，但他们对未来公平的理想社会作了有益探索。其三，提出实行消费品公平分配。在对未来理想社会消费品分配设计上，早期空想社会主义者提出应实行“按需分配”原则；中期空想社会主义者提出劳动产品平均分配、社会福利普遍享受原则；晚期空想社会主义者提出个人收入才能与贡献成正比、按能力计报酬与按功效定能力、按劳动资本和才能分配、各尽所能、按需分配等原则。

马克思经济发展方式思想中关于人的自由全面发展思想，出自对空想社会主义者的人本思想的扬弃。由于空想社会主义者对未来理想社会的追求，不是建立在对社会历史发展规律的认知上，更没有在实践中找到可以实现的力量和正确的路径，因而，他们所提倡的各种人本思想及其在现实中的实践往往具有很大空想成分。但空想社会主义者对资本主义制度的嗜血性和资产阶级对工人阶级残酷剥削进行无情的揭露和批判，对未来理想社会人的自由全面发展的天才设想，为马克思在实践斗争中形成的为工人阶级谋福利意识的人本思想提供了思想指导。

第二节　马克思经济发展方式思想

经济发展方式是现代经济用语。经济发展方式是指一个国家或地区在一定时期内的经济发展路径，这种路径是由投入生产要素组合方式，由科学技术、制度、市场、生态环境等因素综合影响形成的经济结构，以及经济发展对人的发展、社会发展和生态环境所产生的影响，它反映了一个国家或地区的经济发展的方法和路径。从现实实践来看，经济发展方式是以经济增长方式两种类型为基础形成的经济增长与生态环境、人的发展之间不同关系的两种经济发展路径。粗放型经济发展方式是以资源要素的投入为驱动力来推动经济发展，这种发展路径往往不重视资源节约、生态环境保护与人的发展。经济型经济发展方式是以创新为驱动力来推动经济发展，这种发展路径重视资源节约集约、生态环境保护和人的发展。经济发展方式的类型不同，经济发展的效果就不同。随着生产力的发展和科学技术的进步，经济发展方式总是不断由粗放型向集约型演化。因此，根据对经济发展方式的相

关认识，回过头来考察经典著作发现，马克思虽然没有明确提出经济发展方式范畴，但他在分析资本主义经济发展过程以及对资本主义剥削制度的批判中，包含有经济发展方式思想内涵。

纵观马克思在经典著作中的论述，他的经济发展方式思想主要表现为三个方面：其一，从经济发展的方法和路径来论述；其二，生产要素配置理论；其三，从经济发展的最终目的来论述。

一、经济发展方法

马克思论述经济发展的方法是指资本家为提高生产效率或者剥削效益，在一定时期内，依靠投入生产要素及其组合方式的变化来实现经济发展。这一方法或路径体现在资本再生产规模扩大过程中。

（一）资本家剥削工人劳动的外延量和内涵量

物质生产活动是人类社会存在和发展的前提。马克思谈到人类历史存在和发展的第一个历史前提，就是人必须活着。人为了活着就必须解决吃喝住穿以及其他必需的东西。因此，他指出，人类社会的“第一个历史活动就是生产满足这些需要的资料，即生产物质生活本身”[①]。在满足生存需要的历史条件下，人类才能有发展需要和享受需要。他指出，人的每项活动都与他的利益息息相关。但在资本主义社会中，工人阶级没有生产资料，雇佣劳动不仅是推动资本经济发展的基础，而且也是工人获得物质生活资料和生存的基础。

资本主义社会初期，资本家加强剩余价值剥削是通过对工人劳动外延量的剥削转化而实现的。在资本主义社会，资本家开办工厂的目的就是为了榨取工人创造的剩余价值，而不是为了满足和提高工人的生活水平。资本家为了满足个人对财富的无限价值增值追求，总是想方设法改变剥削工人劳动方式，提高工人的劳动剥削量。他说：“首先涉及的是劳动的外延量。”[②]他认为，在资本主义社会初期，资本家靠剥削工人劳动的外延量即榨取工人创造的绝对剩余价值致富。但在时间既定的情况下，无限延长工人的劳动时间，必然给工人的身体健康带来很大危害。当劳动时间固定，提高工人的劳动强度依然可以与延长劳动时间获得相同的劳动外

---

① 《马克思恩格斯文集》第1卷，人民出版社2009年版，第531页。

② 《马克思恩格斯文集》第5卷，人民出版社2009年版，第471页。

延量。增加剥削工人劳动外延量的主要原因，在于资本家对剩余价值的无限和贪婪追求。但这种依靠延长工人劳动外延量来获取剩余价值的剥削方法，必然遭到工人阶级的强烈反对。随着科技的发展和竞争的加剧，资本家开始转向剥削工人劳动的内含量即相对剩余价值。

随着生产力的发展和科学技术水平的提高，资本家对工人剥削的方式逐渐由增加工人劳动外延量向增加劳动内涵量转化。价值规律、市场竞争的压力以及工人的身体状况，不允许资本家在工人劳动外延量上无限增加。工业革命的发生和完成、大机器的采用以及科学技术的发展，为资本家剥削工人劳动量从外延转向内涵提供了条件。马克思指出："如果不是增加劳动的外延量而是增加劳动的内涵量，那也会得到同样的结果。"①即在工人工资不变的前提下，资本家通过采用新科技、更新机器设备提高劳动生产率获得的劳动内涵量，也会和资本家通过绝对或相对的方法延长工人的劳动外延量而获取的剩余价值相等。因此，随着资本主义社会的发展，资本家对工人劳动量的剥削开始由外延量向内涵量转化，形成了以剥削工人劳动内涵量为主，剥削工人劳动外延量为辅的剥削方式。资本家对工人劳动量的剥削由外延转向内涵，实质上就是资本扩大再生产两种方式之间的转化。这两种剥削方式的转化根源于科学技术的发展及其在生产中的应用。

（二）资本扩大再生产方式类型

资本扩大再生产方式理论，既是马克思经济发展方式理论的核心内容，也是马克思对经济发展方式的直接表述。资本主义经济发展之所以表现为资本扩大再生产，是因为资本既是资本家开办企业的摄取对象，也是资本家扩大再生产的手段。马克思指出，资本扩大再生产有两条基本途径："第一，由于投入生产的资本不断增长；第二，由于使用资本的效率不断提高。"②随着生产力的发展和科学技术的进步，这两种途径在现实的经济运动中就演化成为两种扩大再生产方式。

1. 扩大再生产方式两种类型的划分

马克思在考察积累时说："积累……不论这种扩大是外延方面表现为在旧的工厂之外添设新工厂，还是从内涵方面表现为扩充原有的生产规模。"③他认为，资本

---

① 《马克思恩格斯文集》第5卷，人民出版社2009年版，第625页。

② 同①，第263页。

③ 《马克思恩格斯文集》第6卷，人民出版社2009年版，第355页。

家把积累起来的剩余价值投入生产，推动经济发展，有两条途径：其一，在原有生产规模基础上，购买更多的生产资料（包括同类机器和厂房）、劳动力，以实现规模扩大的再生产。其二，依靠科学技术进步，提高劳动生产率来实现规模扩大的再生产。因此，他把这两种扩大再生产方式归结为："如果生产场所扩大了，就是在外延上扩大；如果生产资料效率提高了，就是在内涵上扩大。"[①]这就把资本扩大再生产分为外延的扩大再生产和内涵的扩大再生产。他在论述农业资本经济发展时，也阐述了这两种扩大再生产方式思想。他的级差地租Ⅰ内含外延扩大再生产思想，即农业资本家"无须施用肥料，甚至只须粗放耕作，也能长期获得收成"[②]。这里，他把外延式直接定义为粗放式。他的级差地租Ⅱ内含内涵扩大再生产思想，"在经济学上，所谓集约化耕作，无非是指资本集中在同一块土地上，而不是分散在若干毗连的土地上"[③]。在这方面，他把内涵式直接定义为集约式。从以上论述中我们可以得出马克思对两种扩大再生产方式的认识：外延的扩大再生产是指单纯依靠增加更多的生产要素（包括土地要素）、劳动力和厂房等实现规模扩大的再生产；内涵的扩大再生产就是指在科学技术发展的基础上，保持原有的生产规模不变，通过改良原有的机器设备或者购买新机器设备，提高生产要素供给质量和工人阶级劳动素质，提升劳动生产率以实现规模扩大的再生产。对扩大再生产方式类型的认识，是马克思对经济发展方式的经典直接概括。

2. 扩大再生产方式及其两种类型演化趋势

从马克思的有关论述可知，他在阐述扩大再生产两种类型时，客观地分析了两种扩大再生产类型在社会发展中的历史地位及其发展趋势，认为外延的扩大再生产是基础和出发点，内涵的扩大再生产是生产发展的更高阶段，这是一种必然趋势。在资本主义社会初期，资本扩大再生产是外延式的。这是因为，在资本主义社会初期科学技术水平较低的情况下，资本积累就成为扩大再生产得以实现的主要条件。马克思在考察最初资本再生产和流通时指出，积累是扩大再生产的主要源泉，而扩大再生产所需要追加的生产资料和劳动力都是通过积累来完成的。没有资本积累，资本扩大再生产就难以完成。随着社会分工的深化和科学技术的发展，

① 《马克思恩格斯文集》第6卷，人民出版社2009年版，第192页。
② 《马克思恩格斯文集》第7卷，人民出版社2009年版，第756页。
③ 同②，第760页。

原来单纯依靠资本积累来实现规模扩大的再生产，现在转向依靠科学技术来实现规模扩大的再生产。马克思在考察资本家剥削工人劳动量由外延转向内涵时指出，随着机器的使用和更新，获取更多剩余价值的方法是“提高劳动生产力，使工人能够在同样的时间内以同样的劳动消耗生产出更多的东西”[①]。在他看来，正是在一定资本投入的基础上，机器的采用才使得资本扩大再生产方式由外延式变为内涵式。在资本有机构成不断提高的前提下，和以前相比，不仅特定的劳动量推动的生产资料的量越来越多，而且各种生产要素效能也不断提高。事实上，马克思也认识到，两种扩大再生产方式在一定生产条件下有并存的可能。

由此，外延的扩大再生产和内涵的扩大再生产之间存在着密切联系。其体现为：其一，前者是后者的历史基础，后者是前者在一定历史条件下的发展。其二，两种类型的扩大再生产方式在现实生产中相互包含，资本企业所增加的生产要素数量和提高生产要素质量往往交织在一起，即使在内涵的扩大再生产中，提高生产要素质量的同时，也要提高生产要素的数量。其三，在现实竞争条件下，两种类型的扩大再生产方式有时表现为直接的同一，内涵的扩大再生产需要一定规模为支撑，外延的扩大再生产也需要一定的生产效率为前提。当然，马克思对扩大再生产类型的分析是建立在单个资本扩大再生产基础上的，他对社会资本扩大再生产的实现主要是建立在总量平衡和结构均衡的基础上的。

（三）社会资本扩大再生产的平衡

社会总产品的实现是社会资本扩大再生产的核心问题。马克思在分析资本主义扩大再生产过程时，把社会总产品的实现作为核心问题进行研究。他把资本主义社会总产品的价值形态分成三个部分：不变资本（c）、可变资本（v）、剩余价值（m）。按照产品的最终经济用途，他把实物形态分成生产资料和消费资料，与此相适应，整个社会生产部门也划分为生产生产资料的部门（第Ⅰ部类）和生产消费资料的部门（第Ⅱ部类）。因此他认为，社会资本要实现规模扩大的社会再生产，必须实现价值补偿（总量平衡）和实物补偿（结构均衡），即社会生产各部门之间比例协调。

价值总量平衡是社会资本扩大再生产持续进行的首要条件。马克思从简单再生产持续进行的基本条件Ⅰ$(v+m)=$Ⅱc，推导出社会资本扩大再生产实现的基

---

① 《马克思恩格斯文集》第5卷，人民出版社2009年版，第471页。

本条件：$\text{I}\left(v+\Delta v+\frac{m}{x}\right)=\text{II}(c+\Delta c)$。这个基本公式表明，社会资本扩大再生产要顺利进行，两个部类的价值供给必须保持平衡。如果从两个部类扩大再生产的全部产品来看，就可以把公式变为$\text{I}(c+v+m)=\text{I}(c+\Delta c)+\text{II}(c+\Delta c)$，即第一部类供给的生产资料必须满足社会资本扩大再生产所需要增加的$\text{I}\Delta c$和$\text{II}\Delta c$价值需求；$\text{II}(c+v+m)=\text{I}\left(v+\Delta v+\frac{m}{x}\right)+\text{II}\left(v+\Delta v+\frac{m}{x}\right)$，即第Ⅱ部类供给的消费资料必须满足社会资本扩大再生产所需要的工人和全社会资本家对消费资料增加的价值需求，也就是$\text{I}\left(v+\Delta v+\frac{m}{x}\right)$和$\text{II}\left(v+\Delta v+\frac{m}{x}\right)$。上述表明，只有两部类提供的生产资料和消费资料在价值量上平衡，社会资本才能顺利进行扩大再生产。

结构均衡是社会资本扩大再生产能够进行的另一个先决条件。马克思认为，社会资本扩大再生产顺利进行，不仅需要实现价值补偿，而且还需要有特定品种和性能的生产资料和消费资料能够补偿已经消耗掉的生产资料和消费资料，即实物补偿。而实物补偿能否顺利实现，主要受两大部类之间及其内部结构制约。因此，社会资本扩大再生产顺利进行与否也受部类之间的结构平衡程度制约。对此，马克思从三个角度分析了经济结构平衡所需的两个条件。

(1) 两大部类之间的结构平衡，即$\text{I}\left(v+\Delta v+\frac{m}{x}\right)=\text{II}(c+\Delta c)$。在两大部类进行产品交换中，第Ⅰ部类提供的生产资料必须满足在第Ⅱ部类已消耗的生产资料基础上，还必须满足第Ⅱ部类需要的固定资本更新和生产资料的投资追加。第Ⅱ部类提供的生活资料在满足原有的资本家和工人的生活需求基础上，还必须满足已追加的工人对生活资料的需求。很明显，两大部类交换成功的关键，在于各部类为对方提供的产品不仅在数量上，而且在品种和性能上都能满足对方的需求。

(2) 两大部类内部自身供需之间的结构平衡。第Ⅰ部类除了满足第Ⅱ部类生产资料需求外，还必须满足本部类生产生产资料已消耗掉和追加的对生产资料在数量和品种上的需求，以推动本部类内部生产资料供需平衡。第Ⅱ部类生产生活资料，除了满足两大部类资本家及第Ⅰ部类工人(包括追加的工人)消费需要外，还要满足第Ⅱ部类内部工人(包括追加的工人)需要，推动本部类内部消费资料的供需平衡。另外，两大部类在各自内部之间进行交换时，还得平衡各自交换的比例，实现结构均衡，以顺利推动扩大再生产。

可见,资本扩大再生产,其方法要注重扩大再生产方式的两种类型及其在实践中的应用。即使资本家在扩大再生产过程中,为了获取更多的剩余价值,对工人剥削由外延量向内涵量转变,也体现了在科学技术进步的支撑下,经济发展由外延式向内涵式转变的必然趋势。此外,还要注重价值总量平衡和结构均衡对资本扩大再生产顺利进行的关键作用。因此,扩大再生产方式的两种类型和社会各部门经济按比例协调发展就成为我们发展经济必须考虑的基本条件。

二、生产要素及其配置

马克思在研究资本主义扩大再生产过程时,也注意到资本主义社会中存在着影响资本扩大再生产的各种要素,包括科技、制度、组织管理、生态环境、市场等。他认为,这些生产要素对资本扩大再生产方式的选择及其生产效益也有很大影响。对这些生产要素的有效利用、合理配置,以及对经济结构的合理调整,能够促进资本扩大再生产由外延式向内涵式转化,并提高资本扩大再生产效益。

(一) 科学技术因素

科学技术是知识形态的潜在生产力。随着资本主义工业革命的发生和完成,大机器在生产中普遍使用,促进了资本主义经济飞速发展,科学技术及其在生产中的运用初展威力。马克思敏锐地觉察到了科学技术这一伟大作用,他指出:"资产阶级在它的不到一百年的阶级统治中所创造的生产力,比过去一切世代创造的全部生产力还要多,还要大。"①因此,他在创建革命理论的同时,还分析了科学技术和生产力之间的关系。他认为,当科学技术与现实生产力各种要素结合后,就会极大地推动生产力的发展。在劳动实践中,科学技术与劳动者相结合,不但能提高劳动者的素质,而且劳动者还能创新生产技术和生产工艺,改进和创造新的劳动工具,发现新的劳动对象,提高生产要素的使用效用,以及扩展劳动者自身的活动范围,这一切都能促进生产力的发展和劳动生产率的提高。因此,他不仅指出"生产力中包括科学"②,而且还感叹"一般社会知识,已经在多么大的程度上变成了直接的生产力"③。

---

① 《马克思恩格斯文集》第2卷,人民出版社2009年版,第36页。
② 《马克思恩格斯文集》第8卷,人民出版社2009年版,第188页。
③ 同②,第198页。

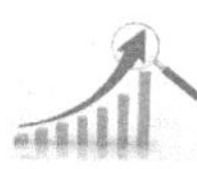

科学技术在生产发展中起着重要作用。在分析社会历史进程中出现的资本主义代替封建主义时，马克思就明确肯定了科学技术进步及其对生产发展的巨大推动作用。他指出，科学技术进步及其在生产中的应用，极大提高了劳动生产率，科学技术的每次重大进步及其在生产中的应用，都会推动劳动者、生产工具和劳动对象的革新，伴随着生产工艺的创新，生产力均会以前所未有的速度向前发展。随着科学技术的发展，劳动时间的耗费或劳动量不再是财富创造的决定性因素，而是较多地“取决于科学的一般水平和技术进步，或者说取决于这种科学在生产上的应用”①，即科学技术的进步及其在生产中的应用。资本家为了不断加强对工人的剥削，总是不断地改进技术，改进或增加生产设备，提高有机构成，推动资本主义经济发展方式不断由外延式向内涵式、粗放型向集约型（农业方面）转化。因此，他在阐述扩大再生产方式类型时，认为外延式向内涵式转化是历史发展趋向，而推动这种历史发展趋向的动力和支撑力量就是科学技术。

科学技术是一柄双刃剑。马克思在看到资本家利用科学技术发展经济积极作用的同时，也看到了科学技术所带来的两方面的危害。其一，加剧了工人阶级的异化程度。大机器的利用，使工人阶级在资本家的残酷压榨下，进一步丧失了人的主体地位，工人异化现象日益严重。其二，加剧了自然资源匮乏和环境恶化。先进机器的采用，使得资本家为了自己的私欲可以任意地掠夺自然资源和排放废弃物，导致资源匮乏和生态环境恶化，结果“随着人类愈益控制自然，个人却似乎愈益成为别人的奴隶或自身的卑劣行为的奴隶”②。

马克思关于科学技术的认识，符合当今经济发展方式理论中科学技术对经济发展重要作用的认识。在经济新常态时期的今天，我们在加快供给侧结构性改革时，更要重视科学技术创新对加快转变经济发展方式的支撑和推动作用，同时也要防止科学技术的滥用而造成的危害，以利于发挥科学技术对加快转变经济发展方式的正能量作用。

（二）社会制度因素

社会制度对经济发展具有影响力。唯物史观认为，社会制度作为上层建筑的一部分，必然对经济基础起着相应的反作用。马克思依据唯物主义原理认为，生产

① 《马克思恩格斯文集》第8卷，人民出版社2009年版，第196页。

② 《马克思恩格斯文集》第2卷，人民出版社2009年版，第580页。

力诸要素为经济发展提供了物质基础，但要实现经济更好地发展还必须有相应的社会制度作为保障和推动力。即社会制度如何，对当时的社会经济发展起着促进或阻碍作用。他指出，社会制度作为人们社会关系的契约，一旦形成，不仅和其他生产要素一样，共同影响经济发展，而且是作为一种更重要的因素，对经济发展起着或促进或阻碍的作用。

资本主义制度建立及其发展对资本主义经济发展的积极作用。马克思认为，资本主义经济和以前社会相比呈现出前所未有的飞跃式发展。其原因在于：第一，资本和劳动力相结合为资本主义经济发展提供了原动力。资本主义制度代替封建制度后，资本家通过“圈地运动”等暴力形式将农民与土地等生产资料相分离，为资本和劳动力相结合提供了历史性条件。特别是随着资本集聚和集中的加深，社会财富和资本越来越集中于少数大资本家手中，以社会分工的深化和协作发展为前提的社会化大生产实施后，出现了封建社会经济发展所没有的生产效率，大大促进了经济发展。第二，科学技术的普遍推广和应用，推动了资本主义经济发展方式转型。资本主义革命胜利后，资产阶级抛弃了革命时提出的“民主”“平等”和“博爱”的口号，把榨取工人创造的更多剩余价值当作最终目的，但价值规律和市场竞争机制为资本家获取更多剩余价值带来极大压力。在科学技术迅速发展的前提下，这种压力促使资本家把科学技术纳入生产经营中，提高了劳动生产率。第三，资本主义市场经济体制的确立，为资本主义经济发展提供了必要的市场机制和生产要素自由配置机制。市场体制的确立，不仅促使社会分工继续深化，社会化大生产继续发展，更重要的是各种生产要素市场建立，为劳动力和生产要素的自由流动及配置提供了制度保障，提高了生产主体的积极性和要素的利用率，促进了资本主义经济发展。同时，随着金融市场的不断健全，单个资本可借助信用和金融杠杆，通过资本集聚和集中，突破企业本身资本积累的时间和数量限制，为扩大企业规模提供资金保障。这一切都是在资本主义制度代替封建制度后发生的，可见资本主义制度的建立，成为促进资本主义经济发展的积极因素。

资本主义制度对资本主义经济发展也有阻碍的一面。首先，生产社会化与资本主义之间存在着无法克服的矛盾。马克思认为，生产社会化要求生产资料和产品归全社会成员使用和享用，这是历史发展的必然趋势，它一出现就在一定程度上促进了生产力的发展，创造了巨大的经济效益。而资本主义私有制无法解决生产社会化要求的矛盾，成为资本主义社会无法克服的短板，在一定程度上阻碍了资本

主义经济发展。其次，资本主义制度下宏观调控失调损坏了资本主义经济秩序的稳定性。马克思注意到了资本主义社会生产的无组织性和单个资本生产的有秩序性，认为这种单个资本生产的有秩序性和整个社会生产的无组织性之间的矛盾，一方面会导致整个社会生产失调，经济危机频繁发生，最终破坏经济发展；另一方面，在大机器生产条件下，单个资本家对剩余价值的贪婪和对自然资源过度索求，导致自然环境的破坏和自然资源的枯竭，最终产生了经济发展的不可持续性。

马克思把制度看成影响经济发展的重要因素，符合当今经济发展方式理论中，制度是影响经济发展的内在变量思想。这启示我们：研究转变经济发展方式理论，既要重视制度对经济发展的双重影响，又要看到制度对经济发展的影响不是一成不变的。经济新常态时期，我们要用发展和改革的眼光，审视现存的制度中对经济发展有利的因素和不利的因素。对社会主义制度中影响经济发展的积极因素要继续完善和发扬，对不利于经济发展的因素要通过深化行政体制改革，兴利除弊，才能达到对经济发展的促进作用。

（三）企业组织管理要素

企业组织管理是影响企业效益的重要因素。马克思在考察资本主义经济运行过程中，详细分析和研究了资本主义企业生产和再生产过程，认为企业的生产经营活动既受社会必要劳动时间限制，又受社会需求约束。为此，他提出，在商品经济条件下，必须加强企业管理。对此，他在《资本论》及其手稿中进行了详细研究。

强化企业管理有利于提高企业经营效益。马克思通过对人类经济发展史，特别是对资本主义经济发展史的考察，指出人类共同劳动客观上需要管理。他指出："一切规模较大的直接社会劳动或共同劳动，都或多或少地需要指挥，以协调个人的活动，并执行生产总体的运动。"①通过管理，资本家能理顺和协调企业内外部各个部门、各个职工的行动，凝聚各个部门和职工的力量，有利于促进企业整体有效运转和提高效益。对此，他曾把管理形象地比喻为乐队的指挥，认为只要存在着分工，存在着共同的人类劳动，就有必要存在着以组织、监督和指挥为内容的管理。因为管理不仅能将劳动力和生产要素进行有效结合，还能稳定整个生产过程，从而能在一定程度上提高企业经营效益。他指出，在市场竞争中，资本家为了获取更多

① 《马克思恩格斯文集》第5卷，人民出版社2009年版，第384页。

利润，不断强化企业管理，甚至把企业看成是一个有组织的机器体系。随着社会分工和社会化大生产的深入发展，他看到资本家努力培养精明强干、经营有方和稳重可靠的企业经理作为自己的管理代理人。企业经理运用专业理念和专业技能，更专心负责企业经营管理，有利于促进劳动力、资本、生产要素三者有效结合，大大提高资本企业的经营效益，也促使资本主义企业由家族企业向现代企业转换。

加强组织管理还有利于增强企业节约意识。马克思在考察资本主义交换价值和社会交换关系的性质时，认为在共同生产的前提下，“时间的节约，以及劳动时间在不同的生产部门之间有计划的分配，在共同生产的基础上仍然是首要的经济规律”①。然而，由于同一部门内部的各个单个人的劳动，以及不同部门的不同种类的劳动，不仅存在量上的区别，而且也存在质的差异。因此，劳动时间的节约又离不开经济核算。他认为，“作为对过程的监督和观念上的总括的簿记就越是必要”②。他所说的簿记就是我们平常所说的企业投入与产出的核算。通过簿记达到对劳动时间的节约，资本加强企业的管理势在必行。“随着许多雇佣工人的协作，资本的指挥……成为实际的生产条件。”③

马克思的企业组织管理理论，揭示了现代经济条件下加强企业组织管理的必要性，这符合当今经济发展方式理论中组织管理对经济发展有重大影响的思想。这给我们在经济新常态时期加快转变经济发展方式提供了有益的思想借鉴，即经济新常态时期，企业扭亏转盈，除了要更新经营理念、转变经营方式外，还要加强企业组织管理，强化企业在遵循市场价值规律前提下，合理有效配置劳动者和生产要素，挖掘劳动者和生产要素相结合的潜力，以达到提高企业效益的目的。总之，经济新常态时期，要让向企业管理要效益思想成为一种时尚。

（四）国内外市场要素

马克思利用国内外市场发展经济思想是对资本主义经济发展过程的分析和思考的结果。他在分析资本主义生产过程时提出，生产过程中的生产、分配、交换和消费四个环节之间是相互作用、相互影响的。其中，交换和消费得以实现的前提是市场，只有通过市场交换，消费者才能获得消费品供自己消费。同时，也只有通过

---

① 《马克思恩格斯文集》第8卷，人民出版社2009年版，第67页。
② 《马克思恩格斯文集》第6卷，人民出版社2009年版，第152页。
③ 《马克思恩格斯文集》第5卷，人民出版社2009年版，第384页。

市场，商品体到金体的转换最终才能得到实现，企业才能获得生产需要的实物补偿和价值补偿。如果商品不能通过交换实现价值，“摔坏的不是商品，但一定是商品占有者”[①]。由此可见，在市场经济条件下，市场对经济发展的作用不容小觑。同时，马克思还注意到世界市场的重要性，他不论是在“五篇结构计划”还是在“六册结构计划”中都明确提到世界市场。他认为，世界市场的形成，根源于资本对剩余价值的无限渴求，是资本本身不断运动和扩张的结果，即“创造世界市场的趋势已经直接包含在资本的概念本身中”[②]。

国内市场是推动资本主义经济发展不可或缺的必要基础条件。在商品经济条件下，国内市场能为经济发展提供必需的资源配置场所和内在的动力机制。其一，国内市场为资本主义经济发展提供了必要的资源配置场所。马克思在分析产业资本运动过程时指出，资本家在国内市场上购买生产资料和劳动力来维持生产运转，生产出的商品拿到国内市场上去出售，换得货币。从社会总资本角度看，这种国内市场交换过程就是总劳动在各个生产者之间进行资源配置的过程。但是，由于资源要素在社会各部门的分配具有任意性、偶然性、盲目性和无规律性，生产过程中容易出现资源分配不均和生产失衡的问题，这些问题需要通过国内市场的价值规律和竞争机制来解决。他认为，国内市场价格波动为资本家观察和分析商品供需以及竞争情况提供了“晴雨表”。通过这个“晴雨表”，全社会的商品生产者和经营者能够及时调整自己的产品生产以及资源要素和劳动力的购买，这就在一定程度上缓解了全社会资源要素配置的任意性、偶然性、盲目性和无规律性，在一定程度上实现了全社会资源要素的合理配置，提高了资源要素的利用率，推动了资本主义经济进一步向前发展。第二，国内市场为资本主义经济发展提供内在的动力机制。市场的这种内在动力机制包括供求机制、竞争机制、价格机制等一系列机制。这些机制并不是孤立存在的，而是一个相互联系、彼此制约、交互作用的统一体。在马克思看来，市场在这些机制的作用下，往往会发生相应的变化，而每一次变化都会直接或间接影响着每一个商品生产者、经营者和消费者的利益。消费者会随着市场的变化去选择对自己有利的商品，这种选择的变化直接影响市场上商品的供求。商品生产者和经营者为了追求自身利润的最大化，根据市场行情以及消费者需求

---

① 《马克思恩格斯文集》第 5 卷，人民出版社 2009 年版，第 127 页。

② 《马克思恩格斯文集》第 8 卷，人民出版社 2009 年版，第 88 页。

的变化，及时调整自己的商品生产经营活动，通过改进技术、改善经营管理、改造机器或更新设备，提高劳动生产率，降低自己的生产成本，使自己在市场竞争中处于有利地位。“无数商品生产者和经营者的这些活动，必然在无形中汇成推动经济持续发展的动力。”①

世界市场的形成为国内市场的不足提供了有益的补充。通过市场交换实现社会总产品的实物补偿和价值补偿，是资本主义经济获得发展的前提。可是，这种资本主义经济在市场条件下与大工业相联系，“就获得一种弹性，一种突然地跳跃式地扩展的能力，只有原料和销售市场才是它的限制”②。他指出，资本为了解决国内市场对其所需的原料市场和销售市场的限制，必然把目光投向市场更广、更远的世界其他地方。资本借助开辟新航路和利用先进火器，通过殖民扩张和掠夺发展海外市场就成为历史的必然。国际分工深入发展，又加快了世界市场的形成。世界市场作为国内市场的延伸和有益补充，必然对资本主义经济发展起到了积极的推动作用。第一，在全球范围内获取并优化配置资本主义经济发展所必需的资源要素。世界市场形成后，资源要素在价值规律和竞争机制的作用下，往往从落后的国家和地区流向发达的国家和地区。当国内投资饱和、国内资源要素竞争激烈，或国外资源要素因运费成本增加，贪婪的资本家利用手中掌握的先进的技术、管理和经验，在全世界范围内抢占原料产地、销售市场，或者在海外所在国投资办厂，掠夺当地资源，获取最大利润，最终形成资源优化配置，带动资本主义经济发展。第二，世界市场的形成还会形成有利于资本主义国家经济发展的局面。在不完全竞争的世界市场上，各国劳动强度和劳动生产率的高低差异将长期存在。正是这种差异的存在，决定世界经济体系以资本主义发达国家为中心，殖民地和贫穷落后国家为外围的中心——外围的特点，也决定了世界交换和世界分工有利于资本主义国家的特点。马克思指出，商品的国际价值取决于国际必要劳动时间决定的价值，而不是取决于国内必要劳动时间决定的价值。因此，在同一单位劳动时间内，劳动生产率较高的国家就会比劳动生产率较低的国家创造出更多的产品。在世界市场上，按国际价值进行交换，发达资本主义国家就会获得更多的货币，创造出更多利润。可以说，世界市场的形成，既有利于打破落后地区狭隘的界限，促进国际分工继续深化，

① 李陈：《马克思关于经济发展方式的思想及其当代价值》，人民出版社 2017 年版，第 115 页。

② 《马克思恩格斯全集》第 44 卷，人民出版社 2001 年版，第 519 页。

促进世界各个民族的互相往来和相互依赖，为世界经济全球化发展奠定了良好基础，又实现了资本主义企业各个环节长足进展，推动了资本主义经济向大规模方向发展。第三，世界市场的形成为资本主义国家转嫁经济危机建造了良好的阶梯。每当经济危机爆发时，资本主义国家往往利用自己雄厚资本，借助世界市场，把危机带来的危害转嫁给不发达或者贫穷落后的国家，用来缓解资本主义国家内部经济危机的破坏性，在一定程度上能保护资本主义经济发展。

马克思国内外市场要素理论，如果抛却了资本主义外壳，对我国发展经济有积极的启示，也为研究转变经济发展方式理论提供了有益的理论借鉴。在研究转变经济发展方式理论时，要根据我国人口多、消费潜力大的实际国情，在积极利用世界市场和转变对外贸易方式，以推动我国经济持续发展的同时，更要注重国内市场的作用。特别是在经济新常态时期世界经济复苏疲软的情况下，更要积极调研国内市场，通过改革，让市场配置资源，提高资源要素的利用效率，还要挖掘市场消费潜力，提高人民群众的消费能力，让企业在生产过后能够及时得到实物补偿和价值补偿，为企业加快转变生产方式提供相应的缓冲空间，以利于推动我国经济持续、高效发展。

（五）自然资源和环境要素

重视自然资源和环境对人类社会经济发展的重要作用。马克思在考察资本主义社会经济运行状况时指出，自然资源和环境要素是经济发展的基础。人类在实践活动中改造自然，从中提取或者创新出人类社会生产所需要的物质资料。在马克思看来，自然资源和环境与人类社会相比具有先在性。人是自然界发展到一定历史阶段的产物，人的生存和发展离不开自然界提供的自然资源和生态环境。

经济发展的效益高低与自然资源和生态环境的优劣有着密切关系。马克思指出，人类整个的劳动过程虽然表面上与自然无关，但实际上是受资源要素与环境制约的。因为劳动对象和劳动资料离不开自然，劳动者的生存和发展更离不开自然。在生产过程中，良好的资源要素与环境为资本家提供了获取较多剩余价值的可能性。它们一旦与工人劳动相结合，就会使剩余价值生产变成现实。“很明显，如果一个国家拥有天然肥沃的土地……这个国家……生产效率比处于较为不利的自然条件下更高。”[①]对此，马克思特别指出，优良的资源要素与环境对提高农业生产效

① 《马克思恩格斯全集》第32卷，人民出版社1998年版，第285－286页。

益有着更加明显的作用。

发展循环经济和生态经济以解决经济发展过程中面临的自然资源和环境的困境。虽然自然资源和环境是人类社会经济发展的基础，但也不是用之不尽取之不竭的。马克思看到了因资本的贪婪而导致的大机器生产对大自然掠夺性的破坏，导致看似无限的自然资源和环境显得捉襟见肘，人与自然关系由统一走向破裂，威胁着人类的生存和发展，可以用“不以伟大的自然规律为依据的人类计划，只会带来灾难”[①]来说明他的忧虑。他认为，为了解决资本主义生产过程造成的人与自然之间的困境，人类社会经济发展应当尊重自然，保护自然，遵循自然规律，发展循环经济和生态经济。他在考察资本主义生产环节时，发现利用先进技术可以循环利用废料（生产排泄物和生活排泄物），这样既可以提高资源要素的利用率、节省资金，又能消灭城市与乡村的对立，保护和美化环境，实现乡村与城市的融合，实现人与自然和谐共存。为了减少废料和提高资源要素的利用率，他认为必须推进科技进步、工艺或旧机器的改良和新机器的创造。

马克思的自然资源和环境要素理论揭示了自然资源和环境在经济社会发展过程中的重要性，符合经济发展方式理论中关于自然资源和生态环境是经济发展基础的思想，为研究转变经济发展方式理论提供了有益的借鉴和启示。经济新常态时期研究转变经济发展方式理论，要从供给侧方面高度重视建设循环的和生态环境的生产模式，树立利用科学技术进步来提高和创新自然资源的供给质量和利用率的观念。

三、经济发展与人的发展、社会发展之间的关系

经济发展的最终目的是为促进人、自然与社会和谐共存，实现人的自由全面发展。马克思在批判资本主义制度残酷剥削性的时候，设想在生产力高度发展、产品极大丰富的未来共同体的理想社会中，实现人自由全面发展，人与自然、社会和谐共存。他以唯物辩证法和唯物史观作为方法论，系统考察了人类社会的发展历程。他认为，经济发展作为社会内部的一个动态因素和基础因素，推动整个社会和人由低级向高级发展。同时，社会发展和人的素质提高，反过来又会在更高程度上推动经济发展。由于上部分已经论述了自然资源和环境与经济发展的关系，这部分主要论述经济发展对人的发展和社会发展的促进作用。

---

① 《马克思恩格斯全集》第31卷，人民出版社1972年版，第251页。

(一) 经济发展与人的发展之间的关系

人的生存和发展离不开经济发展。在社会诸多相互交织、相互依赖的要素构成中,人是主体性要素。马克思指出,人是社会诸要素中唯一具有能动性的因素,社会的一切变化都是因人而起,但是人作为社会的唯一能动性因素,还受到人的生存和发展的制约。这种制约是多方面的,其中最重要的制约就是人的生命能否得以延续,以及在此基础上,人的能力能否得到充分发展。而人的生命是否得以延续和能力能否得到充分发展,基础性要素就是经济能否得到发展以及发展的程度如何。人只有通过自己的能动性实践活动,突破已有的生产力水平限制,创造出原先没有的能够满足自身生存和发展所需要的东西,才能推动自身和社会发展,这些东西在生产力中的直接表现就是经济发展。

人要生存和发展就必须发展经济。人的生存和发展不同于自然界中的其他生物,人的生存和发展不是根源于物种的本能活动,而是根源于经济发展所能创造的物质财富。正是由于人具有创造性地发展经济的实践活动,才促成了包括人在内的全部社会的存在和发展。显然,人为了能够生存,必须利用自身的体力和智力进行劳动,以便获取生存所需要的食物。这种带有工具性和目的性的劳动超越了自然界的动物本能性活动,是人利用自身创造的工具,按照自身的需求,发挥自身的潜能,实现对自然界的改造,生产自身所需要的物质生活资料。而现实的人所需要的物质资料的生产性活动,就是人的本质力量对象化活动,实质上就是发展经济活动。人只有通过这种对象化的劳动,才能不断创造出满足自身生存所需要的物质生活资料,扩展自己的活动范围和时空界限,才能不断推动人由生存到发展,进而到享受。因此,为了推动人更好地发展,必须在现实世界中更好地发展经济,以期创造更多的物质财富。

发展经济的最终目的是为了人的自由全面发展。马克思从历史唯物主义角度出发,认为人发展经济,在解决自己的基本的生存需要后,更多地是为了发展自己,"促使人本身不断地从狭隘、片面和贫乏的社会关系中解放出来,并在更加普遍、全面丰富的社会关系中丰富自身和发展自身"①。马克思通过对工人生活状况的考察,发现在资本家工厂里劳作的工人,在资本家的残酷压榨下,形成了自己本质化

① 李陈:《马克思关于经济发展方式的思想及其当代价值》,人民出版社 2017 年版,第 125 页。

的劳动产品与自己相异化的现象。随着科学技术的发展,“工人生产的财富越多,他的生产的影响和规模越大,他就越贫穷。工人创造的商品越多,他就越变成廉价的商品。”①这种残酷的异化现象,最终导致农民生活在贫困线上,少有接受教育的机会,更谈不上自由全面发展。马克思认为,只有建立在经济发展基础上,能够充分实现自由自觉具有创造对象性活动的本质特征的人,才是自由全面发展的人。资本主义社会的工人和劳动产品、工人与自己、工人与类本质异化和人与人之间的异化现象,不能实现经济发展的目的——促进工人自由全面的发展。因此,他指出,工人只有完全占有自己对象性活动创造的财富,消灭劳动中出现的异化现象,在建立联合的共同体中才能成为自由全面发展的人。因为在联合的共同体中,个人对象性活动创造的财富才能不被异化,个人才能获得自由全面发展。由此看出,个人自由全面发展必须以经济发展为基础,经济发展应以促进人的自由全面发展为目的。

马克思站在无产阶级立场上,提出了经济发展的最终目的是为了实现人的自由全面发展的思想,打破了古典政治经济学家关于经济发展是为了增加国家财富,特别是增加资产阶级财富狭隘思想的论述,扩展和丰富了经济发展方式思想的内涵,对我们今天转变经济发展方式有积极的启示意义。虽然我国在经济上还没有达到马克思论述的生产力高度发达、财富极大丰富的个人联合的共同体社会,但我国是人民当家作主的社会主义国家,发展经济的目的是为了满足人民群众日益增长的美好生活需要。因此,我们在研究转变经济发展方式理论时,应积极响应习近平总书记提出的人民主体地位思想,要切实注重经济发展以满足人民需要、促进人民发展为目的。

(二)经济发展与社会发展之间的关系

经济发展必然推动社会发展。依据唯物史观原理,马克思认为,经济发展是社会发展的基础。因此,他历来重视经济发展对社会发展的推动作用。马克思认为,人的生产实践活动推动了人类从动物界脱离出来,并构建起纷繁复杂的社会关系。他说:“当人开始生产自己的生活资料……人本身就开始把自己和动物区别开来。”②实际上,“人类从事的这种‘生产’就是最基本的发展经济活动。由此可见,经济发展是人类社会诞生的基础”③。而经济发展,不仅改善了人类生活,而且构

---

① 《马克思恩格斯文集》第1卷,人民出版社2009年版,第156页。
② 同②,第519页。
③ 李陈:《马克思关于经济发展方式的思想及其当代价值》,人民出版社2017年版,第122页。

建起的社会关系越来越成为复杂的有机整体。马克思说:“物质生活的生产方式制约着整个社会生活、政治生活和精神生活的过程。”[①]也就是说,以推动生产力发展为目的的经济发展活动决定整个社会面貌。因为经济发展是一个动态的历史过程,所以由经济发展决定的社会发展也是一个动态的过程。随着经济发展由低到高地进行,人类社会也不断更新和前行。因此,“马克思在研究经济发展方式问题的时候,不仅仅局限于经济领域,而且还将经济发展置于一定的历史背景和一定的社会关系中考察”[②]。

社会发展反过来又能推动经济发展。人类社会是不断向前运动的,这种向前运动包括两个方面:“一是纵向运动,是指按时间顺序而言,人类社会从低级阶段向高级阶段发展过程;二是横向运动,是指人类社会从狭窄局部历史走向世界历史的过程,其中也包括在某一个特定阶段社会在各个方面的发展。不论是纵向发展,还是横向发展,社会每向前进一步,都能在一定程度上促进经济发展。”[③]在纵向更新中,高级社会形态代替低级社会形态会在某种程度上解放生产力,并且促进经济发展。在分析资本主义社会经济发展原因时,马克思认为,资本主义社会把农民从封建制度下解放出来的同时,又使农民变成毫无生产资料的具有人身自由的劳动者,能够自由地与资本家的生产资料相结合,推动经济发展。因而,马克思从生产力的角度指出,资本主义社会代替封建社会是历史的巨大进步。从横向角度看,在历史从狭隘历史地域走向世界历史的发展过程中,世界市场的开拓,不仅为资本家获得更多生产资料和产品销售市场提供了更广阔的空间,而且也在某种程度上把地域狭隘的国家带进了世界历史,调整了经济结构,拓展了经济交往范围,促进了资源和资本在全球范围内优化配置,提高了生产要素利用率,促进了经济发展。同时,在资本主义社会内部各个要素的发展,特别是科学技术的发展,突破了手工工具的局限,产生了大机器生产,极大提高了劳动生产率,促进了生产力的发展。马克思依据资本主义经济运行态势,提出未来社会消灭资本主义私有制后,建立适应社会化大生产的个人共同的联合体制度,解放生产力,更能促进经济发展。由此看来,适宜的制度是促进经济发展的积极因素。

---

① 《马克思恩格斯文集》第2卷,人民出版社2009年版,第591页。

② 李陈:《马克思关于经济发展方式的思想及其当代价值》,人民出版社2017年版,第123页。

③ 同②,第123页。

马克思关于经济发展与人的发展和社会发展之间的关系的思想启示我们，转变经济发展方式不能仅仅局限于经济发展从粗放型向集约型转变，提高劳动生产率，创造更多的物质财富，而且还要考虑到经济发展的最终目的是提高人民群众生活水平和社会发展水平；而人民群众生活水平和社会发展水平的提高，又能反过来促进经济更好地发展。因此，在面临经济增速下行压力较大的经济新常态态势下，研究转变经济发展方式理论，就要在习近平总书记提出的“创新、协调、绿色、开放和共享”新理念引领下，不但要通过供给侧结构性改革为转变经济发展方式理论提供新思路，而且还要重视经济发展与人的发展和社会发展之间的辩证关系，以整体的、开放的姿态，把转变经济发展方式理论置于社会整体中去思考，置于人和社会的发展中去探究，努力形成各部门协调经济发展，经济效益和社会效益提高，社会经济主体主动参与和转变经济发展方式新理论。

总结马克思在经典著作中论述的经济发展方式思想，尝试对他的思想做出概括：“充分认识生产要素对经济发展的基础作用，主张积极利用先进的科学技术、知识和组织管理和制度等因素，变外延式发展向内涵式发展转化，以提高生产要素的效益和劳动生产率；通过加速资本周转、调节经济结构、协调各产业部门发展的比例关系、发展循环经济和生态经济，提高经济发展的质量和效益，在经济发展与自然资源和生态环境保护、经济发展与社会有机体发展互为动态演进中，促进人的全面自由的发展。”[①]马克思的经济发展方式思想与20世纪50年代以来兴起的西方经济学关于经济发展的思想相似，更与我国当今转变经济发展方式理论有着类似的内容，凸显了马克思经济发展方式思想的前瞻性和预见性，它对世界社会主义国家的经济发展以及经济新常态时期我国转变经济发展方式理论新思考有着积极的启示意义。

第三节　马克思经济发展方式思想的影响

马克思经济发展方式思想对后世产生了巨大影响。马克思经济发展方式思想产生后，成为社会主义国家经济发展方式理论的思想来源，不仅对苏联东欧等社会

① 李陈：《马克思关于经济发展方式的思想及其当代价值》，人民出版社2017年版，第127页。

主义国家的经济发展方式理论产生了重大影响，而且也指导了中国社会主义各个发展阶段的经济发展方式理论的发展（对中国的影响在后面几章谈）。

一、对苏联领导人经济发展方式理论的影响

在苏联发展史上，探讨马克思经济发展方式思想对苏联经济发展方式理论的影响，必须探讨列宁、斯大林两位领导人的经济发展方式理论，因为他们的经济发展方式理论深受马克思经济发展方式思想的影响。

（一）列宁经济发展方式理论

十月革命胜利后，面对国内外严峻形势，列宁在马克思经济发展方式思想的指导下，结合当时过渡时期经济发展状况，形成了过渡时期的以快速发展经济为中心的经济发展方式理论。他认为，社会主义的本质就是“使所有劳动者过最美好、最幸福的生活”[①]。为了达到这个目的，必须满足两个条件：首先，要有充裕的物质条件。社会主义社会必须加快发展生产力，创造出比资本主义社会多的物质财富，为人民群众过上幸福生活奠定坚实的物质基础。其次，要有公有的制度条件。社会主义社会要建立公有制，消灭剥削制度和两极分化，让人民群众过上富裕生活。为此，列宁在马克思的经济发展方式理论指导下，从以下几个方面研究符合当时情况的经济发展方式理论。其一，加强全民计算和监督。为解决粮食困难，限制浪费和资本家剥削，他在马克思簿记思想基础上提出全民计算和监督。他认为，只有加强全民计算和监督斗争，才能搞好粮食生产，为人民群众过上幸福生活奠定粮食基础。其二，提高劳动生产率。列宁认为，苏维埃俄国有丰富的自然资源，为发展生产力奠定了坚实的资源要素基础。要充分利用这些自然资源创造更多的物质财富，就必须提高劳动生产率。他提出，提高劳动生产率的方法有：第一，就是要采用最新技术来开采这些天然资源，大力发展重工业。第二，提高人民群众的文化水平和劳动者的工作技能、效率、劳动强度，改善劳动组织。第三，组织劳动竞赛，激发人民群众参加劳动的积极性和主动性。第四，协调生产资料部门与消费资料部门的生产比例，加强组织国民经济各部门生产。

列宁的上述经济发展方式理论，虽然受到当时历史条件的限制，没有得到有效

① 《列宁全集》第 3 卷，人民出版社 1995 年版，第 546 页。

落实，但他在发展经济方面提出的全民监督和斗争、提高劳动生产率和协调的组织等内容，是马克思经济发展方式理论中的簿记、科学技术、劳动效率和两大部类思想在现实实践中的丰富和发展。

（二）斯大林经济发展方式理论

斯大林为了快速发展经济，增强综合国力，以解决国内经济发展困境，打破国外敌对势力进攻，他把马克思经济发展方式思想与国情相结合，提出了新经济发展方式理论。其主要内容有：第一，在社会主义经济建设中运用资本再生产理论。他认为，马克思的再生产理论是适合于社会主义经济建设的，要求社会主义经济建设必须以资本再生产理论为指导，并据此提出了社会主义再生产理论。第二，重视科学技术。他注意到科学技术在生产中的重大作用，以及现实生产中科学技术和人才缺乏的现象，提出了"技术决定一切"等口号，要求全社会重视培养人才，以及在生产中利用科学技术。

斯大林在领导苏联社会主义经济建设过程中提出的社会主义再生产理论、重视科学技术在生产中的应用和人才的培养等理论，不仅证明和发展了马克思经济发展方式思想，也对经济新常态时期转变经济发展方式理论关于经济结构平衡、科学技术创新与人才培养新思考具有启示意义。

二、对苏联理论界研讨经济发展方式理论的影响

受马克思经济发展方式思想影响，苏联东欧社会主义国家理论界对经济发展方式理论也进行了一系列研讨，其中具有代表性的国家是苏联。

（一）苏联社会主义经济发展的得与失

自建国到剧变崩溃，苏联社会主义经济既取得了长足的发展，在一定程度上积累了关于经济发展方式的不少经验，也存在发展不足，出现了对经济发展方式不正确的理解。

1. 经济发展的得

自建国后，虽然经过卫国战争和第二次世界大战的破坏，但经过几代人的努力，苏联从一个落后的农业国发展成为一个强大的社会主义工业国，其经济实力从原来世界第五位跃居世界第二位。取得这些成就的原因，在于苏联在长期的经济发展中在一定程度上采取了有利于经济发展的发展方式。其一，不断扩大国民收

入中积累的比重是苏联经济高速发展的主要驱动力。为了最大限度地发展经济，在技术和教育落后的情况下，需要大量的投资作为经济发展的驱动力。因而，除了实施新经济政策外，从十月革命后的战时共产主义时期到社会主义制度确立后的大部分时期，苏联不断扩大和提高积累的比例，方法是基本上采取工农业产品剪刀差的政策进行高积累，用于发展重工业。这一政策的实施，在一定时期内促进了重工业的迅猛发展，为二战后的经济复苏和发展奠定了工业基础。其二，重视科学技术与教育发展。经过长时期的发展，苏联的文化教育事业获得突飞猛进的发展，由半文盲国家，一跃成为世界上科学文化和教育都比较发达的国家之一，高素质的劳动人才和先进的科学技术，不仅为苏联经济发展注入了长期动力，而且不断用新技术改造社会生产，包括新机器设备的更新、新工艺的采用、生产组织的完善等，推动了劳动生产率的提高。其三，广大人民群众主人翁精神的发挥。社会主义公有制的确立，在一定程度上释放了人民群众劳动的积极性。苏联社会主义经济发展取得成就的关键在于广大人民群众的劳动积极性和主体性的发挥。人民群众的劳动积极性和主体性所带动的创造性，是苏联经济发展取得成就的动力之源。其四，粗放因素和集约因素在经济发展中的比例变化。随着苏联科学技术的迅速发展，20 世纪 60—70 年代苏联经济发展中的粗放因素开始转向集约因素，科学技术在生产中的应用不断加强，导致劳动生产率提高，资源和原材料的利用率也不断提高。所有这些因素的综合作用，推动了苏联经济发展取得了一定成就。

2. 苏联经济发展的失

苏联经济发展在取得一系列成就的同时，也存在着不可忽视的矛盾。正因为这些矛盾的存在，最终导致苏联经济发展功亏一篑。其一，经济发展不全面、不协调。苏联的经济发展虽然速度快，但以重工业为主的经济发展方式致使经济发展不全面、不协调，甚至产业结构走向恶化。苏联按照重工业、轻工业和农业的先后顺序安排经济发展比例，特别是推行重工业优先发展的政策，使得轻工业和农业得不到及时有效的发展，成为国民经济的薄弱环节。农业和轻工业发展滞后，在一定程度上又延迟了重工业的发展。在 20 世纪 60—70 年代，苏联政府虽然采取了大规模投资的方法来发展农业，也取得了一定成效，但从长期来看，农业发展仍然相当缓慢，而且农业生产效率也没有得到有效提高，农业依然是苏联经济中最薄弱的环节。其二，经济发展以粗放型为主。在长期的经济发展中，苏联强调“速度第一”,忽视质量和效益的提高。在发展过程中依靠投入人、财、物的粗放型方式刺激经济发展,不仅经济效益不高,造成了资源浪费,而且在经济发展到一定阶段后还出现了后劲不足,高速增长难以为继。进入20世纪70年代后,苏联开始推行集约化生产,力图以质量和效益的提高来弥补资源要素投入的不足。但由于粗放型发展的惯性,直到苏联解体,经济发展方式基本上仍然以粗放型为主。其三,经济发展不注重提高人民的生活水平。长期的高积累发展重工业政策,使农业和轻工业发展滞后,不仅延迟重工业发展速度,而且市场商品供应难以满足人民需求,影响了人民生活水平的提高。社会主义制度确立所激发的劳动人民的劳动热情和积极性,也随着生活水平长期得不到提高逐渐走向消极应对,经济发展的主体活力和积极性也无法得到提高。

(二)对理论界研讨经济发展方式理论的影响

苏联长时期的粗放型经济发展,在实践上给苏联经济发展带来了得与失正反两方面的比较,引起了理论界的关注。理论界以马克思经济发展方式思想为指引,从本国实际国情出发,深入研讨了经济发展方式理论。

1. 对二战前苏联理论界研讨经济发展方式理论的影响

20世纪20年代后,面对苏联建国初期的高速经济发展所带来的经济不稳定现象,布哈林认为,苏联经济建设速度不仅要与包括资金、粮食等“后备”物资相适应,而且还要使这些“后备”物资真实存在。他的这一思想,实际上是看到了经济发展三种资本在时间上继起和在空间上并存,以及经济协调发展的重要性。同时,他还觉察到单纯追求经济高速度发展所带来的危害,认为社会主义经济高速度发展应该建立在用各种办法来提高劳动生产率的基础上,特别是最新发明、最重要的技术成果,强调要重视欧美科学技术思想的每一个进展,并利用它的每一项科技的实际进步成果。这种依靠提高劳动生产率推进经济发展的方法,是在实践的基础上发展了马克思内涵式扩大再生产理论。普列奥布拉任斯基继承了马克思的资本积累和价值理论,认为积累规律和价值规律对处于过渡时期的苏联社会主义经济建设及其劳动生产率的提高有重要意义。

2. 对二战后苏联理论界研讨经济发展方式理论的影响

针对二战后苏联经济建设出现的结构失调和高速发展的弊端,苏联学界以马克思经济发展方式思想为指导,深入探讨了经济发展方式理论。其一,研究经济增

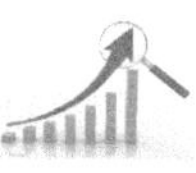

长方式。理论界在研究马克思扩大再生产方式理论基础上，把经济增长方式分为粗放和集约两种方式。学者们认为，以投入资源要素扩大生产规模为粗放型。其优点是能促进经济快速发展，缺点是成本高、效率低，浪费资源以及环境污染严重，是苏联早期采用的方式。以利用科学技术和新设备充分挖掘现有的生产潜力，降低生产成本，提高生产效率为集约型。这是在苏联后期使用的生产方式。吉·谢·哈恰图罗夫认为，粗放型增长和集约型增长的途径不同："粗放的发展途径，即向生产中投入新的劳动力和自然资源，开辟新的劳动场所，建立并开始使用新的生产能力，是苏联国民经济发展的几个早期阶段的特点。这个途径要求巨大的基本建设投资。集约化的发展途径包括比较充分利用现有生产潜力、劳动力和物质，采用有效的新技术和新工艺，改进管理和计划，增加设备负荷，降低基本建设投资率和生产成本，提高生产率。"①实现由粗放型向集约型转变，需加速科学技术进步，提高劳动生产率，降低材料消耗和基金占用量来利用生产的大量内部资源。其二，探究了产业结构对经济发展的影响。苏联早期，学者们提出经济发展要注意产业结构平衡，强调工业与农业、重工业与轻工业之间要平衡发展，基本建设的规模要以物资供应为最大界限。布哈林在批评普列奥布拉任斯基利用农业剪刀差优先发展重工业思想时提出："只有工业在农业迅速增长的基础上达到高涨这样的结合下，我们才能长期地保持最大的速度。"②他还进一步认为，工业与农业、轻工业与重工业之间是相互制约的关系。二战后，学者们提出要强调重工业和轻工业之间协调发展，重视轻工业和食品工业的发展，改善和提高人民生活水平，调动人民群众发展社会主义的积极性。1953 年，马林科夫提出了重工业和轻工业要协调发展的思想。库兹涅佐夫针对苏联高速度的经济发展模式，提出"第Ⅰ部类比第Ⅱ部类增长速度更高的社会主义扩大再生产，必然意味着人民消费水平的提高与社会生产增长速度相比相对的延缓"③。这样既不利于经济持续发展，也不利于提高人民发展社会主义经济的积极性。在马克思关于经济发展方式的影响下，苏联经济学者在实践基础上关于经济增长方式和产业解耦股思想的研究，又进一步充实和发展了马克思经济发展方式思想。

---

① (苏)吉·谢·哈恰图罗夫:《现阶段苏联经济》,辽宁大学经济系世界经济研究室译,北京出版社 1981 年版,第 20 页。

② (苏)布哈林:《布哈林文选》(中),郑异凡编,人民出版社 1981 年版,第 273 页。

③ (苏)伊·多罗费舍、阿·鲁缅采夫:《反对歪曲马克思主义的再生产理论》,《共产党人》1955 年第 2 期。

综上所述，在马克思经济发展方式思想影响下，苏联学界对社会主义经济发展方式理论研究集中体现在两个方面：第一，研讨了粗放型和集约型的内涵及其在经济发展中的地位。为了解决苏联社会主义经济快速发展所引起的资源要素、环境等面临的困境，理论界不仅把马克思的扩大再生产方式类型发展为粗放和集约，而且根据现实经济发展状况，提出了现实经济发展存在着由粗放向集约转变的必要性，而科学技术的发展为这种必要转变提供了现实的可能性。这对后期社会主义经济发展，特别是对我国的经济发展方式研究产生了深远影响。第二，较早地领悟到了产业结构协调对经济发展的作用。虽然当时学界没有把产业结构明晰界定为经济发展方式的重要内容之一，但是看到了产业结构协调对促进经济发展的重要性。虽然受时代背景的限制，学界对经济发展方式的研究还不是很充分，但是他们把扩大再生产方式类型演化为粗放和集约，看到了产业结构协调在经济发展中的重要性，发展了马克思经济发展方式思想，也为后期研究转变经济发展方式理论奠定了理论基础。

第二章　新中国成立初期(1949—1978年)的最初思考

我国经济发展方式问题的最初思考可以上溯到20世纪50—60年代中期。这一时期，我国社会主义经济建设既受到"一穷二白"的国情制约，又受到苏联经济增长模式的影响，走上了主要依靠投资促进经济发展的道路。这种以依靠投资为主的经济发展方式在当时是必要的，但在实践中也暴露出忽视劳动生产率等方面的弱点。其间，党和国家领导人与理论界在一定程度上坚持了科学态度，把马克思经济发展方式思想与中国社会主义经济建设实际相结合，在社会主义经济发展方式问题上提出了一些创新思想，丰富和发展了马克思经济发展方式思想。

第一节　新中国成立初期的经济发展概况

新中国是在旧中国基础上建立起来的，其经济建设起步于旧中国遗留下来的经济基础。要正确认识新中国成立初期以毛泽东为核心的党和国家领导人对经济发展方式的最初思考，首先必须认识新中国成立之初的经济发展现状与困境。

一、新中国成立初期的经济发展现状

新中国成立初期，毛泽东曾用"一穷二白"来描绘旧中国的经济发展状况。"穷"主要是指没有多少工业，农业生产力水平低；"白"是指科学技术水平和文化水平像一张白纸一样空白落后。因连年战争破坏，我国经济发展基本上可以说是"满目疮痍、百废待兴"，生产力水平极端低下和落后。

1. 农业生产方式落后，生产效率低下

从历史发展进程来看，我国历史上是个农业大国，由于与农业相关的水利工程

和耕作工具一直处于世界领先地位，农业生产水平在很长的历史时间内位居高位。鸦片战争后，在半殖民地半封建社会制度下，落后的封建生产关系仍然在全国农业生产中占据主导地位。在这样的封建生产关系下，一方面，农民的生产积极性比较低，农民往往是在地主的强迫下劳动的；另一方面，农业生产很少采用机械、电力、化肥、农药等现代化耕作手段，以个体小农手工劳动为主，农业劳动生产率极其低下，加上连年的战争，以及频发的自然灾害，更使农业生产受到极大破坏。到新中国建立前，农业产量不但没有提升，反而呈现直线下降的趋势。

2. 工业基础薄弱，布局很不合理

历史上，中国人曾在科学技术领域遥遥领先于世界，创造了引以为豪的世界四大发明。但是鸦片战争后，外国资本主义的入侵，不仅打断了明朝以来形成且缓慢发展的民族资本主义，而且逐步控制了中国的轻重工业。在外国资本的殖民下，具有民族性质的现代工业规模小、数量少，且存在着畸形发展趋势。加上连年战争的破坏，生产能力和产量急剧下降，各种工业产品都处于历史最低水平。即使存在着少量的民族工业，也是以修理、装配为主。同时，存在的少量工业布局也很不合理。沿海少数大城市集中了全国 70％的工业，除了重庆、武汉大城市外，广大的内地几乎没有工业存在，特别是广大乡村的交通运输滞后，基本上以原始的人力为主。

当时，我国工业生产远远落后于世界其他国家，更不用说和发达的美国相比较，就连与印度等欠发达的国家相比，也存在着较大差距（如表 2－1 所示）。

表 2－1　1949 年中国工业产品与美国、印度之比较①

产业名称	单位	中国	美国		印度	
		产量	产量	为中国倍数	产量	为中国倍数
纱	万吨	32.7	171	5.23	62	1.90
布	万吨	18.9	76.8	4.06	34.6	1.83
糖	万吨	20	199	9.95	118	5.9
原煤	万吨	0.32	4.36	13.63	0.32	1
原油	万吨	12	24 892	2 074.33	25	2.08
发电量	亿度	43	3 451	80.26	49	1.14

① 本表资料来源：《中国统计年鉴 1983》，中国统计出版社 1983 年版，第 242－245 页；《国外经济统计资料 1949—1978》，中国统计出版社 1981 年版，第 82－144 页。

续表

产业名称	单位	中国	美国		印度	
		产量	产量	为中国倍数	产量	为中国倍数
钢	万吨	15.8	7 074	447.72	137	8.67
生铁	万吨	25	4 982	199.28	164	6.56

从表2-1中可以看出，1949年中国工业主要产品不仅低于美国同期的几倍、几十倍、几百倍，甚至有的工业产量差距达到上千倍。和印度相比，这些工业产量也大多低于印度同期水平。从表中还可以发现，旧中国的产业结构也呈现畸形发展：生产资料的生产数量远远小于生活资料的生产数量。

3. 对外贸易层次低，贸易处于逆差位置

鸦片战争前，中国对外贸易基本上处于顺差地位。鸦片战争后，随着我国半殖民地半封建社会的深化，外国帝国主义掌握中国的经济命脉，我国在对外贸易中不仅逐渐失去话语权，而且面对外国商品倾销的冲击，我国对外贸易商品基本上是以传统的茶、丝织品和瓷器等手工产品以及农业产品和矿产品为主。对外出口贸易商品结构单一，基本上都是初级产品，层次低，利润不高。因此，我国对外贸易处于逆差地位，且这种贸易状况一直持续到1949年新中国成立之前。

4. 交通运输落后，生产基础设施建设不足

鸦片战争后，帝国主义国家为了自身贸易运输方便，在中国大兴铁路建设。但由于铁路建设是为外国资本家运输服务的，因此铁路里程建设不足，到1949年新中国成立时，铁路里程总长度不超过2.18万公里，且集中在东北和东部经济发展较好的地区，福建以及偏远的新疆、甘肃、宁夏、青海、西藏和贵州等地根本没有铁路。修建的公路里程仅有8.07万公里，且在战争的破坏下，公路桥梁、车辆设备及其相应的设施都频繁遭到破坏，实际能用的较少。水利设施长期失修，降低了抵御旱涝等自然灾害的能力。这些较差的交通运输和基础设施条件在一定程度上延缓了旧中国经济发展进程。

5. 文教卫生事业水平极端低下，劳动群众文盲半文盲占多数

在半殖民地半封建社会制度下，连年的战争导致劳动群众生活艰难，没有能力通过进行自我教育和后代教育来提高自身的文化素养。政府既没有精力也没有能力发展文教卫生事业。在这种状况下，全国80%以上的人口是文盲，即使有20%

左右的儿童入学率[①]，也是集中在大中城市和富裕人家。广大农村学校稀少，分布也很不均衡，中学基本上设置在县以上城镇。据统计，1949年全国各级学校在校生总人数为2 577.5万人，约占全国总人口的4.76%（如表2-2所示）。

表2-2　1949年全国大中小学生在校学生人数[②]

	学生数（万人）	同龄入学率（%）	占人口总比率（%）
小学（1—6年级）	2 439	20.0	4.50
中学（7—12年级）	126.8	25.0	0.23
大学	11.7	3.0	0.02
合计	2 577.5	19.68	4.76

综上所述，新中国成立之初，以毛泽东为首的新中央政府，面对的不仅是半殖民地半封建社会遗留下来落后的农业、工业、文教卫生以及薄弱的基础设施建设，而且还得面对连年战争造成的物资奇缺、工业萎缩和农业凋敝等问题。同时，以农业为主的人口中，还要面对科技文化素质低下的广大劳动群众。这些现象无疑给新中国经济发展带来了阻碍。

二、新中国成立初期经济发展面临的困境

新中国成立初期，除了要面临从旧中国接手的薄弱经济基础外，还要面临严峻的国内、国际政治和经济形势，这给新中国经济发展带来极大困难。

（一）国内形势

新中国成立之初，在军事上，除了继续在大西南和大西北围剿国民党残余势力外，还要镇压国民党遗留在大陆的特务和地主恶霸的各种破坏和干扰活动；在经济上，除了要面对旧中国遗留下来的经济烂摊子外，还面临着通货膨胀和财政困难。

1. 政治和军事形势

1949年新中国成立后，经济建设面临着国民党残余势力和不良资本家的破坏。毛泽东在北京宣告中华人民共和国成立后，除台湾和沿海岛屿被国民党势力控制外，在大西南、大西北和西藏仍存有国民党大批部队，在解放区还潜伏着大批

① 基俊：《试论我国的人口与教育》，《教育研究》1982年第3期。

② 资料来源：《中国人口统计年鉴1997》，中国经济出版社1997年版，第373、404页。

国民党特务。不论是国民党残余部队，还是潜伏特务，都在各自的势力范围内打起所谓的“救国军”“自卫军”等旗号，不断突袭基层政权，杀害当地干部和群众，破坏城乡交通，危害当地的经济建设。城市中的部分不良资本家、包工头和帮头等，利用朝鲜战争期间物资供应紧张机会，大量生产假冒伪劣产品，甚至生产有毒产品，干扰生产秩序，危及军民安全。因此，新生政权要想稳定社会秩序、发展经济，必须一方面发展生产，尽快在有限时间内弥补战争对经济造成的创伤，另一方面进行政治和军事斗争，消灭国民党残余势力和潜伏特务，为社会经济发展扫清障碍，这就使得新生的共和国政权不能领导人民群众集中精力发展经济。

2. 经济形势

新中国成立之年，也是全国财政经济状况最困难的一年。“当时国家财政收入只有相当于小米303亿斤，而财政支出却达570亿元。”[①]在这种情况下，新政府的财政支出中有2/3的支出依靠增发纸币来维持。造成这种局面的原因大致有：其一，军费开支很大。新中国成立之后，人民战争还在继续，军费开支很大，占全国财政收入的重要部分。其二，财政供养人员较多。人民政府对国民党遗留下来的几百万军政人员及其家属实行全包下来的政策，加上自己的军政人员大约有900余万人，这么庞大的数字显然给新生的政权带来经济上的压力。其三，战争和自然灾害给经济发展造成极大的创伤。解放战争虽然不断取得胜利，但战争所到之处，给当地经济造成生产下降、交通中断和物资供应缺乏等问题。“1949年工业产量与历史上最高年产量相比，煤为52.4%、铁为14.0%、钢为17.1%、纱为73.3%等等。农业方面，1949年的粮食产量比历史上最高年产量下降了近四分之一，棉花下降了近一半，农具损坏殆尽，水利损失严重，一致连年受灾。”[②]其三，全国财政经济紊乱。在全国还没有完全解放的前提下，各地财政经济没有连接为一体，基本上各自为政，各自发行货币，新生的人民政府无法形成全国统一的财政政策和税收政策。通货膨胀严重，致使全国各地的城市产生了一大批谋求暴利、投机倒把的商人。这些商人利用国家财政困难、物资供应紧缺的局面，大肆囤积居奇，牟取暴利，干扰了全国经济秩序，使新生的政权很难稳定全国的财政经济。为解决经济困难，新政府依靠增发纸币的办法又推高了全国的通货膨胀，不利于全国经济发展。

---

① 孟健华：《中国现代货币流通理论与实践》，中国金融出版社2010年版，第330页。

② 国家统计局编：《伟大的十年》，人民出版社1959年版，第92页。

(二)国际形势

二战结束后,在意识形态上,国际上形成了以美、苏两国为首的两大对立阵营。以美国为首的反社会主义的资本主义阵营为了维护自身利益和称霸世界,不断对以苏联为首的社会主义阵营围追堵截。同时,还阻挠世界各殖民地、半殖民地人民进行的民族、民主独立运动,甚至直接出兵扼杀。而以苏联为首的社会主义国家为了维护本国利益,以及在全世界范围内扩张社会主义运动,对以美国为首的西方阵营的围追堵截奋起抗争,从军事上、政治上、经济上大力支持各国的民族、民主解放运动。

新中国作为一个经过民族、民主革命独立的国家,自然避免不了遭到以美国为首的西方阵营的封锁。自从1946年英国首相丘吉尔发表“铁幕演说”,以及美国实施“马歇尔计划”和“杜鲁门主义”后,以美国为首的西方资本主义阵营妄图在全世界范围内消灭共产主义,对中国国共两党的斗争自然是横加干涉,在物质上和武器上大力支持和帮助国民党,力图消灭共产党及其领导下的部队。新中国成立后,资本主义阵营不仅拒绝承认新生的人民政权,而且还进行军事封锁。在海上设置了三道岛链:第一道岛链是从靠近北极的阿留申群岛开始,连接着日本群岛、台湾岛、菲律宾群岛;第二道岛链是以关岛为中心,包括澳大利亚、新西兰等一系列岛屿和大陆;第三道岛链是以夏威夷为中心,涵盖广阔的西太平洋海域。这些岛链的存在,构筑了一道道封锁中国的包围圈,孤立和封锁中国的对外经济交往,对中国构成巨大的军事威胁。除此之外,以美国为首的西方资本主义阵营为了进一步扼杀新生政权,除了继续帮助、支持和武装逃往台湾的蒋介石政权及其军队外,还在中国周边不惜挑起朝鲜战争、越南战争等一系列热战,妄图在朝鲜半岛和越南扶持自己的代理人,进一步孤立和封锁中国。军事上的封锁,不仅给新中国对外贸易带来了很大不便,在朝鲜和越南的热战也给新中国带来了巨大经济损失,给新中国经济发展增加了很大困难。

中苏关系的波动给新中国经济发展增加了新的困难。新中国成立后,以毛泽东为首的党和国家领导人领导中国人民有步骤地废除了帝国主义在华签订的一切不平等条约,摆脱了外国资本对中国经济命脉的控制,把对外贸易管理权牢牢控制在自己手里。在外交上制定了与国民党政府不同的“另起炉灶”“打扫干净屋子再请客”等外交方针,准备与世界上对华友好的国家建立外交关系。但是,面对美国为首的西方资本主义势力的敌视和包围，中央政府随即又制定了“一边倒”的外交方针，站到了社会主义阵营一边，不仅与苏联等社会主义国家建立了外交关系，而且与苏联签订了《中苏友好同盟条约》等一批条约和协定。这些条约和协定的签署，不仅为新中国经济建设赢得了相对有利的国际经济环境，而且在社会主义国家特别是苏联的设计和帮助下，新中国开始全面恢复经济建设。“一五”计划期间，在苏联的帮助下，中国确定了优先发展重工业的政策和项目。在赫鲁晓夫上台后，两国之间的矛盾和冲突不断出现，并逐步升级。先有两党之争，后有两国意识形态之争，最后发展到两国之间友好关系破裂。苏联方面不惜违约，撕毁援华项目条款，而且还撤走了援华的苏联专家，致使中国正在进行的大部分援建工业项目被迫停止，给中国经济建设增加了新的困难。

综上所述，新中国成立初期，我国经济基础薄弱，国内外政治、军事形势严峻，无疑给新生政权发展经济带来极大的困难和挑战。采取什么样的经济发展措施，既能控制通货膨胀、稳定市场，又能很快恢复和发展国民经济，是关系到人民群众切身利益和新生政权稳定的大问题。

第二节　毛泽东经济发展方式思想

探索社会主义经济发展方式成为时代任务。新中国成立后到改革开放前，面对国内经济发展滞后和国际敌对势力的封锁包围，如何在半殖民地半封建社会遗留的经济基础上过渡到社会主义社会，在社会主义改造完成后采取什么样的方式快速发展生产力，摆脱国内外困境，在较短时间内迅速建立起与社会主义制度相适应的物质基础，就成为以毛泽东为首的党和国家领导人面对的迫切的新时代课题。

艰辛孕育着发展，探索推动着创新。鉴于马克思主义经典著作中没有给出基于中国现实国情发展社会主义经济的现成答案，在现实的社会主义国家中也找不到适合中国社会主义经济发展的完整的和成熟的答案，毛泽东带领全党和全国人民在马克思主义基本原理指导下，通过艰辛的实践与探索，形成了适合于新中国初期不同阶段的经济发展思想。这些不同阶段的经济发展思想，既内含着新民主主义革命时期的农业发展方式、工业发展方式和国内外贸易方式等思想，又内含着社会主义制度确立后，重视社会主义经济规律探索和运用、关注经济发展不平衡、重视发展商品经济和利用科学技术发展经济等关于经济发展方式的思想，对各个阶段的经济发展起到了指导作用，在一定程度上提高了当时的经济发展效益。

一、新民主主义革命时期的经济发展方式思想

解放和发展生产力是过渡时期的中心工作。早在革命战争时期，毛泽东就提出革命是解放生产力的思想。他在《中国社会各阶级的分析》一文中就指出，由地主阶级和买办阶级所代表的封建土地所有制，是束缚中国生产力发展的最落后最反动的生产关系。而地主阶级和买办阶级又是帝国主义的附庸，阻碍着中国经济发展。中国革命的任务之一就是推翻地主阶级和买办阶级代表的封建制生产关系，从而解放生产力。新中国成立后，我国进入了社会主义革命和建设时期。针对社会主义革命和建设时期面临的新任务，他指出，社会主义革命和建设时期仍然有解放生产力的任务，但主要的是发展生产力，解放生产力要为发展生产力服务。为此，他在1950年6月的七届三中全会报告中，提出恢复经济必须具备三个条件："（一）土地改革的完成；（二）现有工商业的合理调整；（三）国家机构所需经费的大量节减。"①他提出的这三个条件，被学界称为"开源节流"。

（一）关于农业发展方式的思想

恢复和发展农业。中国是农业大国，恢复和发展农业生产，不仅是翻身成了国家主人——广大农民的迫切要求，而且在当时也是恢复和发展国民经济的主要支柱。为此，毛泽东依据中国现状，提出两条发展农业措施。其一，进行土地改革和扩展生产规模。在全国范围内，特别是新解放区，进行土地改革运动，废除封建土地所有制，解放生产力。在他的领导下，国家制定的土地改革总路线和各项具体政策措施，都紧密结合农村实际情况。在土地改革过程中，各级政府不仅大力扶持农业生产，发放大量农业贷款，让农民增添各式农具和购买化肥，解决农业生产资料短缺问题，还及时宣传和发动广大农民开垦荒地投入农业生产，制定合理的粮食收购价格，确保农民利益，解决农民后顾之忧。同时，还通过税收政策、互助合作社和增产竞赛的方式，调动农民生产热情和积极性，确保农村农业生产力的恢复和发展。其二，改进农业生产技术。在进行土地改革、调动农民生产积极性的同时，毛

① 《毛泽东选集》第5卷，人民出版社2008年版，第18页。

泽东非常重视农业生产技术的改进和应用。在他的领导下,全国各地建立了农业科学研究所、农业试验场和兴办国营农场等。在起用既有的农业科研人员同时,还大力培养大批农业科研工作者来指导农业生产,农作物的品种改良和良种推广、农作物的病虫害防治、耕作技术和栽培技术改进、土壤改良等方面取得了较大成效。这些措施的实施,不仅提高了农作物单位面积的产量,而且也减少了病虫害造成的损失,加速了农业生产恢复。其三,重视和发展农村市场。为了避免交通不便的农村出现农民丰产不丰收、谷贱伤农的现象,以及因农产品卖不出去,农民无法购买所需的农业生产资料和增加对农业生产的投入,在把恢复和改善城乡交通运输情况作为工作重点的前提下,毛泽东指示各级政府普遍在农村建立和发展供销合作社,为农村滞销的农产品寻找销路。同时,恢复和发展农村集市、庙会,提供农产品交易场所,并组织农民在集市和庙会上开展物资交流,方便农民出售农产品。在三年过渡时期,市场上"农副产品的采购额,从1950年的80亿元,增加到1952年的129.7亿元,增长了62.1%"[①],促进了农业发展。

(二)关于工业发展方式的思想

恢复和发展工业生产,改变畸形的产业结构和区域分布的不平衡,掌握国家的工业命脉,是过渡时期国民经济恢复的重要任务之一。毛泽东根据过渡时期的工业发展状况,将工业适当划分为国营经济、合作社经济与私营工商业的经营范围,正确地处理了发展工业生产与没收官僚资本企业、抗美援朝战争、"三反"和"五反"运动等的关系。同时,制定了以恢复发展国营经济为重点,在国营经济内部实行企业管理民主化和按劳分配原则,以调动劳动者生产积极性。允许工业经济中除国营工业外的其他工业成分共同发展,利用私营工业积极的一面,调整其服务方向。对个体手工业则采取了"重点扶持、合理引导"的政策,加强对手工业的组织和领导,引导个体手工业向合作经济方向发展。这些政策的实施,调动了各方面工业生产的积极性,为工业生产的恢复和发展提供了正确的政策基础。为节约生产资料和资金,毛泽东提出了以恢复和提高被战争破坏的生产设备的利用率为主,新建设备为辅的方针。为实现这一方针政策,他在全国范围内调整产业结构。具体表现在两个方面:一是调整轻重工业的国家基本建设投入比重。1950—1952年的三年

---

① 董志凯:《1949—1952年中国经济分析》,中国社会科学出版社1996年版,第270页。

时间内，重工业投资比重占 70%以上，轻工业投资比重占 20%，调整的结果使轻重工业都得到了发展。在工业产值增长比中，轻工业产值比有所下降，重工业产值比有所上升。二是调整工业地域分布。1950—1952 年的三年时间内，有秩序、有计划地将沿海工业转向内地，使工业布局更加合理。这一时期，“沿海工业产值占全国工业总产值比重由 71.5%下降到 70.8%，内地工业产值占全国工业总产值比重由 28.5%上升到 29.2%”①。工业分布地域的重新布局，既有利于支援农业，也避免了对工业原料的争夺，有利于工业和经济的整体发展。

毛泽东及其领导下的政府，在国民经济恢复时期采取的农业发展方式、工业发展方式、国内国际贸易方式等方面的探索，是在特定条件下对马克思的经济发展方式思想的丰富和创新，对当时国民经济的恢复和发展无疑起到了很大的促进作用。

二、社会主义制度确立后的经济发展方式思想

在对生产资料私有制的社会主义改造完成后，我国进入了社会主义经济建设时期。面对社会主义时期经济发展所遇到的与以前不同的新特点、新情况，在马克思主义经典著作中找不到现成的答案，因为马克思和恩格斯在经典著作中只是提到建设社会主义的原则和方向，并没有为发展社会主义经济提供具体的方案。列宁虽然参加了发展社会主义经济的实践，但由于时间太短，也没有给出发展社会主义经济方案。斯大林领导的社会主义经济建设，虽然能提供一些可借鉴的经验，但实践证明，他的发展社会主义经济高度集中的、僵化的管理模式的弊端日益显露，不利于发展我国社会主义经济。因此，怎样发展社会主义经济就成为摆在以毛泽东为首的党中央面前的新课题。

（一）重视对社会主义经济规律的探索

重视研究社会主义经济规律。毛泽东根据唯物主义辩证法关于客观规律的原理，认为社会主义经济建设也存在着规律。发展社会主义经济，就必须认真研究、认识和驾驭社会主义经济规律，只有这样，才能少走弯路，少栽跟头。他在读《苏联社会主义经济问题》一书时指出，苏联国民经济发展出现畸形的原因在于没有正确

① 《中国工业经济统计分析资料(1949—1984)》，中国统计出版社 1985 年版，第 137 页。

处理好工业和农业、轻工业和重工业的关系。重视工业、忽视农业，重视重工业、忽视轻工业的做法，导致苏联经济发展出现了“一条腿长，一条腿短”的特点。在他看来，苏联的社会主义经济建设没有反映社会主义经济发展的规律。他认为，社会主义经济发展规律是隐藏于经济现象背后的东西，必须通过反复实践后才能认识它。他提出，要认识社会主义经济发展规律，必须发挥党和人民群众的主观能动性，以实践为基础大兴调研之风。为此，他写了《论十大关系》等著作，深入研究和探索社会主义经济发展规律。在经历“大跃进”和人民公社化运动之后，他深感研究和探索社会主义经济发展规律的不易，号召大家努力去探索。由于主客观原因的限制，毛泽东虽然没有很好地完成研究和探索社会主义经济发展规律的任务，但他研究社会主义经济规律，发展社会主义经济精神，指引着后来党和国家领导人继续探索适合我国的经济发展方式。

(二) 重视经济发展平衡

重视国民经济平衡以推动社会主义经济发展。国民经济总供给和总需求平衡运行，才能推动经济发展有序进行，也才能产生最大经济效益。毛泽东在领导社会主义经济建设中，很重视国民经济发展的平衡问题。他运用辩证法原理指出，在经济发展过程中，平衡与不平衡的矛盾永远存在，不平衡是绝对的，平衡是相对的，社会主义经济发展也存在着不平衡问题。他批判苏联《政治经济学教科书》否认社会主义制度下经济发展不存在不平衡问题，认为社会主义经济在发展过程中也存在着不按比例、发展不平衡问题，因而要通过有计划的方式去解决这种比例不协调、不平衡问题，促进经济按比例协调发展。

1. 正确处理农业、轻工业和重工业的发展比例

为了使我国尽快地从一个落后的农业国变为先进的工业国，毛泽东根据马克思的社会扩大再生产原理，吸取了苏联农轻重比例失调的教训，提出了正确处理农轻重关系的思想。其一，优先发展重工业思想。我国工业具有基础薄弱、部门残缺不全且分布又很不平衡的特点，要使我国由落后的农业国变为先进的工业国，就必须从全局角度，在全国范围内建立一个完整的、布局合理的工业体系。他指出，“必须优先发展生产资料的生产，这是已经定好了的”①。同时，他批判斯大林在运用

① 《毛泽东文集》第7卷，人民出版社1999年版，第24页。

生产资料优先增长的规律时，过分强调了重工业的优先增长，忽视了农业和轻工业的发展，导致了经济发展出现波折，由此他提出要适当调整好农轻重三大产业间的投资比例，重视农业和轻工业的发展。其二，阐述了中国工业化方法问题。毛泽东强调，中国工业化过程绝不能以牺牲农业和轻工业为代价。因为粮食和其他生活品是工人得以存在的前提，没有工人存在，就无法发展重工业。因此，在中国工业化过程中必须处理好重工业、轻工业和农业的发展比例，“发展工业和发展农业必须同时并举”[①]。其三，要以农业为基础，按照农轻重的次序统筹安排国民经济发展计划。毛泽东结合我国经济发展实际，全面阐述了农业在我国国民经济中的基础地位和基础作用。他在1957年1月《在省自治区党委书记会议上的讲话》一文中全面阐述了农业在国民经济中的重大作用，要求全党一定要重视农业的发展。他还在1959年总结“大跃进”经验教训时提出，要按照农轻重的次序来制订国民经济计划。在资金、物资的分配比例上，要在农轻重按比例发展基础上，重点安排重工业，从而保证农业和轻工业的资金和物资不被重工业挤掉。他在1962年总结我国国民经济发展的经验教训基础上，提出了我国经济发展要以农业为基础的思想，再加上周恩来提出的以工业为主导，最后形成了以农业为基础、以工业为主导的经济发展思想。当然，他的这种正确处理农轻重比例关系的思想，在实践上没能贯彻到底，被后来“以钢为纲”的“大跃进”和人民公社化运动所代替，破坏了农轻重之间各种比例关系，给我国经济发展带来了很大困难。

2. 平衡积累资金和消费资金的增长比例

资金积累是社会主义经济发展非常重要的原动力，但社会主义发展生产的最终目的是为了提高人民群众的生活水平。因此，在发展社会主义经济过程中，如何处理积累与消费的关系，使积累与消费的比例关系适当，既能促进社会主义经济发展，又能提高人民群众的生活水平，是一个很重要的问题。毛泽东批判了苏联依靠提高轻工产品价格、压低农产品价格的办法积累资金，认为这样做会让农民生活过得很苦，不利于提高农民从事农业生产的积极性。他根据苏联的教训和社会主义经济发展过程中出现的问题指出：积累过低，吃光花尽，不能扩大再生产，不利于社会主义经济发展；积累过高，会影响人民群众的生活改善，对经济发展同样不利。他提出积累和消费的比例应该同步增长，要根据不同年份的经济发展状况适当调

① 《毛泽东文集》第7卷，人民出版社1999年版，第241页。

整积累和消费的比例。

平衡工业和农业发展、积累与消费比例关系思想，是毛泽东对马克思经济发展方式思想中的两大部类思想和积累思想在现实社会主义条件下的一次践行。实践证明，正确处理工业与农业、积累与消费比例关系，不仅对我国社会主义经济发展起了较大的促进作用，而且也在理论上和实践上丰富和发展了马克思的经济发展方式思想。

(三) 发展社会主义商品经济思想

对社会主义制度下存在商品经济问题的认识，关系到中国社会主义经济发展成败和快慢的问题。马克思、恩格斯在建立在对西方发达资本主义国家分析基础上的未来理想社会的描述中，认为未来社会主义社会将消除商品经济，市场将不复存在。列宁在苏维埃俄国战胜国内外敌对势力进攻和叛乱后，为了发展苏维埃俄国经济，提出用新经济政策代替战时共产主义政策。在新经济政策中，列宁针对苏维埃俄国落后的农业经济，提出了保存和利用商品货币政策发展经济理论。由于时间原因，列宁虽然没有很好地把商品生产贯彻到底，但他的商品生产理论是在落后国家对经典作家关于社会主义商品生产消亡的一大突破。斯大林在列宁的商品经济理论基础上，逐步发展了社会主义商品生产和价值理论，主张利用商品经济推动社会主义经济发展。诚然，斯大林把商品经济的作用及其活动范围只限于个人消费品买卖，认为社会主义公有制经济不存在商品经济，只存在计划经济。但实践证明，商品生产和价值规律的存在，对苏联社会主义经济发展、对调节生活资料和生产资料余缺、对丰富和改善民众生活仍起到了积极作用。

毛泽东基于上述经典作家关于商品经济对社会主义经济发展作用的认识，以及现实条件下商品经济活动和商品生产实际存在的条件的认识，提出了社会主义制度下必须发展商品生产和利用价值规律以促进经济发展的思想。

1. 发展商品生产思想

对社会主义制度下是否存在商品生产条件的认识，直接关系到社会主义社会商品生产者的命运，关系到是否能用商品生产和价值规律发展社会主义经济问题。面对中国经济发展的实际形势，毛泽东认为，斯大林对社会主义社会商品生产存在的条件论述不够完整，指出公有制的两种形式虽然是商品生产存在的主要前提，但是决定商品生产存在的最终原因应该是生产力发展的水平。在生产力水平较低的情况下，即使是社会主义全民所有制，在一定范围内商品生产和商品交换仍然存在。“只要存在两种所有制，商品生产和商品交换就是极其必要、极其有用”①。毛泽东提出，在当前社会主义阶段，应当用商品经济形式和价值法则来发展社会主义经济。他多次阐述了发展社会主义商品生产的重要性，批驳那些避开商品经济发展社会主义经济的思想，认为这是不彻底、不严肃对待马克思主义的态度。他认为，社会主义不怕发展商品生产，因为资本主义经济基础已经不存在，提倡要有计划地发展商品生产为社会主义经济发展服务。他不同意斯大林只在个人消费品范围内存在商品经济活动的看法，认为有些生产资料也需要进行交换，属于商品范畴。他号召全党和全国人民放下思想包袱，积极利用商品生产和价值规律发展商品生产，为社会主义经济建设服务。

2. 利用价值规律发展经济思想

价值规律是商品经济的基本规律。毛泽东认为，社会主义不仅存在价值规律，而且也符合生产力发展需求。实际上，在以公有制为基础的社会主义社会，价值规律对经济发展有两个作用：一是核算作用。价值规律能促使企业不断改善经营管理，提高劳动生产率，以尽可能少的劳动和资源消耗生产出符合社会需要的商品，提高经济发展效益。二是对商品生产起调节作用。价值规律通过商品价格围绕价值上下波动，调节社会资源在各生产部门和各行业之间的分配比例。在当时的历史条件下，毛泽东比较重视价值规律的核算作用。他指出：“在生活资料方面，必须发展社会主义商业；并且利用价值法则的形式，在过渡时期内作为经济核算的工具，以利逐步过渡的共产主义。”②他要求所有的经济单位（包括国有企业和集体企业）都要利用价值法则进行经济核算，为社会主义服务；并提出合作社也要利用价值法则搞经济核算，勤俭办社，逐步增加积累。毛泽东批评了当时中国和苏联的经济学家羞于提价值规律的现象，认为当时存在的平均主义和过分集中的倾向否定了价值规律和等价交换原则，提出价值规律具有客观性，社会主义时期的等价交换不能回避它、违反它，违反了它，社会主义经济建设就会被整得头破血流。他认为国民经济调节是根据有计划按比例发展要求来进行的，起决定作用的是计划，并提出“计划第一，价格第二”的论断。但同时，他也在实践中看到了价值规律的调节作

① 《毛泽东文集》第8卷，人民出版社1999年版，第440页。

② 《毛泽东文集》第7卷，人民出版社1999年版，第434页。

用。他在八届二中全会上提出的“谷贱伤农,你那个粮价那么便宜,农民就不种粮食了”[①],也是间接承认了价值规律对国民经济的调节作用。

发展商品经济,利用价值规律促进经济发展的思想,是毛泽东基于马克思关于资本主义商品经济、价值规律等思想的基础上,结合社会主义经济发展的实际情况,把商品经济和价值规律运用在社会主义经济发展上的一次尝试。这种尝试突破了马克思设想的关于建立在发达资本主义国家基础上的未来社会主义不存在商品经济和价值规律的思想,是对列宁、斯大林关于商品经济和价值规律思想在中国经济发展方面的一次继承和发展,对搞活和促进当时中国经济发展具有非常重要的意义。

(四)利用科学技术发展经济思想

基于马克思主义经典作家关于科学技术对经济发展作用的认识,毛泽东立足于革命和社会主义经济建设的实践,对科学技术及其功能有着自身的理解。在他看来,科学技术来源于人们生产实践经验的总结,同时又是人们从自然界获取更多物质生活资料和争取更多自由的一种武器。毛泽东说:“自然科学是人们争取自由的一种武装。”[②]他在看到了科学技术作用的同时,也看到了科学技术的发展也需要物质基础作后盾,因而明确提出了社会主义经济发展能为科学技术发展提供有利条件。“现代技术的发展……都需要先进的强大的仪器工业作为后盾。”[③]经济的发展能为科学技术发展提供所需要的设备和仪器材料,离开经济发展,科学技术发展就成为纸上谈兵。因此,毛泽东在领导社会主义经济建设的过程中,提出经济发展要依靠科学技术以及在经济发展中推动科学技术发展的思想。

发展社会主义经济离不开科学技术。毛泽东在延安时期就觉察到了科学技术对经济发展的作用,认为“自然科学是很好的东西,它能解决衣、食、住、行等生活问题”[④]。社会主义制度确立后,他进一步阐释了科学技术对经济发展的作用,“不搞科学技术,生产力就无法提高”[⑤]。因此,他号召人们打破传统,采用先进科学技术发展社会主义经济。毛泽东意识到,在贫穷落后的农业大国中,依靠传统的农业生产模式已不能适应现代化建设的需要,必须用科学技术改造传统产业,力争推动工

---

① 《马列著作毛泽东著作选读(哲学部分)》,人民出版社1978年版,第433页。
② 《毛泽东文集》第2卷,人民出版社1993年版,第269页。
③ 《建国以来重要文献选编》第9册,中央文献出版社1994年版,第499页。
④ 同②,第269页。
⑤ 《毛泽东文集》第8卷,人民出版社1999年版,第351页。

业和农业现代化发展，以促进经济发展。他多次强调，要培养一大批包括教授、教员、科学家、新闻记者、文学家以及马列主义理论家等具有科学文化素养的工人阶级自己的队伍。他看到了农村劳动力素质和劳动工具的落后，一方面，提出建立农业科研机构，培养农业技术人员，还鼓励建立农业技术学校和技术夜校，主张把扫除农民文盲和培养农民技术相结合；另一方面，提出改进农业技术、推广农业机械化的号召，指出提高农业劳动生产率、发展现代化农业的关键在于新型农具的制造和推广。为此，他提出多生产拖拉机，更新农民生产工具，以使生产向深度和广度进军，开发自然资源、能源，生产工业原料，保护环境等。毛泽东把科学技术与生产力三要素相结合，简洁明了地阐明了科学技术对经济发展的重要作用，深化了经典作家关于科学技术重要作用的认识。

推动科学技术进步的领导、主体及规划与方法。利用科学技术，就必须发展科学技术。毛泽东认为，推动科学技术的发展，必须在党的统一领导下，依靠国家行政力量统一规划，集中并合理配置全国有限的人力、物力和财力等资源发展科学技术，才能推动科学技术攻关完成。他驳斥了科技界提出的“外行不能领导内行”① 的质疑，认为没有党对科技界的政治领导，科学技术研究就会形成一盘散沙，就会制约科学技术的发展。当然，他认为，调动科技工作者积极进取地多出研究成果是党领导好科技工作的标志。党对科技工作的领导和规划实施，离不开科技人才的努力。工人阶级是发展社会主义经济的主体，推动科学技术的发展也必须由工人阶级来承担，因而工人阶级没有自己的科技人员是不行的。因此，他提出，要努力培养出又红又专的与工农群众密切联系的科技人才队伍。在发展科学技术方法上，坚持“百家争鸣”和“洋为中用”的方针。毛泽东认为，科学是非问题，学派之间可以自由争论，避免用行政命令解决，力争营造宽松的学术氛围。同时，坚持在“独立自主、自力更生”的基础上借鉴外国的科学技术成就。但他反对全盘照搬和一概排斥的极端做法，提出要有批判地学。毛泽东对发展科学技术的领导意识和主体力量的分析以及发展规划和方法，对我们今天发展科学技术仍有着指导意义。

发展科学技术和利用科学技术提高经济发展效益思想是继马克思、恩格斯、列宁和斯大林之后，毛泽东对科学技术伟大作用的又一次充分肯定。他的发展科学技术和利用科学技术发展经济的思想，虽然在历史发展进程中没能一以贯之，但为

---

① 《建国以来重要文献选编》第14册，中央文献出版社1997年版，第539页。

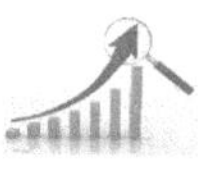

我们在经济新常态时期重视科学技术发展与创新,重视科学技术与经济发展相结合提供了思想指南。

从国民经济恢复到社会主义改造,再到社会主义经济发展探索时期,毛泽东的经济发展方式思想也经历了一个逐步成长过程。从这个历程中可以看出,毛泽东把经典作家的经济发展方式思想较为成功地与中国国情相结合,在实践中探索出适合中国国情的经济发展方式思想。他把马克思关于经济发展规律、两大部类的总量平衡和结构均衡、商品经济的价值规律和科学技术的发展与应用等思想,在中国社会主义建设过程中进行了实践和创新,为解决当时中国经济发展,促进中国经济理论的发展均做出了相应的贡献,也为当时理论界研究经济发展方式理论营造了学术氛围。

第三节　20世纪五六十年代理论界对经济发展方式思想的研讨

20世纪五六十年代,中国进行的轰轰烈烈的社会主义经济建设运动,取得了新中国成立前难以比拟的举世瞩目的伟大成就,为中国以后社会主义经济发展奠定了坚实的物质基础。但是,由于中国的社会主义建设处于以美国为首的西方资本主义国家的封锁包围中,与苏联社会主义国家存在的两党之争上升到两国之间的斗争中,为了打破国外敌对势力的威胁,中国必须尽快发展生产力,快速发展经济,因而采取了以“快”为特征的外延的发展模式。在快速发展经济的过程中,不可避免地存在着各种问题,引起了理论界的关注。

一、理论界对社会主义经济发展方式的研讨

问题是理论探索的导向。理论界针对我国经济发展过程中出现的问题,结合对马克思经济发展方式思想的认识,对社会主义经济建设过程中的扩大再生产、有计划按比例发展、经济结构和社会主义经济核算等问题进行了热烈研讨。

(一) 对社会主义扩大再生产问题的研讨

扩大再生产问题是经济发展的首要问题,也是一国或地区人和社会发展的基

础。社会主义制度确立后，推动社会主义经济再生产是社会主义国家建设的重要大事，不仅关乎社会主义制度能否巩固和发展，也关系到人民群众生活水平能否提高。随着社会主义经济建设的快速推进，以及“大跃进”带来的经验教训，理论界针对社会主义经济建设过程中出现的问题，结合马克思扩大再生产理论，重点研讨了社会主义经济扩大再生产类型及其关系、生产资料优先增长问题。

1. 关于社会主义经济扩大再生产类型的研讨

理论界在一般认可马克思把扩大再生产类型分为外延的扩大再生产和内涵的扩大再生产基础上，认为社会主义经济发展，要处理好“外延和内涵的关系，较之简单再生产和扩大再生产关系，有着更为重要的理论意义和实际意义”①。但在理论研讨中，理论界却对扩大再生产两种类型的划分及其相互关系存在着不同的看法。

(1) 关于扩大再生产两种类型划分的讨论。随着社会主义经济建设的进行，理论界已经认识到斯大林关于积累是扩大再生产唯一源泉的观点的片面性，提出了社会主义条件下扩大再生产类型也可以区分为外延和内涵两种类型，但是，关于外延的扩大再生产和内涵的扩大再生产类型的划分产生了分歧。以刘国光为代表的学者认为，依靠投入生产资料，而不是依靠科学技术提高劳动生产率来实现产品数量的增加是外延扩大再生产；内涵扩大再生产则是依靠生产技术的进步和劳动生产率的提高，而不是因劳动量的增加而引起生产资料和产品数量的扩大。“社会劳动生产率的提高，则是区分扩大再生产的外延型和内涵型的基本标志”②。漆琪生等学者认为，外延扩大再生产依靠增加资金积累、生产资料来扩充生产规模；内涵扩大再生产则是依靠生产技术进步和劳动生产率提高来实现。学者们关于马克思主义扩大再生产理论的研讨，虽然在当时没有达到一致的意见，但他们基于现实的生产实践而进行的讨论，对于后期人们在实践基础上进一步认识马克思主义关于扩大再生产类型的分类，以及两大生产类型的区分具有重要意义。

(2) 关于扩大再生产方式两大类型之间关系的讨论。面对社会主义成立之初的经济建设实际困难，采用什么样的扩大再生产方式进行社会主义经济建设，以及

---

① 刘国光：《略论外延的扩大再生产和内涵的扩大再生产的关系》，《光明日报》，1962年7月2日。

② 同①。

扩大再生产两种方式之间的关系如何，理论界对此进行了热烈探讨。孙冶方在分析传统经济体制不重视价值规律和生产效率弊病时提出："发展生产的秘诀就在于如何降低社会平均必要劳动量，在于如何用改进技术、改善管理的办法，使少数落后的企业劳动消耗量(包括活劳动和物化劳动)向大多数中间企业看齐，使大多数的中间企业向少数先进企业看齐，而少数先进的企业又如何更进一步提高。"[①]他提出改进技术、改善管理办法以降低社会必要劳动量的主张，实际上是对不计成本的粗放型旧发展路子的纠正。以刘国光为代表的学者认为，外延的扩大再生产作为资本主义经济发展方式之一，只是发生在以手工业为基础的前资本主义时期。在以大机器生产为基础的资本主义生产中，随着分工的深入发展和科学技术水平的迅速提高，内涵的扩大再生产成为主要形式。在中国社会主义经济发展中，由于人口、资源有限，内涵的扩大再生产和外延的扩大再生产要互相并行、互相结合，不能忽视外延扩大再生产在经济建设中的作用，但总的来说"内涵的因素，居于头等重要地位"[②]。以漆琪生为代表的学者看到了资金积累在扩大再生产中的作用，认为扩大再生产的两种方式，只能在一定程度上有相对的区别，在更广的程度上二者往往是交错结合的。"仅凭提高劳动生产率而完全不从事资金积累和追加投资的扩大再生产，其成效总是有一定的限度，难于促进扩大再生产更高程度的发展。"[③]但他认为，根据我国经济发展的目的以及存在的客观条件，社会主义经济发展首先要采取外延扩大再生产。只有这样，才能显著地增加生产资金，使生产设备扩充更新，固定资本越加充实，有机构成愈加提高，生产规模愈趋扩大，就更能增强和扩大社会主义扩大再生产的物质技术基础。因此，这种形式是社会主义扩大再生产的物质基础。以刘国光和漆琪生为代表的学者，均认为中国社会主义经济建设必须采取扩大再生产两种类型，这两种类型在经济建设中是相互密切、相互作用和不可分割的，都具有各自的优势，都对社会主义经济建设起着重要作用。不同的是：刘国光等学者认为，在社会主义经济建设中必须把内涵的扩大再生放在首位，这种思想观点是从长远角度考虑社会主义经济建设中的资源、劳动力等问题的稀缺性，以及科学技术在经济发展中的重要作用。漆琪生等学者则从短期角度，针对社会主

① 孙冶方：《社会主义经济的若干理论问题》，人民出版社 1979 年版，第 41 页。
② 刘国光：《略论外延的扩大再生产和内涵的扩大再生产的关系》，《光明日报》1962 年 7 月 2 日。
③ 漆琪生：《论社会主义的简单再生产与扩大再生产的辩证关系》，《大公报》1962 年 7 月 2 日。

义初期物质匮乏和技术水平较低的情况，看到外延的扩大再生产方式具有快速发展生产力的优点。在当时的历史情况下，以外延式的方式为主发展社会主义经济是正确的，但从长期角度看，依然要把内涵的扩大再生产方式放在主要位置，二者在不同的发展阶段各有侧重。

2. 关于生产资料生产优先增长问题的研讨

生产资料生产优先增长的问题是关系到如何正确处理农轻重之间比重的问题，也是我国20世纪50年代末60年代初理论界讨论的重大问题。这次讨论是为了在社会主义经济发展过程中，在肯定生产资料优先增长作为客观经济规律的既定的理论前提下，从不同的角度研讨生产资料优先增长的必然性。

(1) 关于决定生产资料优先增长的条件讨论。以许涤新为代表的学者认为，生产资料必须优先增长的原因，在于扩大再生产的前提必须是生产资料的生产数量，不仅能够补偿已消耗掉的实物，而且还能补充扩大再生产所需要的余额。在这个基础上，这部分学者就认为，马克思关于$\mathrm{I}(v+m)>\mathrm{II}c$的公式就决定了生产资料生产必须优先增长。以吴树青为代表的学者认为，扩大再生产必须要遵守马克思关于$\mathrm{I}(v+m)>\mathrm{II}c$的公式，但是由于两大部类是平行发展的，生产资料的生产速度不一定要先于消费资料的生产速度。由技术进步引起了生产资料的优先增长，社会总产品中物化劳动的消耗随着技术的进步要远远大于活劳动的消耗。在其他条件不变的情况下，第Ⅰ部类必须优先增长。在同等技术水平条件下，经济发展并不要求优先发展生产资料的生产。因此，优先增长生产资料并不等于$\mathrm{I}(v+m)>\mathrm{II}c$，二者不能混为一谈。上述学者对生产资料生产优先增长的研讨都存在一定的道理，但以吴树青为代表的学者忽视了消费资料生产对生产资料生产的制约作用；以许涤新为代表的学者，则在理想状态下把技术不变看作前提，实际上生产技术水平是不断更新发展的。

(2) 关于消费资料生产在社会生产中制约作用的研讨。理论界一般认为，在经济发展过程中，既要注意到生产资料生产的主导作用和决定作用，又要注意到消费资料生产对生产资料生产的制约作用，片面强调一方，而忽视另一方都是有害的。因为生产资料和劳动者是生产过程顺利进行必不可少的条件，二者要同时存在。在经济发展过程中，不但需要更多的机器设备和原料，也需要相应的消费资料来满足劳动者生产自己的劳动力，以满足生产过程对劳动力消耗的需要。因此，在生产过程中，两大部类相互依存、相互促进，不能相互脱节。在社会主义制度下，实

行工业和农业、重工业和轻工业同时并举的方针,正确地反映了这一客观要求。但有的学者只提出第Ⅱ部类对第Ⅰ部类的制约作用,而忽视了两大部类之间的相互制约与相互促进的关系。曾启贤指出,在分析两大部类之间的关系时,只提出消费资料生产的制约作用,是不确切的。他认为,生产生产资料和生产消费资料,作为社会主义扩大再生产的两个方面,各自具有不同的作用。但是如果只提消费资料生产对生产资料生产的制约作用,就会造成对消费资料生产对于扩大再生产作用的误解。关于消费资料生产在社会生产中的制约作用的研讨,进一步揭示了两大部类的内在关系,特别是曾启贤对这一问题的研究,更能清楚地表明两大部类之间不是单纯决定与制约的关系,在实践中是相互作用、相互促进和相互制约的关系,不能轻视或忽视其中某一个方面的作用,应在全面把握的前提下,在某个时段有所侧重。而内涵的扩大再生产,则是历史发展的趋势。

(二)关于经济结构问题的研讨

经济结构问题是经济发展方式的关键。经济结构是国民经济各部门、各系统构成的一个复合系统,它包括不同所有制经济成分在国民经济中的比例、产业结构、分配结构、区域经济结构等。其中,对经济发展影响重大的是产业结构。鉴于当时的国情以及毛泽东《论十大关系》的发表,理论界也对经济结构问题进行了初步探讨,主要集中在两大部类和农轻重之间的关系、生产资料生产优先增长等问题上。

1. 两大部类和农业、轻工业、重工业之间关系的研讨

马克思在论述资本主义经济各部门发展时,为了方便起见,抽取许多具体条件,把资本主义社会经济各部门简化为生产生活资料的部类和生产消费资料的部类,并以此为基础,论证了资本主义经济发展的总量平衡和结构均衡的重要性。在分析社会主义经济结构时,根据中国当时的历史情况,只有农业、轻工业和重工业之分。而两大部类与农轻重之间存在着何种关系,理论界在研究中产生了争论。以金学为代表的学者认为,马克思所论证的社会再生产两大部类之间的关系,在社会主义经济现实中,主要表现为农轻重的关系。在社会主义经济发展中,两大部类关系原理应体现在农轻重三者之间的正确比例关系上。他认为,农业、轻工业基本上是生产生活资料的部门,而重工业是生产生产资料的部门。所以,"农、轻、重的相互关系,反映了两大部类的相互关系"①。以杨坚白为代表的学者认为,马克思

① 金学:《关于社会主义再生产问题的讨论及值得探讨的若干问题》,《学术月刊》1962年第6期。

关于两大部类的划分是以产品的最终用途来划分的，而工农业的划分是建立在生产对象和生产方法上的。一般来说，生产生产资料属于重工业范畴，生产生活资料属于轻工业范畴，但是二者各自内部所包含的另一部类产品可以在理论分析上存而不论。同理，农业除了生产生活资料的产品外，也存在着生产生产资料的产品，但这些生产资料的产品，最终仍然是消费资料。因此，"农、轻、重比例上的安排，也就基本上体现着工农业中两大部类的比例安排"[①]。以朱兆谨为代表的学者认为，在社会主义经济发展中，农轻重之间的关系并不完全与两大部类之间的关系相同，它比两大部类之间的关系更为复杂。如果把两大部类之间的关系与农轻重之间的关系相等同，那只是从抽象角度方面揭示它们之间的关系。但是，我们分析社会主义再生产的任务是通过正确分析各部门的具体关系来处理好两大部类的关系。如果我们按照两大部类之间的关系来分析农轻重之间的关系，就不能达到正确分析国民经济比例关系的目的。理论界对马克思的两大部类关系与农轻重之间关系的分析，均认为二者之间既存在着联系，也存在着一定的差异性。但在论述二者之间的差异性上，却一个比一个分析得更深刻，更能接近社会主义经济发展的实际，更能引导人们正确处理农轻重之间的关系，丰富和发展了马克思的两大部类思想。

2. 关于社会主义经济结构的研讨

社会主义经济结构是指社会主义经济系统中各产业、各部门、各环节之间的相互制约关系，它包括企业结构、产业结构和区域结构等。社会主义经济结构制约着国民经济发展及其战略目标的实现。合理的经济结构，能充分调动经济发展的各种内在力量，提高经济发展效益，促进经济持续稳定健康发展；不合理的经济结构，则会引起诸多矛盾，压制和削弱经济发展的内在力量，降低经济发展效益，甚至会导致国民经济发展停滞、萎缩和被破坏。可见，经济结构是否合理，是关系到经济是否健康持续发展的大问题，是经济发展方式中的关键一环。社会主义制度确立后，理论界受马克思两大部类范式和实际国情的影响，关于经济结构理论的研讨主要集中在农轻重的比例关系上。在社会主义工业化道路是从重工业开始的思想影响下，在苏联快速成长为能和美国抗衡的超级大国的背景下，理论界以列宁和斯大林的相关论述为出发点，将如何快速实现国家工业化作为重点讨论的问题。

---

① 杨坚白：《论试论农业、轻工业、重工业比例和消费、积累比例之间的内在联系》，《经济研究》1961年第12期。

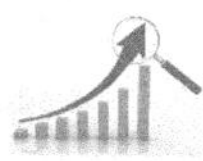

(1) 关于社会主义工业化道路的研讨。新中国成立后,经济发展面临着工业基础薄弱和西方发达资本主义国家禁运封锁的现实,为快速建成独立的完整的工业化体系,理论界纷纷出谋划策。理论界普遍认为,社会主义工业化的基本内容是现代工业产值在工农业总产值中的比重占相当优势,并成为国民经济的领导力量。杨坚白等学者认为,优先发展重工业符合两大部类比例关系原理,"只要重工业有了优先发展,农业和轻工业都有了高速度的发展……保证国民经济的积极的协调发展"①。王思华认为,高度发展的重工业,是发展社会主义经济,实现国家工业化的必要途径。但也要采取各种措施来保证轻工业、农业、交通运输业和文化教育事业的相应发展,尤其是要保证农业的相应发展。为此,杨坚白等学者提出了实施社会主义工业化道路的一系列具体条件,这些条件集中到一点就是它们积累的规模和使用方向。理论界对社会主义工业化道路的研讨,在一定程度上深化了马克思的社会再生产理论中关于两大部类比例关系的思想。在20世纪50年代末期,中央因错估形式而提出的"以钢为纲"和"大跃进"的工业化错误思想,从反面证明了理论界关于社会主义工业化道路研讨的重要性和正确性。

(2) 关于农业基础地位的研讨。基于马克思关于第一部类优先增长,但又受到第二部类增长制约思想的影响,以及"大跃进"所造成的惨痛教训,理论界开始对我国社会主义工业化过程中农业在产业结构中的地位进行了反思。学者们普遍认为,我国人口多、底子薄,经济基础薄弱,农业发展的速度远远跟不上整个国民经济发展和工业发展的需求。而农业是国民经济其他一切部门存在和发展的物质基础,能为国民经济其他部门提供必要的粮食、工业原料、剩余劳动力、资金和相应的市场,有必要把农业发展放在重要位置。"我国必须进一步大力发展农业,才能保证人口有计划地增长和人民的生活水平的提高……工业必须从中国的实际情况出发对农业支援……我国轻工业,特别是地方工业,必须适应我国农业资源比较分散,消费品市场也比较广大的特点,与农业经济密切结合,面向农村。明确为农业服务"②,促进农业发展,以保证农业在国民经济中的基础地位。理论界对农业在国民经济中地位的研讨和认识,深化和具体化了马克思关于社会再生产中两大部类关系的思想,为以后中央重视农业的基础地位,大力发展农业提供了理论基础。

---

① 杨坚白:《论国民经济根本性的比例关系》,《经济研究》1959年第10期。

② 季崇威:《我国工业应当积极支援和促进农业的发展》,《经济研究》1958年第2期。

虽然这种认识被“大跃进”中“左”的思想所冲断，但三年困难时期的惨痛经历，使中央和地方都深刻反思了片面发展重工业的局限性，在 20 世纪 60 年代初的国民经济计划调整中，提出了以农、轻、重为发展次序，再次回应了农业在国民经济中的基础地位的重要性。

(三) 关于国民经济有计划按比例发展规律的研讨

1. 国民经济有计划按比例发展问题的提出

这是斯大林根据马克思关于资本主义社会和未来理想社会有计划发展理论和苏联社会主义建设的实践经验提出的。它的提出时间恰好是我国进入大规模社会主义建设时期，引起了我国经济理论界的极大关注。学者们结合我国经济发展的实际情况，对国民经济有计划按比例发展规律与国民经济发展速度关系问题进行了研讨。

随着 20 世纪 50 年代末期“大跃进”的实施，我国社会主义经济建设先后出现了 1958—1961 年、1967 年的挫折，国民经济比例关系严重失调，经济发展速度两次跌落。与现实的经济发展相联系，理论界开始把关注的重点放在有计划按比例发展规律与社会主义经济发展速度之间的关系上。

2. 关于国民经济有计划按比例发展规律与社会主义经济发展速度关系的研讨

以史学谦为代表的部分学者认为，高速度具有必要性和可能性，但高速度应服从于按比例。他认为，中国社会主义建设面临着工农联盟的巩固，以及战胜资本主义、实现四个现代化和满足人民群众的需要等，这些都需要创造很好的物质条件，这就需要社会主义经济发展达到高速度。在中国共产党有计划的正确领导下，生产关系基本上适应生产力的发展，人民群众有较高的思想觉悟，这又为高速度发展的实现创造现实条件。因此，高速度发展是社会主义经济发展过程中存在的客观经济规律。按比例具有客观性，但高速度具有主观性，更具有相对性。不能违反客观规律，应该服从按比例发展的规律，必要时可以降低速度，但不能改变比例而追求速度。杨英杰则认为，在社会主义社会对全社会进行调节的前提下，发展规律是高速度，而不是按比例。“高速度决定一切，有了高速度就不能按比例，按比例就不能高速度”①，“高速度”和“按比例”相互排斥。尹世杰认为，“国民经济的速度”与

① 杨英杰：《论社会主义社会中的几个重要经济规律》，《新建设》1962 年第 12 期。

"国民经济的比例"不构成矛盾的统一体,不存在相互对立的一面。速度和比例是社会主义经济发展过程中不同矛盾的反映,不是一个矛盾的两个方面。"国民经济的发展速度……和国民经济的比例是没有任何矛盾的。国民经济越按比例发展,国民经济的速度越高;反之,也就相反。"①即按比例是高速度发展的条件,高速度是按比例发展的结果。也有学者认为,按比例和高速度是对立统一的关系,它们的矛盾主要表现在按比例不断被高速度所突破而需要建立新的比例;它们的统一表现在高速度发展为消除薄弱环节、调整各部门的比例关系创造条件,这样就能服从于经济发展的高速度。因此,"国民经济按比例发展,就必须服从于国民经济的高速度发展"②。速度是主导,按比例是为国民经济高速发展服务的。同时,按照哲学中矛盾对立统一的关系,有的学者认为速度和比例在一定的条件下可以相互转化。也有的学者认为速度和比例之间还存在着相互依存、相互制约的关系,按比例是高速度的前提和基础,国民经济各个部门只有按比例,才能促进经济发展;国民经济发展的速度不同,各部门之间的比例关系也就不同,但速度必须建立在国民经济各部门保持基本比例关系的基础上。刘国光指出,在国民经济发展过程中,速度和比例可能有各种不同的结合,要根据当时经济发展的条件,"从速度和比例的种种不同的可能结合中,选择最恰当的方案"③。理论界对国民经济有计划按比例发展与国民经济高速度发展之间关系的研讨,虽然意见和观点不同,但从中不难看出,学者们对有计划按比例与速度对于促进经济发展的重要性是非常清楚的。他们的研究对于经济新常态时期供给侧结构性改革下的经济发展方式理论研究也具有一定的积极意义。

(四) 关于社会主义经济核算问题的研讨

社会主义经济核算是对马克思关于簿记问题的继承和发展,也是提高经济发展效益、减少浪费的必要措施,更是经济发展方式的内容之一。在20世纪五六十年代,理论界掀起了关于社会主义经济核算问题的研讨。原因就在于1958年的"大跃进"运动,给国民经济造成了全面的比例失调和巨大的财物浪费。为了从理论上总结经验教训,提高对社会主义经济核算及其重要性的认识,理论界进行了广泛的研讨。

---

① 尹世杰:《再论国民经济高速度与按比例发展的关系》,《武汉大学人文科学学报》1959年第5期。

② 陈俊明:《关于有计划按比例发展规律的几个理论问题》,《新闻日报》1959年8月1日。

③ 刘国光:《关于社会主义再生产比例和速度的数量关系的初步探讨》,《经济研究》1962年第4期。

1. 关于经济核算的必要性和重要性的研讨

在研讨之初，理论界首先对经济核算的内涵进行了研究。刘桂认为，经济核算的实质就是记账和算账，就是运用货币形式算生产成本和经济效果的账，以成本、价格、工资和盈利作为经济核算的工具，核算出收入和支出，赚钱还是亏本。以谷书堂为代表的部分学者认为，经济核算是社会有计划管理企业的方法，它要求企业在服从国家计划的前提下，采用货币的形式比较企业经营活动的消耗与成果，用本企业的收入补偿支出之后，要有盈利。何建章等学者认为，“企业经济核算是适合社会主义特点的管理企业的良好形式”①。因为只有通过经济核算，才能促进企业进行成本和资金核算，促进企业朝着有利于盈利的方向发展，实现用最少的劳动消耗获取最大的经济效果，才能充分满足社会的需要。因此，经济核算是社会主义国家有计划地利用价值形式和货币形式等，对企业进行经济管理的方法、形式或原则，对社会主义经济建设来说，经济核算有其存在的必要性和重要性。

2. 关于社会主义企业经济核算内容的研讨

理论界认为经济核算对社会主义经济发展有着必要性和重要性。学者们认为，只有正确阐明社会主义经济核算的内容，才能深刻理解经济核算对社会主义经济发展、对企业运行的实质和意义，明确企业经济核算的指标，确定和加强企业经济核算的各种必要条件。以何建章为代表的部分学者认为，企业作为社会经济细胞必须加强经济核算。企业进行经济核算，必须是全面的经济核算，即对企业的经营活动所取得的经济效果进行全面的计算和考核，并且把这种计算与考核同企业的财务状况与物质奖励结合起来。也就是说，对企业要进行全面的、综合的核算，而不是片面的、单项的核算。“应该包括成本核算和资金核算两个方面。”②因为企业在生产过程中，要消耗一定数量的原材料、燃料等物化劳动和一定数量的活劳动，每个企业在经营中都要把消耗的物化劳动和活劳动成本同经营效果进行比较，尽量节约各种劳动耗费，力求以尽可能少的劳动消耗获得更大的效果。同时，占有一定数量的资金是企业运行的保障。从全社会来看，某种产品所消耗的资金越少，也就意味着该种产品资金的使用效益越高。生产成本的节约和资金使用效益的提高，可以推动全社会劳动经济效益的提高。马义和刘胜春还认为，社会主义经济核

---

① 何建章、桂世镛、赵效民:《关于社会主义企业经济核算的内容问题》,《经济研究》,1962年第4期。
② 同①。

算的内容,除了成本核算和资金核算外,还要包括利润核算,有产品产量、品种、质量、劳动、消耗、成本、资金、利润等八项经济技术指标,核算内含了产品的数量与质量、成本与效益、价值与使用价值、快与节省等内容。这些内容在相互依存、相互制约、相互配合中,只有构成一个完整的核算指标体系,才能响应国家“多快好省”的建设要求。薛暮桥等学者认为,社会主义的经济核算,“包括生产中的经济核算(主要是劳动成果和生产成本的核算)和建设中的经济核算(主要是投资效果的核算)”①。生产中的经济核算能够合理充分利用现有的生产能力,取得最大的经济效益;建设中的经济核算能够最大限度地减少活劳动和物化劳动的消耗,创造出尽可能多的财富。以上讨论,学者们从不同的角度研究了社会主义经济核算的内容,提出了各自不同的观点。在当时的历史背景下,仅就某个或某些学者而言,他们的研究可能存在这样或那样的欠缺,但从研讨的整体内容来看,他们的研究已经基本上涵盖了社会主义经济核算的所有内容,较全面地揭示了社会主义经济核算的实质和意义。这不仅对于当时的社会主义经济建设具有一定的启发作用,而且对于我们今天转变经济发展方式,由粗放型经营向集约型经营转变也具有很好的启示作用。

(五) 关于积累与消费比例关系的研讨

积累与消费比例关系问题是关系到社会主义经济能否顺利发展的重大问题。在马克思扩大再生产理论中,社会资本要顺利实现扩大再生产,两大部类的社会总产品在实现实物补偿和价值补偿后,还有一定的余额来满足社会扩大再生产的需求。这个余额包括实物余额和价值余额:以使用价值形态存在的实物余额中,既包括用于生产的实物余额,也包括用于消费的实物余额;以货币形态存在的价值余额中,同样包括用于生产的价值余额和用于消费的价值余额。用于生产的以使用价值形态存在的实物余额和以货币形态存在的价值余额叫做积累基金,用于消费的以实物形态存在的实物余额和以货币形态存在的价值余额叫做消费基金。根据两大部类按比例协调发展的原理,积累基金和消费基金比例协调,才能实现资本的社会扩大再生产。同理,在社会主义经济发展过程中,积累基金和消费基金的比例关系是否适当,也是关系到社会主义经济能否顺利发展的大问题。积累基金过多,影响人民群众生活水平的提高,不利于调动人民群众的生产积极性;消费基金过多,

---

① 薛暮桥:《关于社会主义的经济核算》,《红旗》1961年第23期。

虽然提高了人民群众的生活水平，调动了劳动者的积极性，但积累基金过少，社会主义经济发展就会失去相应的物质基础。因此，二者都会使社会主义经济发展出现波折。

1. 关于社会主义经济扩大再生产源泉的研讨

理论界在探讨社会主要经济发展方式时，重点探讨了社会主义经济扩大再生产源泉，其分歧点在于积累是否是扩大再生产的唯一源泉。一部分学者认为，积累是扩大再生产的唯一源泉。因为要扩大再生产，就得把国民收入的一部分用于积累，以追加扩大再生产所必需的生产资料和消费资料。“没有积累，就不可能有扩大再生产。”①后来奚兆永进一步提出：“积累的有无乃是区别扩大再生产和简单再生产的标志。”②另一部分学者认为，积累是扩大再生产的主要源泉，而不是唯一源泉。这部分学者认为，马克思没有说过积累是扩大再生产的唯一源泉，反而还提出“一定的资本，没有积累，还是能够在一定的界限之内扩大它的生产规模”③。因而，他们认为，除积累能促进扩大再生产外，提高劳动生产率、提高设备利用率、节约使用劳动对象、固定资产维修与更新、加速资金周转、收旧利废和改进自然条件等措施的实施，也能在一定程度上促进扩大再生产。也就是说，社会主义扩大再生产的源泉有两个方面：一方面是社会主义资金积累；另一方面是充分发掘企业内部的人力、物力和财力等的潜力。持第一种观点的学者在经典著作中没有找到折旧基金是积累基金的观点为依据，认为劳动生产率的提高、机器设备的更新、原材料和燃料等动力的增加、劳动者劳动技能提高和收旧利废等都需要不断地增加费用，增加的费用依然来自积累，因而坚持积累仍是扩大再生产的唯一源泉。理论界对于扩大再生产源泉的研讨，虽然观点不同，甚至相反，但都意识到资金积累是促进扩大再生产的动力。持第一种观点的学者虽然反对第二种观点，但也意识到提高劳动生产率、提高设备利用率、节约使用劳动对象、固定资产维修与更新、加速资金周转、收旧利废和改进自然条件等措施的实施对于扩大再生产的重要性。这启示我们，新时期思考转变经济发展方式理论，既要重视资金积累推动经济发展的动力作用，又要重视提高劳动生产率、提高设备利用率、节约使用劳动对象、固定资产维

① 陈俊生：《试谈社会主义再生产的若干问题》，《奋斗》1961年第11—12期。

② 奚兆永：《积累是扩大再生产的唯一源泉的原理不能否定》，《经济研究》1979年第9期。

③ 《马克思恩格斯文集》第6卷，人民出版社2009年版，第564页。

修与更新、加速资金周转、收旧利废和改进自然条件等措施对转变经济发展方式理论的重要性和急迫性。

2. 关于社会主义经济发展中的积累基金与消费基金之间比例关系的研讨

董辅礽在论述以实物形态和价值形态存在的积累基金和消费基金之间的平衡问题时提出:“为了保证社会再生产的顺利进行,保证国民经济高速度按比例地发展,两种形态的积累基金和消费基金之间(或者说在积累和消费方面需要与资源之间)必须相适应,保持必要的平衡。”[①]他认为,要使作为实物形态和货币形态的积累基金和消费基金之间比例保持平衡,不仅要使经济按比例发展,还要在国民收入初次分配中合理安排必要产品与剩余产品之间的关系,进而合理安排劳动生产率与物质生产领域中劳动者收入增长速度之间的比例关系。尹世杰在论述职工工资增长速度时认为,工资的增长速度关系到积累和消费之间的比例,正确的工资增长速度能使积累基金与消费基金比例恰当,有利于正确处理生产与生活的关系。关梦觉在论述积累与消费的若干问题时提出,积累与消费的关系是矛盾统一体,这种矛盾统一体集中反映了国家经济发展与人民群众生活改善的关系,反映了国家长远利益与眼前利益、集体利益与个人利益的关系。在这些关系中,积累与消费之间既有统一的一面,也有矛盾的一面。统一的一面是指国家经济发展与人民群众生活改善、人民长远利益与眼前利益、集体利益与个人利益基本上是一致的。矛盾的一面是指在国民收入一定的情况下,积累基金所占比重大,消费基金比重就小,人民群众生活水平下降,积累就会变成“光杆牡丹”,失去积累应有的作用;反之,积累基金比重小,消费基金比重大,生产得不到发展,甚至倒退,最后降低人民群众的生活水平。国家要遵循一定的原则制订计划,正确处理积累与消费的矛盾。这些原则是:“在国民收入分配的领域中,消费—积累的序列,是与生产领域中农、轻、重的序列相适应的。”“应当使积累基金的增长速度比消费基金的增长速度更快一些。”[②]上述学者论述积累与消费的比例关系,虽然论述的角度不同,内容各异,但共同点都坚持在经济发展中要正确处理积累基金与消费基金的比例关系,人民群众生活水平的改善与提高是建立在经济发展基础上的,必须使积累基金适当地大

① 董辅礽:《论价值——货币形态与使用价值——实物形态的积累基金和消费基金之间的平衡问题》,《经济研究》1961年第8期。

② 关梦觉:《关于积累与消费的若干问题》,《吉林大学社会科学学报》1962年第6期。

于消费基金，以促进经济发展。这些思想也符合马克思扩大再生产理论中两大部类比例原理。这启示我们，随着经济的发展和国民财富的增加，经济新常态时期的国民收入应适当提高消费基金比例，提高和改善人民群众生活水平，努力解决贫困问题，让人民群众在经济发展中共享发展成果，调动人民群众发展经济和转变经济发展方式的积极性。

二、理论界对社会主义经济发展方式理论研讨的理论贡献

20 世纪 50—60 年代，理论界根据我国社会主义经济发展所呈现的特点，对经济发展方式的研究和探索更具有现实性和针对性，因而在内容上不仅能符合当时我国社会主义经济建设的实际情况，而且在一定程度上也把马克思的经济发展方式思想朝前推进了一步。第一，进一步探究了外延扩大再生产和内涵扩大再生产之间的关系，在社会主义经济建设中，可把外延的扩大再生产和内涵的扩大再生产相结合与并用。第二，把马克思的两大部类思想与现实的农业、轻工业和重工业相联系，并提出发展生产要正确处理农业、轻工业和重工业的关系。第三，提出社会主义基本经济规律是社会主义生产目的和达到这一目的手段。第四，国民经济发展要有计划按比例进行，研究了有计划按比例发展与经济发展高速度之间的关系。第五，社会主义经济发展仍需遵循价值规律。社会主义社会存在着商品经济，价值规律对社会主义经济调节依然起作用，发展社会主义经济依然要遵守价值规律。第六，社会主义经济建设必须加强经济核算等思想。第七，重视科学技术对经济发展的作用。这些观点的提出，是运用马克思经济发展方式思想分析社会主义经济发展过程中出现的各种问题，并初步提出了与社会主义经济发展相适应的经济发展方式思想，不仅丰富发展了马克思的经济发展方式思想，而且为后来中国转变经济增长方式和转变经济发展方式思想的提出作了前期的铺垫。

20 世纪 50—60 年代，理论界运用马克思经济发展方式思想，对社会主义再生产、社会主义基本经济规律、有计划按比例发展和社会主义经济核算等问题进行了研讨，初步接触到有关经济发展方式理论的重要范畴，初步认识到内涵扩大再生产或集约型生产在社会主义经济发展中的重要地位及其实现途径，具有重要的理论意义和实践意义。但是，由于中国社会主义经济建设刚刚起步，实践时间过短，经济建设经验不足，尚处于探索阶段，相关认识没有影响政府的决策。学者们初步思考相关经济发展方式理论范畴，也因“文革”期间受到否定而被迫中断。

第三章　改革开放初期经济发展指导思想的初步转变

中共中央于1978年12月召开的十一届三中全会，不仅成为中国历史伟大的转折点，而且也开启了经济发展方式指导思想的初步转变。这次大会不仅确立了实事求是的政治思想路线，更重要的是做出了把工作重心转移到以改革开放为取向的社会主义现代化建设上来的战略决策。针对当时经济发展中存在着重投资轻效率和严重的比例失调问题，党和国家领导集体与理论界经过深入调查研究，逐渐形成了新的关于经济发展方式途径的新思路，推动了党对经济发展思想的初步转变。

第一节　经济发展指导思想初步转变的现实背景

自“文革”结束到十一届三中全会召开前的两年时间里，在新的中央领导集体领导下，一方面开始拨乱反正，平反冤假错案，另一方面重新重视科学与教育工作。这两方面工作的开展，不仅调动了人民群众参与社会主义经济建设的积极性，而且使科学技术文化教育工作也逐步向正常迈进，国民经济发展也得到初步恢复。但由于未能全面及时清除长期以来形成的“左倾”错误思想干扰，国民经济发展一度出现徘徊现象。如何迅速恢复和发展国民经济，成为党和全国人民重大的历史课题。

一、国民经济在发展中徘徊

“文革”结束后，为了促进国民经济的恢复和发展，中央和地方政府制定了一系列政策鼓励和引导人民群众发展经济。理论界对中央的会议精神也进行了有针对性的研讨，起到了拨云见日的引导作用。

(一) 中央和地方政府的政策

中央和地方政府采取了一些有利于恢复经济发展的措施和政策。其一,1977 年 3 月召开了全国计划会议。会议提出必须加快农业和轻工业发展,以改变农业和轻工业不适应生产建设和人民生活需要的现状;大力发展燃料动力工业和原材料工业,以推动整个国民经济发展;控制基本建设规模。其二,地方政府制定关于推动农业生产和农村经济的政策和法规。中共安徽省委于 1977 年 11 月制定了《关于当前农村经济政策几个问题的规定(试行草案)》,中共四川省委于 1978 年 2 月制定了《关于目前农村经济政策几个主要问题的规定》,这两个文件都涉及坚持开展多种经营,慎重对待经济核算,鼓励农民经营家庭副业等。其三,整顿企业和发展工业。1977 年 2 月召开的全国铁路工作会议,要求铁路部门迅速恢复和建立有效的规章制度,确保铁路畅通无阻、安全正点、多拉快跑,以促进整个国民经济活跃。1978 年,中共中央颁布《关于加快工业发展若干问题的决定(草案)》(简称"工业三十条"),要求企业健全领导班子,建立各项规章制度,调动企业职工的积极性等。其四,整顿市场物价。1977 年 7 月,国家计委转发了商业部《关于商业、粮食系统检查和整顿市场物价中提出的一些政策问题的意见》,开始治理和整顿消费品、粮油、煤炭、农副产品等商品价格乱涨、质价不匹配现象,强调价格必须稳定,执行国家牌价,不得擅自定价和随意调价。1978 年 1 月,国务院发出了《关于当前市场物价问题的通知》,要求坚持计划价格,反对自由价格,按质论价,不得擅自提价;认真安排好人民生活必需品的生产和供应等。这些政策和措施的实施,激起了人民群众对美好生活的向往,对于百废待兴的各行各业发展起到了促进作用。

(二) 理论界的研讨

理论界对 1977 年 3 月全国计划会议精神展开讨论。在经济领域的讨论主要体现在三个方面:其一,为发展生产力正名。为反对"四人帮"否定生产力在历史发展中的决定性作用,理论界依据马克思主义唯物史观认为,在人类社会中,生产力是第一性的,是人类社会存在和发展的基础。经过讨论,历史唯物主义本来面目得以恢复,打破了束缚人们思想的精神枷锁,使人们敢于和愿意努力发展生产力和发展经济。其二,为发展商品经济正名。为批驳"四人帮"把商品经济说成是"资本主义的温床"的错误论调,理论界围绕着社会主义社会商品生产是否具有客观必然性、社会主义社会中的商品经济与资本主义社会中的商品经济是否画等号、社会主

义社会中的商品制度是不是产生资本主义和资产阶级的温床进行讨论，许多经济学家认为，不同社会发展阶段的商品经济既具有共同性，也具有各自的特殊性。社会主义社会的商品生产与小商品生产、资本主义商品生产有着本质的区别，社会主义条件下要大力发展商品生产与商品交换，而不是要限制。其三，提倡尊重经济规律，按客观经济规律办事。鉴于"文革"期间忽视和不尊重经济规律，胡乔木在《按照经济规律办事，加快实现现代化》的文章中强调，发展经济一定要尊重客观经济规律，而这个经济规律首先就是有计划按比例的规律。为了更好地遵循价值规律发展经济，文章提出向外国学习先进科学技术和先进管理经验，并把先进技术和先进管理经验与社会主义建设的实际情况和成功经验结合起来，就能迅速提高按照客观经济规律办事的能力，才能加速实现四个现代化。经国家计委党组同意，他在1978年写的《中国社会主义经济问题研究》中系统总结了我国过去20多年来违背客观经济规律所造成的各种挫折和损失，特别强调了发展社会主义经济必须遵循客观经济规律。理论界的上述讨论，澄清了被"四人帮"搞乱的理论，使中国经济理论重新回归到以马克思主义理论为指导的正确轨道上来。尽管这些讨论是初步的，但是对1977—1978年经济的恢复和发展起到了促进作用，也为十一届三中全会的召开和制定新的经济发展路子准备了前提条件。

（三）国民经济的恢复

由于在政治上、组织上、政策上的转变与改进，加上理论界的研讨及其在全国产生的影响，使广大人民群众长期被压抑的生产积极性得到释放和发挥，国民经济在1977—1978年间摆脱了"文革"中的衰退趋势，并在一定程度上得到了恢复和发展。工农业总产值方面，1977年比1976年增长10.7%，1978年比1977年增长12.3%①。在工农业总产量增加的同时，生产效益也有所提高，工业部门的物质消耗占总产量的比重，由1976年的66.3%下降到64.9%；社会劳动生产率1978年比1977年增长10.5%②。这样的经济发展速度，在"文革"期间是少有的。这说明政策的转变和思想的解放，激活了人民群众发展经济的积极性和主体力，在一定程度上释放了经济发展潜力。同时，在经济领域中还存在着盲目追求经济发展的高指标、高速度，即扩大基本建设规模，追求高速度、高指标；过多引进外国先进技术

---

① 国家统计局:《中国统计年鉴(1983)》，中国统计出版社1983年版，第6-16页。

② 同①，第62-63页。

和设备;强调发展重工业,实施高积累率。在经济发展水平还比较低,经济结构不合理、不完善,经济发展方式基本上是粗放的缺陷的前提下,这些经济行为加重了国民经济财政困难,导致积累和消费、农轻重等的比例关系进一步失调,经济效益不断下降。这一切都表明,经济发展的旧路子无法再沿用下去,必须解放思想、实事求是,根据中国国情寻找一条国民经济发展的新路子。

二、十一届三中全会打开了发展国民经济新路子大门

真理大辩论为拓展经济发展新道路奠定了思想基础。1978年5月11日,《光明日报》发表了《实践是检验真理的唯一标准》,要求人们在实践中创新马克思主义理论,其实质是对“两个凡是”错误方针的否定。文章一经发表,就受到了广大干群的热烈响应和赞同,并在全国掀起真理标准问题的大讨论。真理标准问题的大讨论,是中国历史上一次重要的全国性的思想解放运动,为经济工作指导思想上的拨乱反正,以及确定新的经济发展道路奠定了思想和理论基础。

在十一届三中全会召开前,在北京召开了中央工作会议,会议围绕全党工作重心转移到社会主义现代化建设这一战略任务展开了热烈讨论。与会同志一致认为,在当前国内外形势下,有必要统一全党思想,调动各方面积极因素,发展社会主义经济。在大会的闭幕式上,邓小平发表了题为“解放思想、实事求是、团结一致向前看”的重要讲话。他尖锐批评了党内存在着以“两个凡是”为代表的僵化和半僵化思想,肯定了全国人民对真理标准问题的大讨论及其重大意义,认为解放思想是当前一个重大的政治问题,只有解放思想,才能真正发扬政治民主、经济民主,才能在马列主义毛泽东思想指导下,改革生产关系和上层建筑与生产力不相适应的部分,以适应生产力发展的需求,并为此确定经济发展的道路、方针、方法。这个讲话不仅集中体现了全党全国人民的意志,成为中共十一届三中全会的主题报告,而且为全党和全国人民把工作重心转移到经济建设上来以及解放思想、实事求是,确立了新的发展思路,提供了方法论基础。

1978年12月18日,中共十一届三中全会在北京正式召开。这次大会对中央工作会议提出的一些重大议题进行了深入讨论,在全面、认真地讨论和纠正“文革”及其前后发生的“左”倾错误基础上,部署了党和国家工作重心转移到发展经济上来的伟大战略决策,提出了解决经济发展比例严重失调问题,以及加快发展农业的决定等对国民经济发展具有深远影响的一些重大经济决策。

1. 坚决把工作重点转移到以经济建设为中心的社会主义现代化建设上来

全会批判了“以阶级斗争为纲”和“两个凡是”的“左”倾错误及其在实践中的危害，认为我国当前社会的主要矛盾是人民日益增长的物质文化需要同落后的社会生产之间的矛盾。为了解决这个矛盾，必须把以经济建设为中心作为党和国家的工作重心，大力发展生产力，逐步改善人民生活。全会还强调指出，今后除了发生大规模的外敌入侵，各项工作和建设都必须服务和服从于经济建设这个中心。以经济建设为中心的确立，不仅反映了全国人民的心声和愿望，而且也是社会主义经济发展的客观要求，顺应了历史发展大趋势，为以后制定经济发展战略，走经济发展新路子提供了政治基础。

2. 调整国民经济结构

全会对粉碎“四人帮”以来国民经济发展变化和存在的问题作出了清醒的估计，认为我国国民经济恢复和发展的步子虽然很快，但是国民经济还存在结构性问题，没有完全改变比例严重失调的状况，经济发展过程中出现的各种混乱现象还没有完全消除，多年来积累下来的关于城乡人民生活中的一些矛盾和问题还没有得到妥善解决。全会强调，这几年经济工作不应急于组织新的跃进，而是应认真扭转国民经济比例失调现象，压缩基本建设规模，在能力范围内循序进行基本建设，消除窝工和浪费，切实做好综合平衡，逐步改善人民生活水平，以便为以后发展奠定稳固基础。

3. 集中主要精力发展农业

全会对加快农业发展进行了深入讨论，通过了《中共中央关于加快农业发展若干问题的决定(草案)》和《农村人民公社工作条例(实行草案)》。会议认为，农业作为国民经济基础，由于受到多年的严重破坏，整体上还很薄弱。只有加强农业发展，推动农林牧副渔共同发展和实行“以粮为纲政策”，有步骤地实现农业现代化，才能为国民经济的迅速发展和人民生活水平不断提高奠定基础。在上述思想的指导下，全会提出和制定了一系列发展农业的措施：尊重生产队、人民公社、农民的自主权与所有权；提高农副产品的收购价格和减轻农民负担；实施“决不放松粮食生产，积极开展多种经营”的方针。在全会精神的指引下，为了保证粮食供求平衡和农业经济比例失调状况调整过来，国家做出把不宜种粮食的土地改种经济作物或退耕还林、还牧和还渔的规定。这些正确的政策极大调动了农民的积极性，农村经济发展出现新气象、新生机。

4. 提出了经济体制改革的任务

全会指出，权力过于集中是我国经济管理体制的严重缺点，应该在国家统一规划下有条不紊地下放权力，认真解决党政企不分现象，让地方和工农企业遵循经济规律和价值规律放手经营和管理；加强管理机构和负责人的权限和责任，提高工作效率；严肃对待考核、奖惩、升降制度等。全会提出经济体制改革的任务和方向，不仅为我国经济发展走新路子提供了体制保障，而且为后续的体制转型和经济转型作了铺垫。

十一届三中全会的召开，不仅为党在思想、政治、组织等领域的拨乱反正提供了指南，而且为改革开放和经济发展开启了新的征程，从此中国进入了经济发展的新时期。

第二节　党和国家在发展指导思想方面的初步强调

为了巩固十一届三中全会以来我国经济发展成果，继续推进经济有效发展，开创社会主义现代化新局面，以邓小平为核心的党和国家领导人在党的十二大和十三大报告中，对我国经济发展走新路子的指导思想作了初步强调与部署。

一、党的十二大有关思想与部署

党的十二大报告认真总结了过去经济发展的经验教训，实事求是地分析了当时经济发展状况和发展趋势，在充分考虑经济发展的有利条件和不利因素之后，提出了二十年的奋斗目标，即“在不断提高经济效益的前提下，力争使全国工农业的年总产值翻两番”[1]。为了实现这个目标，十二大报告提出经济发展策略：前十年主要是打基础，积蓄力量，为后十年经济振兴创造条件。当然，十二大报告认为，20世纪80年代的经济发展处于一个重要的关键期。为了搞好这一时期的经济发展，报告提出，既要抓住经济发展的战略重点，又要注意做好原则性工作。

(一) 经济发展的三个战略重点

为了实现二十年的奋斗目标，党的十二大报告把农业、能源与交通、教育与科

---

① 中共中央文献研究室：《十二大以来重要文献选编》上，人民出版社1986年版，第14页。

学三个方面的问题作为今后经济发展的战略重点和促进经济发展的几个基本环节。只有把这几个战略重点抓好，才能促进消费品生产较为快速增长，把工业和其他产业发展带动起来，进而促进整个国民经济全面高涨，人民生活水平不断改善。

1. 加快农业发展

党的十二大报告指出，农业是基础，只有农业获得有效发展，才能保证国民经济向前发展，才能不断提高人民群众的生活水平，才能巩固团结安定的局面。同时，十二大报告也认识到，我国农业发展存在着农业劳动生产率和农产品市场化率都比较低的现象，农田水利建设滞后，特别是家庭联产承包责任制实施后，个体家庭家底薄、资金不足，很难进行有效的农田水利建设，因而农业抵御自然灾害能力较薄弱，同时，农业发展还存在着人口多、可耕地少、农业劳动力过剩严重的现象。在发展农业措施上，党的十二大报告提出，在一靠政策、二靠科学的前提下实施如下措施：其一，合理开发、利用和保护现有耕地和自然资源。控制人口规模，在保证粮食产量满足需要的前提下，对现有的耕地和自然资源要合理开发利用，保护生态平衡。要树立全面发展的思想，发动群众广泛利用山川、草原、江河湖堰，发展多种经营和家庭副业，形成农林牧副渔全面发展的局面。其二，加强农业基本建设。加强农业基本建设，改善农业生产条件，是提高农业生产力的保证。新中国成立30多年来，虽然进行了一系列农田水利建设，但农业生产条件仍然很差，难以有效地抵御自然灾害。国家要逐步增加农业投资，加强有效进行农田水利建设，以改善农业生产条件。其三，实行科学种田。我国农业耕地少，在有限的耕地上生产出更多的农产品，需要提高单位耕地面积的产量。必须重视农业科学技术的研究、推广和应用，把农业科学技术研究成果与精耕细作的优良传统相结合，形成农业发展的巨大动力。

2. 加强能源交通和邮电通信建设

能源交通和邮电通信作为经济发展的基础性建设，在很大程度上影响着经济发展的速度和规模。我国能源生产发展较慢，且经济发展过程中能源浪费严重，成为我国经济发展的制约环节。交通建设滞后于经济发展，运输能力和运输量不能满足经济发展的需要，成为经济发展的薄弱环节。邮电通信能力不足、通信设施落后，成为经济发展的短线。因此，能源交通和邮电通信已成为我国经济发展的瓶颈。为此，我国采取了如下措施：其一，开发与节约能源并重。把节约能源放在首位，应采取强有力的措施严格规定各种产品的能源消耗，关掉一批严重浪费能源而产品又不符合社会需要的工厂，有计划改造社会耗能高的设备和工艺。积极开发水电资源，对油田进行技术改造和挖潜革新，并积极进行海上油田的勘探与开发。其二，大力加强交通运输建设。加强对运输能力不足的铁路区段和吞吐能力不足的港口技术改造力度，大力整治内河航运、沿海运输、公路建设。其三，尽快实现邮电通信现代化。以新技术为支撑，加强邮电通信建设，加速邮电通信现代化。

3. 迅速发展教育与科学

"四个现代化的关键是科学技术的现代化"①，抓好教育与科学，是一项关系现代化建设全局的带有根本性的重要任务。因为经济发展不能再单纯依靠扩大生产规模、增加设备，而必须依靠科学技术进步，以及新工艺和新材料的创新与应用，所以必须大力发展各级各类教育，提高工人的技术水平，培养科学技术人员。其一，积极推进科技成果转化。积极利用好已积累起来或引进的科研成果，将这些科研成果进行消化、吸收和推广。采用新技术、新设备、新工艺和新材料，有计划地对老旧工业进行大规模的技术改造。其二，加强基础科学和应用科学研究。科学研究要为经济建设服务，提高经济发展效益。必须加强基础科学研究，重视应用科学研究，并组织力量在协作基础上进行科研项目攻关，使之为经济发展服务。其三，加强经济科学和管理科学研究。经济科学和管理科学是研究国民经济发展和部门经济运行的科学。加强经济科学和管理科学研究，让更多的人掌握和运用经济运动规律，能不断提高经济发展效益，提高企业的管理水平和经营水平。其四，大力发展教育。要大力举办各级各类教育，通过多种形式发展成人教育，努力提高人民群众的文化素质。

这三个战略重点部署，是党和国家领导人在全面分析我国经济发展状况和发展趋势的基础上做出的重要战略决策。这说明了党和国家领导人已经意识到，我国经济发展存在着结构不合理、农业基础薄弱、生产技术落后、效率太低、浪费严重的现象，能源、交通、邮电通信发展滞后已成为制约经济发展的瓶颈。因此，把加强农业科技运用、加强基础科学研究、重视应用科学研究、大力发展教育等，作为提高经济效益的重要支撑力量的思想，成为经济发展走新路子思想的初步展示。

---

① 中共中央文献研究室：《十二大以来重要文献选编》上，人民出版社1986年版，第15页。

（二）经济发展把握好四项原则

党的十二大报告在统筹全局的基础上，提出为了促进社会主义经济全面高涨，必须把握好经济发展四项重要原则。

1. 关于集中资金进行重点建设和继续改善人民生活的原则

这一原则实质上是要处理积累与消费、全局利益与局部利益、长远利益与当前利益的关系。由于我国地域广博、人口众多，各地拥有的资源和经济发展水平不同，为了国家以后二十年的发展，由国家集中有限的必要的资金进行重点项目建设，是非常必要的。只有这样才能统筹全局，为以后经济持续发展和提高经济效益打好基础。同时，我们是社会主义国家，不断满足人民群众日益增长的物质文化生活需要，是社会主义经济发展的目的。而经济发展离不开人民群众，只有随着生产的发展，持续不断地提高人民群众的生活水平，才能调动人民群众发展社会主义经济的积极性，以及发挥他们无限的聪明才智。但要提高人民群众的生活水平，还需集中资金不断努力发展经济。因此，在全国总收入一定的情况下，要正确处理积累基金和消费基金的关系。

2. 关于坚持国营经济的主导地位和发展多种经济形式的原则

国营经济的主导地位，就是坚持国营经济在整个国民经济中占绝对优势，只有坚持国营经济的主导地位，才能保证我国经济发展沿着社会主义方向前进。但是由于我国生产力水平还比较低，发展又不平衡，需要多种经济形式包括城镇与农村的集体经济和个体经济同时并存，这些经济形式是公有制经济必要的有益补充，对于繁荣城乡经济、方便人民生活有着积极的意义。

3. 关于正确贯彻计划经济为主、市场调节为辅的原则

社会主义经济是有计划的经济，坚持计划综合平衡为主，同时又辅以市场调节，以保障国民经济按比例协调发展。对于关系国计民生和发展全局的生产资料、消费资料、骨干企业，实行国家计划；对于关系不到国计民生的其他经济形式，在国家计划指导下，发挥市场调节的辅助作用。通过坚持计划为主、市场调节为辅，并把两者有机结合起来，促进国民经济按比例地协调发展，这也是经济体制改革的根本性问题。

4. 关于自力更生和扩大对外开放的原则

按照平等互利的原则，实行对外开放，扩大对外经济技术交流，引进先进技术

和资金，为我国经济发展提供外在动力，是一项长期坚持的战略方针。但是，社会主义经济发展必须立足于自力更生、艰苦奋斗。扩大对外经济技术交流，特别是对引进的技术进行消化和吸收，是为了增强民族的自力更生能力，促进民族经济更有效地发展。对外经济技术交流涉及面广，非常复杂，要在国家统一领导下，发挥中央、地方、部门和企业的积极性，不能各行其是、相互拆台，损坏国家和民族利益。

四项原则的提出，对于发展社会主义经济，正确处理积累和消费、全局与局部、公有制经济和非公有制经济、计划经济与市场经济、自力更生和扩大对外开放之间的关系，起到了积极的正确导向作用。这不仅有利于改革开放初期的经济发展，而且也为20世纪80年代经济发展走新路子起到了理论导向作用。

二、党的十三大有关思想与部署

对于经济发展方式的思考，党的十三大报告作了比党的十二大报告更进一步的详细描述。为了实现“三步走”战略规划的第二步，提出经济发展“必须坚定不移地贯彻执行注重效益、提高质量、协调发展、稳定增长的战略”①。为实现这个战略目标，党的十三大报告提出的基本要求是：在降低物耗基础上，合理配置生产要素，提高资金和资源的利用率，提高产品质量，“从粗放型经营为主逐步转上集约型经营为主的轨道”②。这是在党的最高级文献中，首次明确提出从粗放型经营向集约型经营转变的经济发展方式思想。

从粗放型经营为主转向集约型经营为主，是经济发展走新路子思想的核心和实质。在经典著作中，粗放型经营和集约型经营是马克思用来描述农业发展两种不同的经营方式。粗放型经营是指农业经营者无须投入过多肥料，而依靠扩大土地面积来提高农作物收成，即增加农作物产量，“起决定作用的，不是土地的质，而是土地的量”③。集约型经营是指农业经营者为了提高农作物产量，把资本集中在同一块土地上，即“在同一块土地上连续投资”④，用以提高土地单位面积产量。与粗放型经营相比，集约型经营在较小耕地面积上可以获得相同的收入，或者在同样耕地面积上获取更大的收益。后来，随着人口增加、工业发展，可耕地面积相对趋

① 中共中央文献研究室：《十三大以来重要文献选编》上，人民出版社1986年版，第17页。
② 同①，第17页。
③ 《马克思恩格斯文集》(第7卷)，人民出版社2009年版，第756页。
④ 同③，第766页。

向缩减，集约型经营越来越受到重视。随着时代的变迁和经济的发展，粗放型和集约型不再局限于农业经营范畴，逐渐被赋予更广的和普遍性的意义。在现代经济活动中，依靠增加投资和扩大规模获得产量增加被称为粗放型经营；依靠科学技术进步、提高劳动生产率获得产量增加被称为集约型经营。在发展经济过程中，从粗放型经营向集约型经营转变，也就是从注重量的扩张转向注重质的提高，不仅能提高社会经济效益，而且也能很好地促进经济发展的质量、速度与效益并行，从而实现国民经济持续稳定向好发展。这也是我国提出的经济发展新路子的要旨所在。

粗放型经营和集约型经营两者之间的区别只是理论上的抽象的不同，在现实的经济活动中两者难以截然分开。由于20世纪80年代中国现代工业化进程刚刚起步，从整体上看，科学技术水平落后，人才缺乏，许多生产性企业需要新建和扩建，经济发展在某种程度上的粗放型经营是不可避免的。但在新建和扩建中，高速度、高能耗、高污染、低效益，不仅资源和环境不能长期承受，而且也会延缓中国现代化的进程。世界经济发展又证明：从粗放型经营转向集约型经营是一个逐步实现的渐进过程，不能一蹴而就。因此，党的十三大报告提出的从粗放型经营为主逐步转上集约型经营为主的轨道的指导思想，既符合时代和中国经济发展的趋势，又是对中国当时经济发展状况的准确把握。

为实现经营方式的转变，党的十三大报告不仅部署了包括发展科学技术与教育、保持供需平衡和合理调整产业结构、扩大对外开放的广度和深度的三项措施，而且还实施深化经济体制改革，为经营方式的转变提供制度保障。

(一) 把加快科技进步与教育发展放在首要位置

党和政府一贯重视科学技术在经济发展中的作用。党的十二大报告把科学技术和教育作为经济发展的战略重点，并把它作为一项关系现代化建设全局的带有根本性的重要任务提出来。党的十三大报告更是把加快科学技术和教育放在经济发展全局的首要位置，提出了把经济建设转到依靠科技进步和提高劳动者素质的轨道上来，以此作为实现经济发展战略的根本方针，标志着党和国家领导人对于经济发展规律认识的深化。

1. 加速发展科学技术

加速科技进步，既要立足于我国实际，找准发展的方向和重点，使科技工作服务于经济发展，又要放眼世界，了解世界科技前沿发展取得的新成果、新动向和新的发展趋势，借助世界科技发展成就，加速我国科技发展。其一，加快推进重点产业、主导产业装备的现代化和新兴产业的技术研发。建立一批用现代技术设备装备的规模型重点企业和骨干企业，促进能源、原材料和新兴产业等重点产业的技术研发，提高生产效益。其二，积极研发和推广普遍适用的科技成果，加速企业的技术改造。适用技术易于推广，研发投资少，有助于改造中小传统企业，加快中小企业的技术进步和发展，有利于提高资源利用效率和经济发展效益。其三，继续实施以发展农村经济为宗旨的“星火”计划。农村经济发展急需科技支持，加大农村科技研发和推广，将那些见效快、效益好、易于掌握的适用于农村的科学技术，源源不断地输送到农村和乡镇企业，以科学技术实际引导和扶持农业和乡镇企业的发展。其四，加强高技术领域和基础领域研究。国家组织精干力量对一些具有重要意义的高技术和基础技术进行研究，为未来经济发展与国际领域的经济竞争做理论和技术储备。其五，大力引进国外技术。引进国外先进技术是加速推动我国科技发展的捷径。国家加强宏观指导，避免盲目引进和重复引进，多引进技术，少引进设备，坚持把引进、消化、吸收、研发结合起来，推动我国科技向前快速发展。其六，改革科技管理体制。改革科技管理体制，开拓技术市场化，完善市场体系和竞争机制，建立企业对科学技术的需求机制，强化企业内部的技术研发和吸收能力，促进科技成果商品化。

2. 加快发展教育

劳动者是生产力诸因素中最具有能动性的因素，劳动者素质的高低影响着生产力发展的速度和水平，而劳动力的素质又取决于教育事业的发展。“从根本上说，科技的发展，经济的振兴，乃至整个社会的进步，都取决于劳动者素质的提高和大量合格人才的培养。”[①]因此，要提高教育事业对科技发展、经济发展的重要性认识，用全社会力量办好教育。其一，坚持把发展教育事业放在全局中突出的战略位置。国家要根据经济发展情况，适度增加教育经费在国民收入中的比重。同时，还要采取鼓励性政策，动员社会各方面力量集资办学。通过国家和社会共同出资出力，加快推进教育事业的发展，使教育事业发展适应经济发展的需要。其二，改善教育结构，提高教育质量。在紧抓高等教育的同时，改善偏重知识传授的教育结构，采取灵活多样的办学方式，抓好各级各类职业技术教育，以培养各类专门人才，

① 中共中央文献研究室：《十三大以来重要文献选编》上，人民出版社1991年版，第19页。

尤其是技术人才，加强劳动者的职业教育和在职教育，使教育与经济发展实际相结合。其三，深化教育改革，提高教学质量。在注重掌握基础知识的前提下，改变灌输的教育方法，采取多种方式鼓励学生积极思考，培养学生独立思考、勇于探索和善于创新的意识和能力。其四，尊重人才，尊重知识。全社会形成尊重知识、尊重人才的社会风气和社会环境，进一步改善知识分子的工作环境和生活条件，让知识分子和专业人才学有所用，尽最大努力发挥他们的专长，充分发挥他们的积极性和创造性。

（二）在保持总量基本平衡的基础上合理调整产业结构

总量基本平衡即社会总需求和总供给基本平衡，是国民经济长期稳定发展的关键。由于国民经济是运动发展的，社会总供给与总需求总是处于由不平衡到平衡再到不平衡的动态运动中。经济总量平衡有助于经济稳定发展，而要实现经济总量平衡和提高经济发展的效益，还必须建立合理的产业结构。合理的产业结构，是一个国家或地区保持国民经济协调发展，实现国民经济发展供需平衡，提高经济发展效益的客观要求。改革开放以来，我国在改善产业结构方面取得了一定的成效，但还有一些问题没有得到实质性的解决。随着经济的持续增长，产业的结构性失衡问题日益突出。为了保障国民经济在提高效益的基础上稳定发展，必须在努力保持社会供需大体平衡的基础上，合理调整和改造产业结构。

1. 全面发展农村经济

农业、农民、农村是我国经济发展的薄弱环节，但又在我国经济发展中居于基础性地位。在产业结构调整和改造中，农业稳定发展和农村产业结构调整关系到整个国民经济长期有序发展，也关系到整个产业结构调整和改造能否顺利进行。改革开放后，农村家庭联产承包责任制的实行，农田水利基本建设的推进，以及农副产品价格的放开提高，推动农村经济发展取得了较大进步。但是，由于农业生产技术推广和应用不高，农业基础薄弱，致使农村经济发展后劲不足，并在一定程度上存在着不稳定因素。农村经济发展状况如何，不仅关系到农民生活水平的改善，也关系着整个现代化进程的成败。因此，必须把全面发展农村经济放在产业结构调整和改造的首位。其一，提高和理顺农产品价格，发展多种经营。农民是农业生产的主力军，但是由于农产品，特别是粮食的利润远远低于工业产品的利润，农民的收入与付出不成比例，影响了农民农业生产的积极性。因此，必须合理提高和理顺农产品价格，使农产品价格基本上能反映其价值，稳定农业生产。同时，还要鼓励农民利用所处地区的资源禀赋，发展多种经营，并探索在自愿互利的基础上发展多种形式的联合经营，把农村单一的农业结构逐步转向农林牧副渔全面发展的经济结构。其二，增加对农业的投入。进一步增加投入，下大力气改善农业生产的物质技术条件。大力增加包括化肥、农药等物资的生产与供应，加强农田水利建设，以改变农业物资供应紧张和农田水利建设不足的局面。其三，加强农业技术的推广与应用。增加农业科技投入，组织农业科研部门加强农业生产技术的研发和推广，利用科技成果培育和推广优良品种，防止病虫害，把农村经济的全面发展建立在依靠科技的基础上。

2. 重视基础工业和基础设施建设

基础工业是生产基本生产资料的工业部门的总称，包括冶金、石油、煤炭、电力、化学、材料学和机械工业等，为工业生产提供生产资料。基础设施是为经济社会发展与居民生活提供公共服务的工程设施，为国家或地区的经济社会活动正常进行提供公共服务，能为经济发展创造必不可少的物质条件。如果不进行基础工业和基础设施建设，经济增长就没有后劲，最终将妨碍经济发展的全局。但基础工业和基础设施建设投资大、周期长，需要经历若干年后才能收益。因而，在发展经济过程中，不仅要重视短期的经济效益，而且还需要具备长远的战略眼光。其一，重视原材料和能源等重点工业。抓好以钢铁等为重点的原材料工业，加快发展以电力为中心的能源工业，努力提高钢铁等原材料和电能等能源的供给，以满足经济发展的需要。其二，大力发展以综合运输体系和信息传播体系为主轴的交通和通信业。交通和通信是城市与乡村、工业与农业、生产与消费的联系纽带，在经济发展中起着“动脉”和“传递信息”的作用。其三，努力振兴技术装备工业。机械、电子等工业是经济发展必不可少的技术装备，要不断提高机电产品的质量和档次，用高质量的机电设备装备工业。当然，基础工业和基础设施建设，必须既要有满足经济发展需要的适宜的规模、合理的内部结构，又要与其他方面的发展相协调。

3. 进行合理的产业布局

产业结构的调整和改造，必须要把各产业部门的内部产品结构调整与各地区经济发展布局的改进结合起来，促进不同产业的区域分工合理化，以及统一产业在不同区域之间的专业化协作，促进企业内部或企业之间组织结构合理化。同时，在

区域之间，既要发挥东部地区的技术先进优势，又要发挥中、西部地区资源禀赋优势，并通过东、中、西三个地区的有效互动和链接，形成合理的区域分工与地区经济结构。

（三）提升对外开放层次

发展我国经济，必须充分利用开放世界所提供的各种资源。科技的发展、分工的深化、交通和通信的便利，促使世界各国经济发展在相互交往中联系日益密切。日益扩大的国际贸易、资金融通和技术交流，促进世界各国经济飞速发展。我国实施对外开放以来，外国资金、技术和先进的管理经验对我国经济发展起到了极大的促进作用。但与世界其他各国相比，我国对外开放的步伐缓慢，对外技术交流的规模较小。因此，要进一步扩大对外开放，深化与世界各国的经济技术交流与合作。

1. 提升对外贸易质量

在国际经济交往中，卖和买是相互进行的，只有多卖赚取更多的外汇，才有资本在国际市场上获得经济发展所需要的资金、技术与管理经验，因而“出口创汇能力的大小，在很大程度上决定着我国对外开放的程度和范围，影响着国内经济建设的规模和进程”①。但国际市场竞争激烈，商品质量的优劣是决定竞争胜负的关键。只有不断提高出口商品质量，才能打开国际市场，扩大销路。只有提高商品出口创汇能力，才能满足我国经济发展的需要。其一，努力提高出口商品质量。根据市场行情和我国资源禀赋，积极发展竞争力强、效益高和容易销售的出口产业和产品，努力提高其质量。包括改进商品样式设计、制造质量、包装和售后服务质量、加工的深度和精度等，以争取出口贸易额持续稳步地增长，提高出口创汇能力。其二，合理安排出口商品结构。面对原料性初级产品和粗加工产品的国际市场竞争激烈和价格不断下降，必须把出口原料性初级产品向出口制成品转变，把粗加工制成品向精加工制成品转变。其三，多方位地开拓国际市场。除继续巩固和发展已有的贸易国家外，还应积极发展与东欧国家、发展中国家以及资本主义国家的贸易联系，实现出口市场多元化。其四，进口的重点应放在引进技术和关键设备上。通过引进先进技术和关键设备，提高企业生产水平，增强企业自主研发新产品的能力，以拓宽出口创汇路子。

---

① 中共中央文献研究室：《十三大以来重要文献选编》上，人民出版社 1991 年版，第 23 页。

2. 积极稳妥地提升利用外资方式

我国社会主义现代化建设需要巨额资金，在国内资金积累不足的情况下，利用外资弥补国内资金积累不足就成为我国对外开放的主要内容之一。但利用外资，需要不断提高外资使用的经济效益。其一，注意利用外资要规模适当。利用外资的规模和数额要与我国的国力相适应，要考虑国内资金和相关物质的配套能力，以提高外资的利用效益。其二，要把外资用到经济发展上。外资不是无偿使用的，还需要进行偿还，因此，在考虑偿还外资能力的前提下，需把借到的外资用于经济发展上，特别是用在那些能出口创汇或者能替代进口的行业、部门或技术性强的项目上。其三，正确引导外商投资。把外商投资重点导向那些出口创汇企业、国家重点发展的行业，以及需要国外先进技术进行改造的行业和部门，限制那些非生产性部门利用外资进行盲目发展。

3. 进一步扩大对外开放的广度和深度

全国各地其地理位置、资源禀赋和经济发展水平各异，进一步扩大对外开放的深度和广度要因地制宜、逐步实施，不能齐头并进。在扩大对外开放的过程中，要以已有的“经济特区—沿海开放城市—沿海经济开发区—内地”的开放模式为基地，从经济发展的全局出发，在率先开放地区正确制定开发与建设规划，以外向型经济为联络枢纽，通过外联内引的方式，引领国内各地区经济发展。

（四）经济发展与人口、环境保护、生态平衡相协调

保持经济发展和人口、环境保护、生态平衡相协调。这次报告确定的经济发展战略，不再单纯地追求经济增长速度，也不是单纯地关注经济发展，而是注重经济发展与人口、环境保护、生态平衡相协调的国民经济发展战略。其一，控制人口数量，提高人口质量。人口问题不仅关系到当前的经济增长，还关系到未来经济的可持续发展。因此，基数大、素质低的人口现状是当前经济发展的一个重大问题，不利于当前和未来经济的可持续发展，必须控制人口数量，提高人口素质，为推动经济发展提供高素质的劳动力。其二，经济发展与环境保护、生态平衡同步。环境和生态问题既是经济发展，又是发展不够带来的产物。环境和生态问题既包括环境污染，也包括生态失衡导致的资源要素趋紧。环境污染影响了人民群众生活质量的提高，而资源要素趋紧则制约了经济发展的可持续性。因此，必须把发展经济同生态环境保护相结合，在经济发展中增强生态环境保护能力，在生态环境保护中增强经济发展的可持续性。

（五）深化经济体制改革

经济体制改革的目的是为了更新不适应经济发展的旧体制，建立适应经济发展的充满活力的新体制，释放经济发展潜力。

1. 深化企业经济体制改革

企业是现代经济发展中的基本生产和交换单位，是国民经济的细胞。要深化企业体制改革，就要改变国家对企业管控的行为，逐步建立健全以宏观管理为主的企业经营体制，完善企业经营机制，解决企业软预算行为，提高企业运营活力和企业发展效益。其一，理顺全民所有制企业所有权与经营权的关系。全民所有制企业的所有权由国家代表全民所有，但不直接参与经营，经营权归企业所有，但企业担负着企业运营和保值增值的责任。完善企业的经营机制，努力培养精明强干、勇于开拓的企业家领导企业经营。进一步完善企业股份制，通过明确责权利来调动企业家和职工的主动性和积极性。其二，促进企业横向经济联合进一步发展。“横向经济联合是社会化大生产和社会主义商品经济发展的必然趋势”[①]。发展企业横向经济联合对于促进企业冲破地域和条块分割限制，充分合理有效利用人才、资金、技术、资源等各种生产要素具有重要意义。要把横向联合的决策权交给企业，由企业根据需求自主地选择有益于企业发展的各种联合。国家要在深化改革中因势利导地推进经济体制改革，防止以行政命令的方式拼凑联合。

2. 加快建立和培育社会主义市场体系

市场体系是由各类市场有机组合的群体系统，它是一个国家或地区宏观管理和微观搞活的纽带，不仅包括消费品和生产资料的市场，还包括资金、劳务、技术、信息和房地产等生产要素市场。市场体系具有竞争性和开放性，能有效地激活生产要素潜力，提高经济发展效益。经济体制改革以来，我国逐渐建立了社会主义市场，但存在着市场体系残缺、市场体系封闭和市场体系垄断的现象。要想建立和培育社会主义市场体系，就必须做到以下几点：其一，形成完善的、开放的、竞争的市场体系。我国社会主义市场体系中存在着一般的商品市场，但生产要素市场还没有形成，生产要素还被禁锢在体制之内，不能自由流动。必须要打破体制的禁锢，形成生产要素市场，在价值规律的作用下由市场自由调节。由于受地方政府追求政绩的影响，国内不同地区之间存在着市场分割和市场封锁的垄断现象，不利于生

---

① 中共中央文献研究室：《十三大以来重要文献选编》上，人民出版社 1991 年版，第 29 页。

产要素、劳动者和商品的自由流动。必须要打破地区封锁和市场禁锢，形成开放、竞争的市场体系，允许生产要素、劳动力和商品自由流动。其二，积极稳步推进价格改革。价格改革不能局限于消费品价格和生产资料价格，而且还必须把价格改革推广到各种生产要素价格。“要逐步建立起少数重要商品和劳务价格由国家管理，其他商品和劳务价格由市场调节的制度。”①从有利于供求基本平衡，促进科技进步和产业结构优化出发，制定合理的产业政策，改革金融体制和财政体制，建立起有利于市场价值规律发挥作用的宏观管理体制，促进市场价格体系的完善。其三，培育市场体系。完善社会主义市场体系，不仅要提高各种产品的商品率，深化分工协作而形成的消费品市场、生产资料市场和生产要素市场，还要有稳定的市场秩序。必须要建立完善的旨在保证市场有序运行的各种经济法规，以及加强司法和严格执法工作。

党的十三大报告关于经济发展方式思想的论述，比党的十二大报告论述得更鲜明、更直接。虽然没有明确提出经济发展方式范畴，但报告在论述中不仅提出了经济发展从粗放型经营向集约型经营转变的思想，还提出了转变的目的、要求，以及为实现这些目的和要求所做的发展科技学术与教育、调整产业结构、深化对外开放和改革经济体制等路径部署。这些思想的提出，说明了党和国家领导人对经济发展规律和经济发展道路认识的深化。

第三节　邓小平和陈云经济发展新路子思想

十一届三中全会后，邓小平和陈云作为新一届领导集体的成员，面对改革开放前后中国经济发展的经验和教训，以及经济发展的不稳定性波动，认识到经济发展要走与以往不同的新的发展道路，就必须要“走出一条速度比较实在、经济效益比较好、人民可以得到更多实惠的新路子”②。这个新路子就是“把全部经济工作转到以提高经济效益为中心的轨道上来”③。为此，邓小平和陈云对于发展经济新路子思想都有丰富的论述。

---

① 中共中央文献研究室：《十三大以来重要文献选编》上，人民出版社1991年版，第30页。
② 中共中央文献研究室：《十二大以来重要文献选编》中，人民出版社1986年版，第929页。
③ 同②，第190页。

一、邓小平经济发展新路子思想

发展经济要走适合中国国情的道路。邓小平有着强烈的民族自尊心和自豪感。他认为，发展经济必须从中国实际国情出发，把马克思主义与中国国情相结合，依靠本国人民的艰苦奋斗和共同努力，“走出一条中国式的现代化道路”[①]。这个现代化道路，有别于新中国成立后将近三十年的粗放型超快发展的路子，是走一条集质量、速度、效益并行的新路子。

（一）质量、速度、效益并行的新发展思想

发展经济要有新思路。改革开放后，邓小平多次强调发展经济是社会主义建设的中心任务，他提出：“抓住时机，发展自己，关键是发展经济。”[②]面对当时中国经济发展铺张浪费的现状，以及改革开放前社会主义经济建设的经验教训，他提出，发展经济不仅要追求速度，还必须讲求质量和效益，走出一条质量、速度、效益并行的新路子。

1. 发展经济要有速度和效果

“文革”结束后，各项工作百废待兴，经济建设处于崩溃边缘。面对国内、国际复杂的政治经济形式，邓小平敏锐地发现，经济发展的速度与效果对国家前途和民族命运具有非常重要的意义，因而他十分关注经济工作，并把经济工作提高到头等政治问题的高度。他认为，中国作为一个社会主义国家，社会主义制度比资本主义制度优越性的根本体现，就是社会主义能够创造出的生产力是以资本主义及其以前社会所没有的速度向前发展，并不断满足人民群众日益增长的物质文化生活需要。他反复告诫人们，社会主义制度比资本主义制度的优越性，可以表现在许多方面，但首要表现在经济发展的速度和效果方面。邓小平将经济发展的速度与社会主义的本质相联系，从更高的角度阐述了经济发展的速度与效果对社会主义建设的重大意义。他认为：“贫穷不是社会主义，发展太慢也不是社会主义。”[③]因为在复杂多变的国际形势下，中国能否坚持社会主义制度，最重要的是要看经济发展能不能取得较快的速度。而提高人民生活水平，最根本的因素仍然是经济发展速度。

---

① 邓小平：《邓小平文选》第2卷，人民出版社1994年版，第163页。

② 邓小平：《邓小平文选》第3卷，人民出版社1993年版，第375页。

③ 同②，第255页。

因此，他强调，面对有利的国际环境，要抓住时机，发展自己，保持经济发展有较高的速度，而不能出现经济滑坡或者后退，要求人们在经济发展速度上要有忧患意识。他提出："我国的经济发展，总要力争隔几年上一个台阶。"[①]发达地区的经济发展速度应更快于全国平均速度，发达地区的经济发展速度上去了，必然会带动不发达地区的经济发展，进而实现全国经济的高速发展。邓小平这一快速发展经济的思想是对列宁关于劳动生产率是新制度胜利保证思想的丰富和发展。

2. 经济在快速发展中必须注重质量和讲求效益

邓小平在强调经济发展速度重要性的同时，又运用唯物辩证法思想提出，经济发展速度不能代表一切。针对20世纪80年代经济发展过程中出现的随意扩大投资规模、铺摊子重复建设等片面追求产值和产量的高速度增长，忽视经济发展效益而给经济发展带来严重损害的现象，他指出："一定要控制固定资产的投资规模，不要把基本建设的摊子铺大了。"[②]在总结历史经验教训的基础上，他要求经济发展的高速度必须建立在效益的基础上。邓小平强调，经济发展的速度与质量、效益是并行的，经济发展没有一定的速度是不行的，但没有质量和效益的速度对于经济发展来说，就失去了它存在的应有之义，即经济发展的快速度是以保证质量和效益为前提的。他认为，在对外贸易中，只有以高质量的产品才能打开出口渠道，尽快实现经济效益。因此，从一定意义上说，"提高产品质量是最大的节约"[③]。随着时间的推移，邓小平逐渐形成了以速度为前提，以产品质量为保障，以经济效益和社会效益为总目标的经济发展新路子思想。

3. 经济发展的质量、速度、效益相统一

面对20世纪80年代末期出现的物价膨胀、速度滑坡现象，邓小平明确提出，速度滑坡不仅是经济问题，而且是政治问题。因为只有适当的经济发展速度，才能顶住世界霸权主义和强权政治的压力，才能实现我国的经济发展战略。要想有经济发展的高速度，在经济发展过程中必须处理好数量与质量、速度与比例之间的关系。在这两对关系中，一定要首先抓好速度与比例的关系，因为"没有按比例发展就不可能有稳定的、确实可靠的高速度"[④]。但在处理稳定与速度的关系上，他要

---

① 邓小平：《邓小平文选》第3卷，人民出版社1993年版，第375页。

② 同①，第143页。

③ 邓小平：《邓小平文选》第2卷，人民出版社1994年版，第30页。

④ 同③，第161页。

求不能过分稳定，因为过分稳定就有可能导致时机丧失。在1992年视察南方过程中，他再次强调了经济发展速度问题。不过，他这次讲的发展速度，是经济发展要注重提高质量、讲求效益的速度。他认为，有了经济发展的高速度，还要讲求经济发展的质量和效益。他提出，在发展外向型经济过程中，只要讲质量、讲效益，就没有什么可担心的。同时，他指出，经济发展速度要切合实际，"要扎扎实实、讲求效益、稳步协调地发展"。很显然，他强调的快速发展经济，是量力而行的，是以质量和效益为保障的。"质量"和"效益"则是以"快"为前提，离开了"快"，经济发展的"质量"和"效益"也就无从谈起。在全国经济发展以"快"为好的思维大潮中，他能把经济发展的速度与质量、效益相结合进行考虑，要求经济发展的速度与质量、效益相统一，体现了邓小平经济发展新路子思想的战略性、前瞻性。

邓小平关于经济发展的速度、质量、效益并行的新路子发展理念是对马克思关于扩大再生产方式理论的一次升级，不仅对于20世纪90年代转变经济增长方式有很大的启示，对今天的新常态经济发展也具有积极的启示意义。经济新常态时期，中国经济发展正处于转型升级阶段，一些行业或部门不顾质量和效益，只顾埋头生产而造成的产能过剩，实际上就是一种低水平的铺张浪费。必须在新发展理念和供给侧结构性改革引领下，深化市场经济体制改革，转变经济发展方式理念，学会走"向结构优化要效益，向规模经济要效益，向科学进步要效益，向科学管理要效益"的速度、质量和效益并行的经济发展新路子。

（二）改革经济体制激发经济发展活力

经济体制是指在一定区域内（通常为一个国家）制定并执行经济决策的各种机制的总和。它规定了国家与企业、企业与各经济部门、企业与企业之间的关系，并通过一定的管理手段和方法来调控和影响资源要素的流动范围、合理程度和方式，直接制约着经济效率的高低。有效率的经济体制是经济增长的关键因素，过时的经济体制则会成为经济发展的阻碍。从世界范围来看，当前存在着两种经济体制，一种是计划经济体制，另一种是市场经济体制。这两种经济体制在不同的时间范围内对经济发展起到不同的作用，但在特定的时间范围内都能促进经济发展。

在马克思经济发展方式思想中，资本主义市场经济体制，特别是国外市场的开拓，为资本主义经济发展提供了广阔的原料来源和商品销售市场。对于未来社会主义经济发展的有限设想中，马克思认为，建立在发达资本主义经济基础上的社会主义社会经济体制应是计划经济体制。新中国成立后，以毛泽东为首的党的领导集体，按照马克思主义经典作家的设想，建立了高度集中的计划经济体制，为集中力量发展社会主义经济，摆脱贫困落后的面貌起到了积极作用。但是，随着时间的推移，计划经济存在的滞后性、不灵活性等负面作用越来越影响了中国的经济发展。新中国成立以后三十年的社会主义经济发展实践表明，改变计划经济体制，发展市场经济，成为一种必要的历史趋势。

1. 社会主义也可以搞市场经济

邓小平在总结社会主义建设的实践经验和教训，对比分析国际范围内各种经济发展模式的基础上，深知发展市场经济对中国经济发展的重要意义。他在坚持马克思经济发展方式思想的基础上，结合中国国情，以巨大的理论勇气提出社会主义可以与市场经济相结合，可以在中国发展社会主义市场经济。他在同林达光谈话时指出，市场经济是发展经济的一种方法和手段，不仅资本主义社会有，社会主义社会也可以用其来发展生产力。在他看来，传统的计划经济体制存在着计划统制、不反映供求关系的价格体系、没有责任心的生产经营方式，压抑了人们的创造力，歪曲了资源配置，不利于提高经济发展效率。要形成一种有效的有利于提高经济活力的经济体制，就必须把计划经济体制改向市场经济体制，以促进经济迅速发展，才能不断提高人民生活水平，才能有效巩固社会主义制度。邓小平认为，“不搞市场，连世界上的信息都不知道，是自甘落后”①。为了纠正当时人们把市场经济与资本主义相等同的错误倾向，他反复强调，计划和市场都是发展经济的方法，和经济制度不存在必然的联系。社会主义和市场经济之间没有根本矛盾，只要把社会主义和市场经济结合起来，就更能解放生产力，加速经济发展。他指出，变计划经济体制为市场经济体制，虽然存在着风险性，但也要大胆地做，否则前进就困难了。同时他也指出，这种改革不是修修补补，而是在生产关系、组织上的重大变革。由此看来，邓小平经济体制改革思想，是建立在对马克思经济发展方式思想和现代化大生产深刻认识基础上的。马克思经济发展方式思想认为，现代化大生产要求资源要素之间有机整合并高效投入生产中，形成集合力，进而提高生产要素利用率，推动经济发展，这就需要高效的经济体制作为前提。邓小平为推动我国经济快速高质量发展，变计划经济体制为市场经济体制，发挥制度与方法的优越性，提高

---

① 邓小平:《邓小平文选》第3卷，人民出版社1993年版，第364页。

了经济活力和资源要素利用率，既继承前人又突破陈规，发展了马克思的资本主义市场经济制度思想。

2. 市场经济改革的战略构想

在马克思经济发展方式思想中，市场在推动资本主义经济发展过程中，具有激励创新、合理配置资源要素、调节供求关系、优胜劣汰的功能。这些功能对于激活经济发展活力具有积极作用。实践证明，凡是市场发挥作用的地方，经济活力就比较强，发展态势也很好；凡是市场发挥作用不够的地方，经济活力就相对较弱，发展后劲也不足。当然，市场也不是万能的，自身也有着包括市场信息不完善、市场信息不完全和自由竞争导致垄断等缺陷，这就需要政府加强宏观调控。加强和改善宏观调控，注意把握好时机和力度，把计划与市场有效结合，发挥宏观调控的调控作用和市场经济的机制作用，从而找出一条适合中国实际情况的发展道路，激活经济发展活力。邓小平要求在市场经济体制改革过程中要胆子大、步子稳。他指出，改革过程中，“小错误、中错误总是难免的。我们确定的原则是：胆子要大，步子要稳”①。胆子要大，就是指我国的经济体制改革是社会主义制度的自我完善，是带有根本性的变革，改革过程中难免会遇到各种阻力，这就需要胆量和勇气。改革过程中难免有错误，不能怕，更不能因噎废食，停步不前。步子要稳，就是指改革是一项复杂的系统工程，有许多必然性的东西尚未认识，需要多做调查研究，改革时机和方式要选择恰当，遇到问题要及时纠正，还要及时对改革过程中的经验教训进行总结，利于巩固改革成绩和使下一步改革顺利进行。邓小平时刻注意观察经济体制改革的进程，为了防止市场经济体制改革带来的积极因素所推动的经济增长被旧体制所消耗掉，使改革陷入困境，他指出，“从长远来看，改革的步伐不能太慢”②。即在渐进改革过程中，一旦时机成熟，就要使经济体制改革发生质的飞跃，实现根本性改革，使改革获得最终成功。加快经济体制改革步伐的思想，体现了邓小平对经济体制改革过程中量变和质变的哲学反思。

邓小平的经济体制改革思想，第一次把市场经济与社会主义紧密联系起来，不仅突破了几十年我国经济发展的计划模式，把社会主义与市场经济结合起来，从而为我国发展社会主义市场经济、提高资源要素利用率和经济发展效益打下了坚实

① 邓小平：《邓小平文选》第3卷，人民出版社1993年版，第118页。

② 同①，第203页。

的理论基础，而且还打破了把市场经济等同于资本主义制度的西方经济学基本信条，为走经济发展新路子提供了制度基础，丰富和发展了马克思经济发展方式思想理论宝库。

（三）发展教育科技提高经济发展效益

“人力资本”指的是体现在人身上的资本，即蕴含于人身上的各种生产知识、劳动与管理技能以及健康素质的综合。人力资本理论形成和发展于二战后，是由20世纪50—60年代科学技术的巨大进步所导致的产业结构和劳动力结构发生的巨大变化而引起的。人力资本理论形成后，在发展中国家产生了广泛影响，人们开始注意到劳动者素质高低直接关系到经济发展效益的好坏。

邓小平敏锐地觉察到劳动者素质在经济发展中的重大作用，并把劳动者素质培养归结到教育和科技发展上。因此，他非常重视科技和教育，提出“我们国家要赶上世界先进水平，从何着手呢？我想，从科学和教育着手”①。1986年，他针对教育经费短缺问题，提出要用国民生产总值的百分之五来办教育。1992年南方谈话中，他更加强调：“经济发展得快一点，必须依靠科技和教育。”②他认为，国家经济发展要质量、速度、效益并行，要提高人民生活水平，首先要尊重知识、尊重人才，必须大力发展教育与科技，并建立、完善教育科技与经济发展的有效结合的新机制，以提高生产要素的生产率，推动生产力大发展。

1. 发展经济须优先发展教育

邓小平高度重视科学技术在经济发展中的作用，但他深知，一个国家教育水平高低决定着该国劳动者知识水平、科技能力和精神面貌等素质，决定着经济发展的速度、质量、效益，以及现代化建设的成效。为了保证中国现代化建设的顺利进行，以及经济发展的质量、速度、效益并行，他极为重视教育问题。为了说明教育对经济的重要性，他运用唯物主义辩证法的观点指出，一方面，经济发展对教育具有主动性，“经济是基础。经济的发展必然带动教育的发展”③，即经济发展起来了，国家就拥有更多的财力去办教育；另一方面，教育对经济发展不是受动的，而是对经济发展具有重大的促进作用，能促进国民经济高效快速发展，能加快现代化建设步

① 邓小平：《邓小平文选》第2卷，人民出版社1994年版，第48页。
② 邓小平：《邓小平文选》第3卷，人民出版社1993年版，第377页。
③ 同②，第121－122页。

伐。他反复指出:"我们要实现现代化,关键是科学技术要能上去。发展科学技术,不抓教育不行。"[①]只有在教育中培养出又红又专的工人阶级知识队伍,才能为经济发展培养出那些掌握和发展现代科学文化知识和各行各业的新技术、新工艺的人才,才能创造出比资本主义高得多的劳动生产率,才能在上层建筑领域战胜资产阶级的影响,把我国建设成为现代化强国。实践证明,随着高科技的迅猛发展,以及国际上高科技产品的激烈竞争,教育在国民经济发展中所承担的责任越来越重。一个国家拥有良好的教育,就会在国际中掌握经济发展主动权,就会在国际贸易中处于领先有利地位。邓小平重视教育对经济发展的作用。优先发展教育,是对马克思科技在经济发展中的作用思想的一种扩展和延伸,在一定程度上丰富和发展了马克思经济发展方式思想。

2. 重视培养人才

邓小平非常重视教育对人才的培养,以及人才在经济发展中的作用。他认为,我国经济发展后劲的大小,将取决于对劳动者素质的培养,取决于我国知识分子的数量和质量。为此,他高度重视智力开发,培养科技人才。他以宏大眼光纠正社会上一部分人把教育看成负担和包袱的不正确思想,一再强调教育在经济发展中的战略地位。他认为,我国是一个拥有十亿人口的大国,只要把教育办好,人才就会源源不断涌出,这是任何一个国家都无法比拟的。他强调教育要从娃娃开始,从基础教育开始,经过十几年的教育,到21世纪原来的娃娃就会成为人才的生力军。同时,他还强调了通过教育培养的"四有人才"对经济建设的重要作用。他认为,生产者是经济发展的主体,能否充分调动生产者的积极性,提高生产者的劳动素质,直接关系到经济发展的成败。对受教育者实施面向现代化、面向世界、面向未来的"四有人才"教育,不仅能调动生产者的积极性,提高生产者的素质,进而提高劳动效率,而且还能减少贪污腐败和滥用职权现象,能为经济发展减少风险,减少发展成本,从而提高经济发展效益。

3. 科学技术是第一生产力

邓小平非常重视科学技术在经济发展中的巨大作用。他继承了马克思"生产力中也包括科学"[②]的思想,认为现代科学技术与生产越来越密切,在生产中显示

---

① 邓小平:《邓小平文选》第2卷,人民出版社1994年版,第40页。

② 《马克思恩格斯选集》第8卷,人民出版社2009年版,第188页。

的作用也越来越大。新中国成立后,他作为党的领导集体核心成员,反复强调科学技术在生产力中的重要作用。后来,他又把科学技术的重要性上升到第一生产力的高度。邓小平在1988年指出:“科学技术是第一生产力。”[①]这表明,邓小平关于科学技术对生产力发展的巨大作用的认识产生了一个质的飞跃,发展了马克思关于“生产力中也包含科学技术”的论断。经过几年的实践和思考,1992年,他在南方谈话时再一次强调:“经济发展得快一点,必须依靠科技和教育。”[②]这次谈话中,他不仅再次强调和重申了科学技术的伟大作用,而且也突出强调了中国必须在高科技领域中有所发展和突破,才能在世界上占有一定的地位。

4. *科学技术强有力地推动经济发展*

邓小平在强调“科学技术是第一生产力”的同时,明确指出科学技术要面向经济建设主战场,即“科学技术主要是为经济建设服务的”[③],重点解决经济发展中出现的技术性问题,努力提高科学技术在经济工作中的贡献率。他认为,现代科学技术的发展,为生产技术迅速进步开辟了阳光大道,一系列新兴工业都是建立在科学技术发展的基础上的。他把科学技术与经济发展有效结合作为发展科学技术的核心内容,认为实现经济发展的速度、质量、效益并行,必须加快科学技术革新与进步,在生产领域要用先进的技术代替落后的技术,用先进的设备代替落后的设备,才能节省资源要素消耗量,提高劳动生产率,提高产品的质量和效益。邓小平在实践的基础上还认识到,科学技术的发展不仅提高了劳动生产率,而且也改变了人们的思维方式、经营方式,导致了大量新兴产业不断涌现,促进产业结构乃至整个经济结构发生大规模调整和重组,推动整体经济发展出现质的飞跃。因此,他提出,我国要瞄准世界前沿科技,大力发展科学技术,并且指出科技水平越高越好,科学技术越新越好。邓小平提出的这些思想,发展了马克思的生产力和科学技术理论,为中国经济发展走速度、质量、效益并行的新道路提供了理论依据。

5. *发展科学技术是推动经济向速度、质量、效益并行迈进的关键*

邓小平极为重视科学技术对经济发展的推动作用,把发展科学技术作为经济发展走向速度、质量、效益并行的关键。他提出,科学技术发展要走在国民经济前

---

① 邓小平:《邓小平文选》第3卷,人民出版社1993年版,第274页。
② 同①,第377页。
③ 邓小平:《邓小平文选》第2卷,人民出版社1994年版,第240页。

面。早在1975年,他就提出,科学研究工作如果不走在前面,就会拖垮整个国家的建设。为了推动科学技术的发展,他认为,必须深化科技体制改革,实现科学技术与经济发展有效结合,建立具有生机和活力的科技体制。他要求扩大科研机构自主权,建立健全技术和经济责任制。扩大科研机构自主权,就是要改变过去由国家承包一切、负责一切以及单一的行政管理手段。在1978年的全国科学大会开幕式上,他要求科研机构实行所长责任制,确立所长在研究所技术业务中的中心地位,使科研机构面向社会,成为独立、自主的科研研究实体,以调动科研人员的积极性;要求调整科研系统的组织结构,使科研机构能够同企业、农业相联合,实现产学研相结合;这种结合既能加快科学技术研究成果及时实现产品化,又能增强科研机构技术创新能力与创新的针对性和时效性;鼓励科研人员和科研机构走向社会,参与社会财富创造,以及向农村提供各种科技成果、信息和相关技术服务;要求科研机构既要做好基础性科学研究,又要做好应用性科学研究,更要大力发展高科技,实现高新技术产业化。他还认为,推动科学技术发展,特别是前沿科技的发展,需要大量的科技人才,要求人们尊重知识,尊重人才,大胆正确起用人才,使之能够学以致用、人尽其才。他认识到当时人才缺乏,就要求各级部门包括教育机构遵循"三老四严"的作风,尽可能多地培养和造就一支浩浩荡荡的科学技术大军——世界第一流的科学家、工程技术专家。同时,他也特别强调,在引进国外先进技术、先进管理方法、经营方法时,不仅要学会,而且还要提高创新。他的这种发展科学技术,向科学技术要效率,向先进管理方法要效益,以促使经济发展的速度、质量、效益相并行的思想,对于我们在经济新常态时期转变经济发展方式,重视科学技术、运用科学技术、供给科学技术以促进经济发展仍有很好的启示作用。

邓小平把走好经济发展新路子与科技、教育密切结合,是对马克思关于生产力中也包括科学思想的一次升华。他以前瞻性的眼光,提出"中国的现代化建设,必须把经济、科技、教育一起抓,要统筹规划,甚至要求科技和教育的发展要走在经济发展的前头。为革除科技、教育与经济脱节的弊端,促进科技、教育与经济发展相结合,他提出体制改革,要求新的经济体制,要服务于技术进步的要求,新的科技体制要服务于经济发展的要求"①,为我国以后提出的经济发展要从粗放型转向集约型的经济增长方式转变奠定了思想理论基础。

---

① 李陈:《邓小平经济发展新路子思想及其对我国转方式的启示》,《西安财经学院学报》2015年第5期。

（四）向完善企业管理要效益

企业是国民经济的细胞，是现代工业的主要载体，也是市场经济的微观主体。“企业管理是对企业生产经营活动进行有计划、有组织的指挥、控制及协调等一系列职能活动的总称。”[①]早在资本主义发展初期，英国古典政治经济学家亚当·斯密在研究分工的作用时就指出，具有各种技能的工人在一起合作生产，就会促使企业高效地完成工作。虽然亚当·斯密没直接说出企业管理，但也间接说明了企业管理的重要性。马克思的企业管理理论、列宁的“一长制”理论，以及毛泽东的统筹兼顾思想，都是对马克思的企业管理理论的发展和延伸。这说明企业管理不仅对资本主义企业生产有益，而且对提高社会主义企业生产也有着非常重要的意义。

1. 加强企业制度建设

关于企业管理方面，邓小平特别重视企业制度建设。他认为，企业发展要走速度、质量和效益相并行的道路，企业管理必须科学、合理和高效，而这来源于制度建设，因为“制度问题更带有根本性、全局性、稳定性和长期性”[②]。为此，他在强调加强企业管理的时候，特别重视企业制度建设。首先，以必要的规章制度为企业高效运行提供制度保障。早在1975年，邓小平就针对当时企业存在的混乱现象，强调在企业运行过程中，规章制度具有重要的凝聚性和向心力，提出必须建立健全企业规章制度，促进企业管理科学化和制度化。其次，加强企业管理责任制。管理工作制度化的实现，不仅在于有健全的企业制度，还在于执行者的强烈责任感。邓小平认为，加强企业管理责任制，不仅有助于加强企业制度化管理，而且也能推动企业管理人员解放思想、开动脑筋，去研究、解决企业管理过程中出现的新情况和新问题。最后，职责分明。加强企业管理责任制，只有落实到位，落实到人，才能发挥出制度的最佳效能。为此，他提出扩大企业管理人员权限、善于选用有才能的人、严格考核和奖罚分明等措施。这就把企业管理的责、权、利三者结合起来，利于提高企业管理人员与职工的积极性。同时，他还看到物质利益对于企业发展的重要性。针对企业存在“大锅饭”的弊端，他根据按劳分配原则，提出了在企业中实行多劳多得原则，以此激发和调动企业职工和管理人员的积极性和主动性。以企业制度建设为核心的上述措施，对于激活企业活力、调动企业各层职工的积极性，具有重大意义。

---

① 李陈：《马克思关于经济发展方式的思想及其当代价值》，人民出版社2017年版，第175页。

② 邓小平：《邓小平文选》第2卷，人民出版社1994年版，第333页。

2. 提高产品质量是企业管理的中心任务

邓小平在工作实践中认识到，产品质量是企业的生命线，产品质量问题既能反映企业的管理水平和技术水平，也是关系着企业兴衰成败的大问题。因此，他历来都十分重视产品质量的管理工作，要求企业在生产过程中要坚持质量第一的理念，必须加强产品质量管理。他认为，企业产品在市场上能否保持长期的竞争力，以及能否不断开拓新的市场份额，关键是看产品质量优劣。他强调，产品“首先要讲质量。要打开出口销路，关键是提高质量”①。要生产高质量的产品，必须在提升企业的生产水平、技术水平之外，还要加强企业产品质量管理。他还认为，加强企业产品质量管理，有助于提高企业效益。在投入相同的情况下，企业生产出来的产品质量高，意味着生产过程不仅节约了原材料、降低了生产成本，而且还能占有广阔的市场份额，能加快产品销售速度，加速企业周转，提升企业经济效益。“提高产品质量是最大的节约”②，能实现企业的经济效益和总的社会效益的目的。同时，他提出，为了保证企业产品质量，在企业管理上要有完善的配套措施，以及强有力的机构监督执行，这样才能促进企业管理走向制度化、标准化和程序化，才能使企业产品质量有保障，才能促进企业发展走速度、质量和效益并行的路子。

3. 实施民主管理调动企业职工积极性

邓小平有关调动企业职工积极性思想的一大鲜明特色，是对企业实施民主管理，这也是社会主义制度下人民群众当家做主的直接体现。早在20世纪50年代，邓小平就提出企业民主管理化的问题，但由于所处的环境，这种民主化的管理思想并没有真正实现。改革开放后，为了实现国民经济发展的战略目标和四个现代化，他提出，企业发展不仅需要管理层尽心尽职，也需要每个职工尽力尽责。他认为，广泛调动企业职工和知识分子积极参与企业管理，企业才能具备速度、质量和效益并行的民主基础，才能提高企业的经济效益和管理效益。为了落实企业民主管理，他提出要在企业普遍成立企业职工代表大会及其工作机构，要求企业重大问题交由企业职工代表大会进行协商，领导干部要认真听取职工建议，虚心接受批评和监督，并以制度来保证实施，以利于职工建言献策和解决企业运行中存在的各种问题。当然，他注重企业民主管理，以调动企业职工工作的积极性和主动性，但也反

---

① 邓小平:《邓小平文选》第3卷，人民出版社1993年版，第160页。

② 邓小平:《邓小平文选》第2卷，人民出版社1994年版，第30页。

对以民主管理为口号，搞所谓的"大民主"。他要求把民主管理与集中领导有机结合，以民主的方式听取职工各方面的要求、批评和建议，以集中的方式对民主收集起来的意见和建议做出科学的决策和统一部署。这样就使得企业既充满活力，又能提高效率，更能顺利步入速度、质量、效益并行的轨道。

邓小平企业管理思想，是在继承马克思企业管理思想的基础上，在实践中把列宁的"一长制"管理思想和毛泽东的统筹兼顾思想进一步发展和深化。他根据我国改革开放之初生产力、生产关系的特点和实际情况，以务实和创新的精神提出解决企业发展过程中存在的机制不灵活、效益不高的问题的办法，不仅为引导企业发展走速度、质量和效益并行的路子提供了思想指引，而且也为后续推动企业管理改革提供了有意义的范本。

（五）贯彻对外开放政策

马克思主义经典理论家非常重视对外开放。马克思从资本主义经济发展地域性空间的拓宽和生产资料稳定来源角度，阐释了对外开放对促进经济发展的重要性。十月革命后，列宁在领导苏维埃共和国经济发展时，就曾提出一个著名的公式："乐于吸收外国的好东西：苏维埃政权＋普鲁士的铁路管理制度＋美国的技术和托拉斯组织＋美国的国民教育等等＝总合＝社会主义。"[①]列宁根据这个公式，提出了社会主义共和国要有效发展经济，就需要通过国家资本主义的方式与资本主义国家发生经贸往来，以便引进外国的资金、先进技术和管理经验等推进社会主义经济发展的设想。但由于国内外各种客观条件的限制，这些设想未能很好地实现。斯大林继承了列宁关于发展对外经济的设想，实施对外开放政策，大量引进外资、外国的先进技术，聘用外国的技术工程人员和技术工人，有效促进了苏联经济在短期内快速发展。毛泽东对社会主义国家发展对外经济关系也做了有益的探索，提出要向外国学习一切先进的、有益的东西。虽然由于当时的时代局限没有落到实处，但在理论上充分说明了中国建设社会主义离不开世界。从以上马克思主义经典作家对经济发展与对外开放关系的论述中，可以看出实施对外开放，发展对外经济关系，既能为促进国家经济发展提供必要的外资、先进技术和管理经验，还能为经济发展提供必要的产品市场和要素市场，利于经济资源要素有效合理流动。

① 《列宁文稿》第3卷，人民出版社1978年版，第94页。

发展对外贸易为促进经济发展走新路子提供必备条件。马克思的扩大再生产理论揭示了社会扩大再生产的前提，是在满足两大部类之间以及每个部类内部供求保持一定比例关系的前提下，还有剩余部分以满足扩大再生产对追加生产资料和消费资料的需要，以促使社会生产两大部类之间及其各自内部之间不仅在价值形态上保持均衡，而且在总量上也保持平衡。但现实中，由于各国资源、环境、科技水平等条件的差异和影响，每一个国家都不能在本国范围内满足扩大再生产的需求，而必须通过对外贸易，实现经济发展所需要的总量平衡和结构均衡，以满足经济发展有效需求，以促进经济快速发展。新中国成立后，邓小平就直接参与了对外贸易的领导工作。20 世纪 70 年代中期，他在《关于发展工业的几点意见》中提出了扩大进出口的意见，以此推动经济发展。改革开放后，他又从战略的高度提出，对外贸易既是关系到社会主义现代化建设成败，以及国民经济发展全局的大问题，也是经济发展走新路子的必备条件。其一，对外贸易可以为经济发展提供必要的外汇基础。在改革开放之初，我国经济发展需要大量的外资、先进技术和管理经验，而对外贸易不仅能为我国积累资金，而且还可以获得为促进我国经济发展而必须引进的先进技术、设备和管理经验所需要支付的外汇。其二，对外贸易有助于平衡国民经济结构。综合平衡的国民经济结构是一国经济发展的关键，是关系到国民经济持续、稳定和快速发展的战略性问题。邓小平察觉到，对外贸易不仅能获取为引进其他国家人才、技术、管理经验等所需要的外汇基础，还能与其他国家在资源要素方面互通有无、调剂余缺，以较小的代价获得经济发展所需要的更多的使用价值和价值，有助于促进国民经济总量平衡和结构均衡。其三，发展对外贸易有助于参与国际分工。随着生产力的发展和科学技术的进步，国际分工走向是越来越细化。由于各种原因，我国与第三次科技革命失之交臂，科学技术水平较低，导致在国际分工中处于被边缘化地位，不利于我国经济发展。通过对外贸易，我国不仅能积极参与国际分工，而且能进一步分享发达国家的技术、经验，有助于促进我国科学技术发展，更重要的是可以把这些科学技术应用到经济发展中，能提升我国经济发展的速度、质量和效益，从而又为扩大国外市场，进一步促进经济发展创造条件。

利用外国技术为促进经济发展走新路子提供技术支撑。马克思重视科学技术对经济发展的重大作用，认为“生产力中也包括科学”①。实践也证明，人类每一次

① 《马克思恩格斯文集》第 8 卷，人民出版社 2009 年版，第 188 页。

科技革命的兴起，都在很大程度上促进了生产力发展，提高了经济发展效益。随着第三次科技革命的兴起，世界各国在抓紧研发科学技术的同时，也都时刻紧盯其他国家科学技术发展动向，以便及时引进先进的科学技术，促进本国经济发展，并提高本国产品在国际市场的竞争力，以获取更大的利润。因此，引进国外先进技术，加速本国经济发展，已成为发展中国家加快发展本国经济，追赶发达国家的一条不争的经验。邓小平面对改革开放后我国经济发展和科学技术水平滞后状况，在总结过去经济发展经验教训的基础上，吸取了部分发展中国家引进科学技术快速发展本国经济的经验，提出了引进国外的先进科学技术和管理经验，对于当时科学技术和管理经验都相对落后的我国来说，显得尤为必要。他特别强调引进国外先进的科学技术、高科技人才，以及学习国外先进的管理经验的重要性和紧迫性。他要求在引进国外先进的科学技术和管理经验时，要善于学习好的科学技术和管理经验来发展经济。当然，他也意识到：国际间由于意识形态和政治分歧，以及激烈的国际竞争存在，发达国家不愿意看到自己的竞争对手强大起来，不可能将自身所拥有的先进的科学技术和管理经验毫无保留地出让给发展中国家，特别是中国。因此，改革开放后，发达国家出让给中国的科学技术和管理经验只是一些普通技术或者是淘汰技术，真正出让的先进技术不多，甚至没有。他深知，即使花费很大的代价得到国外某些先进的技术，能否有用，还得靠自己去学习和研究。因此，他强调，引进国外先进技术和管理经验时，要注重自身的学习和研究，“必须依靠我们自己的努力，必须发展我们自己的创造”[①]。邓小平关于正确利用国外先进技术、先进设备、管理经验发展经济，以及独立自主、自力更生地发展和创造新技术的辩证思想，不仅对推动我国科学技术发展，以及利用科学技术和先进设备发展经济提供了指南，而且也对今天供给侧结构性改革下加快经济发展方式转变提供了有益的思想启示。

实施对外开放政策，以吸收外国资金，引进先进技术、设备和先进管理经验，促进我国经济发展走新路子的思想，是对马克思关于国际市场理论的继承和发展。随着国际分工的进一步深化，以及大工业和科学技术的发展及其在生产中的广泛应用，世界市场化已把世界各国紧密联系起来，形成你中有我、我中有你的发展趋势，使得包括科学技术在内的各种生产要素在全球范围内流通。邓小平基于国内

① 邓小平：《邓小平文选》第2卷，人民出版社1994年版，第91页。

经济发展面临着资金困难、技术力量薄弱和企业管理经验落后的情况，审时度势，毅然主张通过对外开放，吸收外国资金、技术和管理经验来发展经济，提高经济发展质量和效益。但同时，他又要求人们引进技术、经验和资金时，以自力更生、独立自主为前提，维护国家利益，这又从辩证法的角度发展和丰富了马克思关于国际市场的思想。

邓小平基于经济发展走质量、速度和效益并行的新路子思想，先后提出了经济体制改革、完善企业管理、发展科技教育、理顺产业和综合平衡发展等一系列思想。这些新思想的提出，对于当时追求以投资为主的推动经济快速发展为主流的经济发展思想来说，无疑具有重大的导航和引领作用。虽然邓小平基于时代的局限性，没有明确提出“转变经济发展方式”这一概念，但从今天的角度来说，他提出的走经济发展新路子的思想契合了今天转变经济发展方式理论的内涵，无疑为 20 世纪 90 年代提出的转变经济增长方式和 21 世纪提出的转变经济发展方式提供了前期理论基础。

二、陈云经济发展新路子思想

陈云是新中国成立后党和国家的主要领导人之一，也是改革开放后党领导集体的核心成员。在新中国成立到改革开放的一段时期内，他长期领导和主持国家的经济工作。他以马克思主义理论为指导，长期研究社会主义经济发展问题，特别是改革开放后，他与邓小平一起领导了中国经济发展走质量、速度、效益并行的新道路。

（一）关于社会主义经济扩大再生产的思想

社会主义经济扩大再生产问题是陈云经济发展思想中的重要问题。陈云以马克思的扩大再生产理论为指导，结合社会主义经济发展实践，形成了自身独具特色的经济扩大再生产理论。

经济发展以内涵式发展为主。马克思的扩大再生产方式理论提出，随着生产力的发展和科学技术水平的提高，资本主义生产方式由外延式转向内涵式发展。新中国成立后的三十年，我国经济发展基本上采取了以高投入为主的外延式发展。但是，这种类型的发展方式既促进了我国经济快速发展，也造成了很大的资源浪费和人力浪费。对此，陈云提出的基础建设规模要与国力相适应的思想，表明他已经认识到外延式扩大再生产在发展社会主义经济方面存在着很大的局限性。改革开放后，他敏锐地觉察到，我国经济发展在一定程度上依然采取外延式发展。为此，他提出发展经济要讲求生产效率、讲求技术改造，努力走内涵式发展的新路子。在资金和技术有限的条件下，通过引进技术（软件），对现有的国内企业挖潜、革新和改造，以充分发挥现有设备潜力，提高生产效率。他认为，"现有企业要提高折旧率，加快设备更新。引进先进技术，进行技术改造，这在多数情况下，比建新厂效益高"[①]，这是工业发展的一条新路子，有助于改变过去依靠增加厂房建设、铺新摊子来增加产量的现象。他对经济发展走内涵式发展道路提出了具体的相关措施：其一，在原有工业基础上，加强对现有的固定资产进行技术改造，提高其工作效率。其二，在引进外国技术时，要以引进软件为主，少引进成套设备，在不得不引进一些"高""精""尖"成套技术设备时，把更多精力放在消化、改造、创新上，这样既节省了成本，又减少了对外国技术和设备的依赖。其三，尊重和培养技术人才。他认识到，技术人员是推动经济内涵式发展的主力军，应鼓励相关人员出国留学以获取必要的先进技术。其四，调动企业挖潜、革新和改造的内在动力。要求政府不仅在生产经营上放权、让权，而且要改革现有体制，使企业真正成为自主经营、自负盈亏的生产者和经营者。陈云在继承马克思关于企业革新生产工具走内涵式扩大再生产思想的基础上，重视人才培养，突出以对企业的挖潜和改造作为提高劳动生产率的主要方法，在实践基础上充实和丰富了马克思的扩大再生产理论，也在一定程度上为20世纪90年代转变经济增长方式提供了有益的借鉴。

（二）国民经济综合平衡发展的思想

国民经济只有实现综合平衡，才能促进经济快速有效发展。国民经济综合平衡，是指国民经济各个部门、各个地区，以及社会再生产的各个环节的总体平衡。国民经济综合平衡有助于经济发展的规模、比例、速度和效益之间相互协调。马克思在研究资本主义扩大再生产时，特别注重对两大部类总量平衡和结构均衡的分析。他通过对两大部类数量与结构的分析，指出两大部类总量平衡和结构均衡是资本扩大再生产的关键。陈云把马克思的两大部类按比例协调发展思想上升为综合平衡思想，并把综合平衡看成是一国经济是否按计划有比例发展的风向标。他在给综合平衡下定义时指出："所谓综合平衡，就是按比例；按比例就平衡了。"[②]他

① 《陈云文选》(一九五六—一九八五年)，人民出版社1986年版，第240页。

② 《陈云文选》第三卷，人民出版社1995年版，第244页。

认为，综合平衡，不是局部的平衡，而是各个部门之间，财政收支、银行信贷，以及经济建设与资源、人口、环境之间的物资供求等在各个部门、各个方面的比例，及其相互联系、相互制约的具有总量性质的综合平衡。只有各部门、各方面之间及其内部比例协调了，才能促进经济快速有效的发展。当然，在这些部门的比例协调中，他非常注重和强调农业、轻工业和重工业之间的产业结构比例，认为产业结构中的农轻重比例安排是否适当，直接关系到国民经济的平衡、速度与效益。对此，他在经济发展的每个阶段和每个时期，都比较注意国民经济各个部门发展的比例关系，尤其是农轻重之间的比例关系。陈云的这些思想，尽管由于受“大跃进”“文革”等一系列运动的影响，未能在实践中全面付诸实施，但它们对改革开放后我国经济综合平衡发展具有重要的指导意义。

1. 积累和消费之间的比例协调思想

在马克思经济发展方式思想中，积累与消费是矛盾统一体，积累与消费之间的比例关系适当就能促进经济发展，否则会阻碍经济发展。陈云把马克思关于积累、消费之间的比例协调思想用于社会主义经济发展中。他认为，生产资料和劳动力是社会主义经济发展的两个基本因素，用于发展中的生产资料的积累与提高和改善劳动人民的消费基金之间须保持适当的比例关系。以高积累或者以高消费为特征的大规模的社会主义经济建设，不仅会导致经济波动，不利于我国社会主义经济发展，而且最终也不利于人民群众生活水平的改善与提高。他提出，积累和消费比例关系的安排，必须兼顾经济发展和人民生活，二者之间的比例必须平衡，这样不仅能不断提高人民群众的生活水平，而且还能保证有余力发展经济。同时，他还进一步指出，通过经济发展不断提高人民群众的生活水平，是社会主义经济发展的最终目的。他提出，在组织社会主义经济发展时，要把人民群众的生活消费问题放到首位。在经济发展的诸要素中，人是具有主体性的第一要素。只有不断提高和改善人民群众的生活水平，才能把人民群众发展经济的积极性调动起来，才能更好地发展经济。他把提高人民群众生活水平放在第一位的思想，是对当时全国把生产资料的生产放在优先位置思想的一种突破，强调了消费对积累的反作用，突出了劳动力的再生产是经济发展的首要前提。他的这一思想，既是对马克思关于积累与消费关系理论在社会主义经济发展过程中的再现和发展，也为我国正确处理社会主义经济发展中的积累和消费的关系，提供了正确的思想导航。

2. 基本建设规模要与现行生产保持恰当的比例关系思想

国力是指一个国家基于物力、财力基础上的各方面的综合，是该国经济发展的基础。陈云认为，基本建设是国家经济发展的必然要求，但必须与现实生产要求相符合。当原材料供应紧张时，应先保证生活资料和生产资料的生产需求，后供应基建需求，以便维持人民群众生活的最低限度，防止因基本建设规模盲目扩大而挤掉对生活必需品的生产，进而打消人民群众发展经济的积极性，造成经济发展的波动或挫折。这种控制基本建设规模，在有限的国力基础上，使生活资料的生产优先于基本建设，实际上是对马克思关于两大部类扩大再生产实现条件在社会主义经济发展实践基础上的再现。对此，陈云指出："建设规模的大小必须和国家的财力、物力相适应。"①这在一定程度上说明，国力大小构成了基本建设规模的制约因素。为了推进经济发展的顺利进行，他指出，在制定经济发展策略时，要根据有限国力，保住重点，照顾一般，避免财政赤字投资，要把有限的资金花在刀刃上。他鉴于"大跃进""人民公社化运动"和"三年困难时期"教训，提出现有的基本建设规模已经超出了国力承受的范围，必须压缩。改革开放后，他在反复强调基本建设规模与国力相适应的同时，还提出发展经济必须提高经济效益。实际上，陈云根据20世纪80年代实际情况，强调基本建设投资应从粗放型转向集约型，以及提高经济发展效益的思想，体现了他的实事求是的科学态度。

（三）积极、稳妥地对外开放思想

改革开放后，陈云对开放政策持积极、稳妥的态度。他在1979年指出，我国实施对外开放，打破闭关锁国的政策是正确的，以后在坚持自力更生的前提下，可以通过借些不吃亏的外债发展经济。他认为，利用外资和引进外国先进技术的做法是正确的，有利于促进我国经济发展、科学技术进步。"利用外资和引进先进技术，这是我们当前的一项重要政策。"②同时，他也提出，对外开放要根据国内实际情况，特别是在引进科学技术方面，要立足于国内的"吸收能力"，这样才能做到洋为中用，也才能保持国家在经济、政治和文化上的独立性和中国特色，否则，就会出现"食洋不化"、消化不良的状况，从而使我国的经济发展出现巨大浪费，甚至会造成更为严重的后果。他认为，在引进外资和先进技术的时候，一定要持积极、稳妥、节

---

① 《陈云文选》第三卷，人民出版社1995年版，第52页。

② 《陈云文选》(一九五六—一九八六年)，人民出版社1986年版，第249页。

约的态度。即在引进外资的时候，要把引进的外资投到最关键性的项目上，不能造成不必要的浪费；在引进规模和结构上，要和国内的配套能力相适应，要么填平补齐，要么成龙配套；在引进方式上，以引进高、精、尖技术为主，少引进成套设备，多引进软件，特别是对引进的先机技术和软件多在消化、改造和创新上下功夫；对于引进的方案，要有领导干部和专家共同参与制定，决定方案要宁慢勿急。

在陈云看来，社会主义经济发展要走有别于过去的新路子，既要有统一性、计划性，又要有灵活性、多样性；既要把经济发展方式由外延的扩大再生产转向内涵的扩大再生产，还要坚持国民经济综合平衡，适当处理好积累与消费之间、农轻重之间、基本建设规模与现行生产之间的比例关系。

第四节　理论界对经济发展新路子思想做出的初步论证

从改革开放到20世纪90年代初期，中国在邓小平经济发展新路子思想的指引下，开启了社会主义现代化发展新进程。经济发展开始从传统、封闭和高度集中的计划经济体制向具有现代化、开放性特征的社会主义市场经济体制迈进。在这期间，传统的计划经济体制开始缓慢退出历史舞台，但计划经济体制影响下的政府仍然掌控着全国资源要素，且在资源要素配置中发挥着决定性作用；另一方面，市场经济体制从复苏到成长虽然缓慢进行，但市场对资源要素配置的影响越来越大。在这双重体制影响下，中国经济发展在波动中增长。为了响应以邓小平为首的中央领导集体提出的经济发展新路子思想，以及破解经济发展中遇到的挫折与波动，理论界结合马克思经济发展方式思想，对新时期经济发展新路子进行了一系列探讨。

一、关于经济发展新路子思想的研讨

20世纪80年代初，理论界兴起了研究经济发展新路子的热潮。理论界对经济发展新路子思想的研讨，既包括对外延或粗放、内涵或集约两种发展类型的研讨，也包括对支撑经济健康持续发展的经济结构的研讨。20世纪50年代末到60年代初，理论界对马克思的扩大再生产方式理论的研究，由于受到各方面原因而未能对社会主义经济发展产生实际的影响。20世纪80年代初，在邓小平经济发展新路子思想及提高经济效益的时代需求影响下，理论界重新掀起并更加重视对经济发展新路子的研究。

(一)对扩大再生产方式类型的研究

继20世纪60年代理论界对外延的扩大再生产和内涵的扩大再生产进行划分后,20世纪80年代初,理论界又重新对这两种生产类型进行研究。毅夫等学者认为,马克思在研究资本主义生产过程时,对外延的扩大再生产和内涵的扩大再生产没有给予确定的、不变的划分和界定。学者们基于现实经济发展,把外延的扩大再生产界定为增加生产要素(包括劳动力)数量;而内涵的扩大再生产是指提高生产要素利用率和产品质量。高春初则认为,外延的扩大再生产与内涵的扩大再生产是个空间概念,区别在于生产场所是外部扩大还是内部扩大。理论界对外延扩大再生产与内涵扩大再生产的内涵界定,不论是从数量和效率方面,还是从空间方面,基本上都适应了经济发展新路子理念对经济发展的质量、速度和效益并行的要求,深化了人们对扩大再生产内涵的认识。

扩大再生产方式趋向于从以外延型发展为主转向以内涵型发展为主。理论界主张,经济发展应从外延型向内涵型转变,形成以内涵型为主的经济发展方式。但是,有的学者从我国人口多的实际国情出发,从外延扩大再生产和内涵扩大再生产各自所拥有的优势出发,提出了"我们为了节约投资,应侧重于内涵型,但为了兼顾劳动就业,也应当搞一些外延型"①。刘国光提出,应当重视利用外延因素发展社会主义经济,特别是对于一些经济落后但劳动力等资源丰富的地区,在经济建设之初可以以外延型发展为主。但"随着技术的进步和社会生产力的发展,应当逐步提高经济效率为特征的内涵扩大再生产作为经济发展的主要方式"②。这些研讨,深化了马克思对扩大再生产方式两种类型的关系及其在社会主义经济发展过程中发展趋势的认识,为我国后续经济发展正确处理两种经济发展路径及其关系指明了方向。值得注意的是,自20世纪80年代中期,理论界针对我国经济发展出现的质量、速度、效益失衡,以及发展速度上大起大落、通货膨胀等问题,进行了广泛的研讨。"学术界提出并论证了经济发展要变'数量型'为'质量型'、变'速度型'为'结构型'、变'消耗型'为'效率型'的可能性与途径。"③尽管学者们的表述与概括有些差异,但这些经济发展路径的转化,实际上就是把经济发展过程中的外延的发展路径转向内涵的发展路径,体现了学者们对现实经济发展中内涵发展不足的忧虑。

---

① 林子力:《扩大再生产的几个问题》,《红旗》1981年第9期。
② 刘国光主编:《中国经济发展战略问题研究》,上海人民出版社1984年版,第114页。
③ 李陈:《马克思经济发展方式思想的时代价值》,《学术月刊》2015年第4期。

（二）关于平衡经济结构问题的研讨

经济结构是经济发展走新路子的关键。在马克思经济发展方式思想中，两大部类的总量平衡和结构均衡，是社会总产品实现价值补偿和实物替换的关键，也是资本主义经济实现扩大再生产的关键。而在现实的社会主义经济发展过程中，经济结构也是实现国民经济健康可持续发展和质量、速度、效益并行新路子的关键。因为合理的经济结构，能够充分调动经济发展的内在力量，释放经济发展潜力，发挥经济发展的禀赋优势，促使经济发展持续、稳定、协调增长，提高经济发展效益和人民生活水平。反之，则会压抑和削弱经济发展的内在力量，阻碍经济发展的顺利进行，甚至会导致国民经济发展走向萎靡、停滞和衰退。新中国成立后的五六十年代，理论界对于经济结构整体性和系统性的研究，由于各种原因没有引起足够重视，理论界只是把注意力放在对农轻重比例关系的调整上。

《中国经济结构问题研究》一书展现了我国经济发展战略思路。十一届三中全会后，党中央在制定“调整、改革、整顿、提高”八字方针后，于1979年国务院财政经济委员会成立了经济结构组，对当时我国的经济结构进行调研，编写了《中国经济结构问题研究》。在这部书中，作者对当前我国经济结构存在的问题及其原因进行了深刻分析，并从实际出发，以及保持经济可持续发展和经济发展效益好的角度，对改善和调整我国经济结构提出了系列建议。该书认为，改善和调整经济结构是实现经济内涵式发展，即走质量、速度、效益并行新路子的重要路径。为改善经济结构，该书提出了必须改革经济管理体制，因为“单纯用行政命令、行政层次、行政区划的方法来管理经济，是阻碍商品经济发展、建立万事不求人的门类尽可能齐全的经济结构的重要原因之一”[①]。因此，需要通过改革经济管理体制，扩大企业自主权，发挥市场机制作用，需要通过供求机制、价格机制、竞争机制，调整和改善经济结构。

在《中国经济结构问题研究》一书出版后，理论界把对经济结构研究再次提到了重要的研究日程，并把它作为实现经济发展新路子的条件进行研究。针对当时经济结构存在的问题，学者们提出必须建立合理的经济结构，以助推经济发展走新路子。其一，提出建立合理的经济结构的基本原则和措施。苏绍智认为，建立合理的经济结构，首先要考虑时间、地点、条件，应从实际国情出发。张卓元等学者认

① 马洪、孙尚清主编：《中国经济结构问题研究》，人民出版社1981年版，第21页。

为，调整产业结构要按生产力发展规律办事。即“需按照农业—轻工业—重工业这一生产力发展规律办事”[①]，才能使我国的产业结构走上健康发展的轨道。其二，建立合理的经济结构要抓住重点和难点。许毅等学者认为，建立合理的经济结构，应当抓住积累和消费的关系，压缩基建规模，合理调整投资方向，这是建立合理经济结构的有力杠杆。孙尚清等学者认为，把发展消费品生产放到优先地位，不仅是我国畸形的经济结构逐步走向合理化的关键，而且也是我国经济发展走新路子的鲜明路标。其三，建立合理化的工业部门。理论界对于工业部门结构合理化标准的认识大体上是一致的。他们认为，工业生产的发展要符合经济发展的需要，各工业部门应协调发展，保持一定的增长速度，以提高经济发展效益为核心，以满足人民物质生活需要为目的的工业结构，才是合理的工业结构。其四，实现工业结构合理化对策。周淑莲等学者认为，促进经济结构合理化，要充分发挥城市的作用，而城市经济工作要以提高经济效益为中心。要进一步调整工业内部结构和工业与其他部门的关系，按照专业化协作与经济合理的原则，实行企业的改组与联合。进行企业整顿，在提高企业经济管理水平的同时，有计划、有重点地对现有企业技术实施改造，对那些消耗高、质量差、亏损大的企业实行关停并转。其五，实现农业结构合理化。理论界认为，我国现存的农业结构不合理。在现有的条件下，合理的农业结构必须是能够最经济、最有效地利用各方面的资源，有利于农业高产稳产，农林牧副渔和各部门之间有计划、按比例地发展、递进，以最少的人力、物力和财力，取得最大的农业生产效益。为此，调整农业生产结构，“就全国来讲，应该是以粮食生产为基础、农林牧结合、农林牧副渔全面发展，但就一个地区讲，就要因地制宜，扬长避短，发挥优势，宜林则林，宜农则农，宜牧则牧，宜渔则渔，宜经济作物则经济作物”[②]。其六，区域经济结构合理化。理论界认为，我国的区域经济结构在“平衡论”的指导下，不考虑各地的实际情况，采取一刀切的政策，要求各地“以粮为纲”和“以钢为纲”，建立门类齐全的独立完整的工业经济体系，违反了自然规律和经济规律，不仅给地方经济发展带来严重后果，而且也阻碍了我国的经济发展。陈吉元认为，建立合理的地区经济结构，在处理好中央与地方之间，以及地方与地方之间的经济联系时，加强计划指导，搞好综合平衡。同时，还必须发挥地区经济优势，加强地区之间的经

---

① 张卓元：《调整我国产业结构要按生产力发展规律办事》，《经济研究》1982年第11期。

② 于国耀：《关于调整我国农业结构的几个问题》，《农业经济问题》1981年第1期。

济联系与竞争。这样既能保证中央对国民经济发展的集中统一领导，又能保证各地区因地制宜地安排地区经济结构和经济联系，以促进地区经济结构合理化。

自 20 世纪 80 年代中期，我国的经济结构矛盾越来越突出，理论界不再拘泥于一般的经济结构研究，而是突出了产业结构研究。对于产业结构的研究主要集中在两个方面：其一，产业结构合理化。杨坚白等学者认为，欲使产业结构合理化，必须以农业为基础，改变重工业的生产结构，使重工业发展与农业、轻工业发展需要相适应，坚持农轻重的序列安排比例关系。孙尚清等学者认为，在产业结构调整中，既要保证重工业的优先增长，又必须适当控制重工业的规模和速度。李京文等学者提出，必须依靠技术进步，在坚持协调发展、效益最佳、消费导向和就业需求的基础上，促进产业结构合理化。其二，理顺产业组织。针对 20 世纪 80 年代中期城市经济体制改革中的企业"放权"与"搞活"中出现的"一管就死""一放就乱"的现象，卫兴华等学者认为，要增强企业活力，必须建立和完善各种约束机制，以纠正企业在增强活力过程中出现的各种偏差，使企业活力符合国民经济发展的需要。胡如银则提出，以国家垄断和行政垄断为特征的各部门之间及其内部之间的竞争存在着不均衡的特点。国家为了均衡发展所采取的"鞭打快牛"和"抽肥补瘦"的措施，虽然能抑制部门内部和部门之间的不均衡竞争，但也会成为阻碍先进企业成长的拦路石，成为落后企业的保护伞，从而降低了资源要素的配置效率。此外，20 世纪 80 年代末，理论界还就以市场为取向的改革能否解决经济发展中出现的严重问题展开了研讨。这些事关产业结构、产业组织和市场取向改革的理论研讨，在一定程度上丰富了以提高经济效益为中心的经济发展新路子的思想。

二、理论界的初步论证对我国经济发展走新路子实践的影响

理论界关于经济发展走新路子思想的研讨，是在改革开放后国家把工作重点转移为以经济建设为重心的时代背景下展开的，研讨内容和中国经济发展实际相结合，具有针对性、代表性和时代性，既在一定程度上对中国当时经济发展状况进行把脉，提出适合中国国情的经济发展新方案，为后期提出转变经济增长方式思想和转变经济发展方式思想奠定了理论认识基础，又在一定程度上深化和发展了马克思的扩大再生产思想和两大部类思想。但从总体情况来看，改革开放以来，理论界对经济发展走新路子的理论研讨，对现实的经济发展实践并没有产生很大的影响，主要有四个方面的原因：

1. 市场经济体制尚未形成,难以为经济发展走新路子提供制度支撑

适宜的社会主义经济制度能释放经济发展潜力。改革开放后,虽然国家在经济体制改革方面不断取得进展,从计划经济到计划经济为主、市场经济为辅,再到市场经济体制改革目标确立,但在市场经济体制改革尚处于规划之中时,政府配置资源、政企不分的传统计划经济体制还有深刻的影响。生产要素受到计划经济的约束,市场经济配置资源优势还没有发挥出来,难以在市场上实现经济发展新路子所需要的生产要素有效流通。不仅资源要素利用率低,资源要素潜力难以发挥,生产效益难以提高,而且生产主体的积极性也难以提高。宏观地区封锁、部门分割,人为隔断了各地区之间的经济联系,国家缺乏有力的宏观调控手段和约束机制,各地区争投资、争项目、盲目投资、重复建设、重复引进等现象普遍存在。理论界对经济发展新路子的研讨,在现实的实践中,缺乏相依的制度作保障,因而难以推行。

2. 物质资料和生活资料供给短缺决定了经济发展以快速为主

粗放型经济发展能在短时间内快速创造大量财富以满足人们对生产和生活的需求。改革开放前后,我国经济发展几乎处于崩溃边缘,国内生产资料和生活资料供应极为短缺。这种情况下,经济发展以快速解决供给短缺为目的,经济发展必然以快速发展为特点的粗放型为主。以快速发展为特点的粗放型经济发展,在短期内创造了大量财富,缓解了生产资料和生活资料的供给短缺,提高了人民群众的生活水平。因此,人们在思想上缺乏走经济发展新路子的自觉性和紧迫感,导致重投入轻产出、重速度轻效益、重数量轻质量现象的存在。在这种趋势下,理论界对以邓小平为首的中央领导提出的质量、速度和效益并行的新路子思想进行理论研讨,但在现实的经济发展实践中没有产生较强的共鸣与推广。

3. 经济发展的路径依赖难以短期改变

粗放型经济发展适应了当时的国情。新中国成立到改革开放三十多年时间,虽然我国的经济发展不断取得新进展,综合国力和人民群众的生活水平不断提高,但是由于我国的经济发展是在一穷二白和科技水平较低的基础上开始的,这种特殊的国情和国外敌对势力的封锁,导致我国经济发展方式只能是以投资为主的粗放型经济发展方式。这种粗放型的经济发展方式在短时间内创造大量财富的同时,也适应了我国国情的需要。因为在当时的时代背景下,我国拥有现代化的大型企业不多,人口素质低,经济发展只能以粗放型经济发展为主。改革开放后,虽然

我国引进了国外先进技术和管理经验，但普通劳动者在长期的经济发展实践中形成了对粗放型经济发展的路径依赖，在短期内难以改变。在这种情况下，理论界关于经济发展走新路子的理论研讨，影响范围必然较小。

4. 劳动者素质普遍低下，在短时间内难以改变

劳动者是经济发展的主导者。历史唯物主义原理告诉我们，劳动者是生产力中的主要因素，劳动者的素质高低，不仅决定了生产工具水平的高低，而且也决定了劳动对象范围的宽窄，更重要的是还决定了劳动生产率水平的高低。由于“文革”期间对教育的不重视，导致了从改革开放到 20 世纪 80 年代这一时期，一般劳动者的文化素质比较低，科技水平也比较低。即使在 20 世纪 80 年代开展了科普教育，在短期内也不可能从整体上大幅度提高一般劳动者的劳动素质。在这样的背景下，一般劳动者基本上是沿袭上一代传统的劳动技能。理论界研讨的内涵式发展，以及经济发展走质量、速度、效益并行的新路子，也无法在这些一般劳动者之中产生相应的共鸣。

第四章　跨世纪之际的转变经济增长方式理论

进入20世纪90年代后，我国经济发展面临的国内外环境既有有利因素，也有挑战。国际经济总体形势向好，经济全球化趋势明显，为我国经济发展提供了有利因素，而东欧剧变给我国经济发展敲响了警钟。国内新旧经济体制的转换给经济发展提供了新的机遇，但长期的粗放型经济发展带来的弊端，又阻碍了经济的可持续发展。为克服经济发展中遇到的困难和矛盾，在认真分析和把握国内、国际条件和经济发展大趋势的基础上，党和国家领导集体在制定国民经济和社会发展“九五”计划和2010年远景目标文件中，提出了新时期经济发展新思路，从而推动转变经济增长方式理论进入了新的发展阶段。

第一节　转变经济增长方式理论提出的现实背景

跨世纪之交，整个世界经济正处于大变革、大转折时期。以计算机为代表的新兴科技革命浪潮推动的知识经济的兴起，不仅为世界经济发展注入活力，而且也为世界经济创新发展提供了新思路。在粗放型经济发展背后的隐患逐渐凸显的前提下，知识经济的兴起为我国克服粗放型经济发展带来的隐患提供了新的思路，即转变经济增长方式理论逐渐兴起。

一、转变经济增长方式理论提出的国内背景

从改革开放到20世纪90年代前半期，我国经济发展经历了由起步到快速发展的历史时期。在这段历史时期，伴随着邓小平经济发展新路子思想的提出和计划经济体制向市场经济体制过渡，改革开放所引入的资金、技术，以及城市改革和

农村改革所释放的生产要素特别是劳动力活力，给我国经济发展带来了巨大生机，促进我国经济高速发展，国家经济实力明显增强。但由于受历史、经济体制等因素影响，经济快速发展存在着片面追求增长的高速度和高产值，而不注重降低成本，忽视经济效益的问题越来越突出，经济发展的隐患也越来越凸显。分析这些问题的成因，选择什么样的经济发展路径来解决这些隐患，对经济发展具有重要且深远的意义。

(一) 经济发展存在的问题

到 20 世纪 90 年代，在经济快速发展的同时，各方面存在的缺陷和问题也逐渐显露。主要表现在以下几个方面：

(1) 农业发展滞后。进入 20 世纪 90 年代后，我国农业不断得到发展，但与工业相比，工农业之间的经济增速差距不断扩大。1991 年工农业增速比为 4∶1，1994 年扩大到 5∶1。工农业增速比的差距不断拉大，说明农业基础脆弱，滞后于整个国民经济的发展。由于工业在发展过程中不断铺新摊子、上新项目，导致工业用地与城市建设用地急剧增加，可耕地面积迅速减少。从 1991 年到 1994 年，全国可耕地面积净减少了 1 150 万亩。农村中具有一定文化程度的青壮年劳动力纷纷外出打工，不仅导致农业劳动力减少，而且使得农业技术的推广和应用受到很大程度的限制。用于农业发展的投入虽然不断增加，但农业生产却出现农民增产不增收的困境。同时，由于水利建设不足，在农业科技水平不高和推广不足的情况下，农业生产抵御自然灾害的能力较低。由于全国各地自然灾害频发，主要农产品的产量徘徊不前，甚至出现减产的情况。1994 年，全国粮、油、糖等产品进口量增加，粮、棉储备量下降。

(2) 国有企业营运困难。从改革伊始到 20 世纪 90 年代，国有企业在没有根本转变经营机制的情况下，由于设备陈旧、技术落后，产品结构简单、质量较差，市场应变能力差、销售困难，产品积压严重，资金周转不灵，企业经营困难。相当多的国有企业负债严重，无力进行技术与设备更新。同时，部分国有企业平时不注重经营管理，经营观念陈旧，管理水平低下，加上铺新摊子，同质同构现象严重，经营效益低下。国有企业活力不足，经营不善的深层次原因在于现代企业制度在试点中刚刚起步，政企不分导致政府掌握企业发展资源过多，企业在经营过程中难以面向市场自主决策。加上产权关系模糊和约束机制不健全，使得国有企业无法在真正

意义上成为自负盈亏、自主经营的独立的经济实体，国有资产保值、增值目的难以真正实现。

（3）通货膨胀严重。国家财力不足、中央财政收入困难是通货膨胀产生的重要原因。较长时间以来，国民生产总值中的国家财政收入所占比重，以及全国财政收入中的中央财政收入所占比重逐年下降，导致国家用于各项开支的财政赤字不断增大。1992年的中央财政本级支出中，48%依靠发行内外债和向银行借款维持，外债依存度很高。由于经济的高速增长依靠生产要素的大量投入拉动，在生产要素特别是资金有限的情况下，经济高速增长主要依靠增加贷款和发行债券支撑。但由于投资规模和消费基金急剧扩大，致使国家货币供应量不断增加，在工农业产品供应不足、流通环节管理不善的情况下，发生了严重的通货膨胀，影响了人民群众生活水平的提高。其中通货膨胀最严重的是1994年，1993年的社会商品零售物价指数为13.2%，到1994年增加到21.7%。通货膨胀的存在，说明我国经济发展中的体制因素、政策因素和经济因素等在一定程度上影响了经济的发展；另外一方面，市场发育不成熟，国家对市场活动存在的自发性、盲目性和滞后性等弊端的调控力不足，也严重影响了经济发展效益。

（4）投入多，产出少，效益低。到20世纪90年代，我国经济发展取得的成就和改革开放前相比，虽然经济总量大有进步，但主要经济效益指标却不断下降。据统计，反映全社会经济效益的投入与产出关系的社会净产值率（国民收入与社会总产值比），呈现不断下降趋势，1992年比1978年下降了11.21%。从投资与经济增长关系看，每增加1亿元固定资产投资，“八五”期间比“六五”期间的国民生产总值减少了0.9亿元。从固定资产投资来看，“六五”期间，国民生产总值年均增长10.1%，平均固定资产投资率为25.5%；1991—1994年，国民生产总值年均增长11.7%，平均固定资产投资率为34.8%。由此可以看出，在粗放型经济增长方式路径下，经济发展愈来愈依靠投资来驱动时，资源要素的边际效益却在不断下降。

（5）科学技术进展缓慢，生产设备落后。由于偏重于外延式扩张，偏好铺新摊子，忽视科学技术研发及其在生产中的运用，忽视生产技术改造，导致我国主要产业部门和企业技术水平普遍落后。在众多部门中，机电行业技术设备比国外先进水平落后15～20年；冶金行业技术设备落后于国外先进水平25～30年。根据有关部门测算，当时的技术进步对我国经济增长的贡献率不到30%，不仅远远低于发达国家水平，而且也低于发展中国家水平。

(6) 资源要素浪费严重，生态环境问题趋显。高投入与高能耗已成为当时经济发展的主要特征。随着经济的发展，物耗在社会产品中所占的比重不断升高。据统计，工业物耗在工业生产总值中所占的比重不断攀升，从 1978 年的 64.9%上升到 1989 年的 71.7%。能源利用率仅为 30%，而一般工业化国家为 50%左右。按单位国民生产总值计算，我国工业能耗为日本的 6 倍。在 12 种主要原材料的物耗中，我国比发达国家高 5～10 倍，有的甚至高达百倍，比印度也高 2～3 倍。由于高投入、高能耗，资源要素被加速消耗，土地沙漠化严重，环境污染加剧，从 1991 年以来，每年排放的污水量和废气量以惊人的速度递增。

(7) 产业结构不合理、层次低、同质同构现象严重。在长期粗放型经济增长的影响下，形成了企业规模数量多、质量低，产业结构不合理的现象。在我国众多企业中，大多数企业规模小，生产分散，难以形成规模性经济效益。企业经营的粗放型，导致企业自身粗放型扩张，形成“大而全、小而全”的“全能型”的企业组织结构，不仅不利于企业之间的互补、协作关系形成，导致企业之间专业化协作水平低，而且使得产业布点失控，形成部门之间、企业内部、企业之间、地区产业之间重复建设，同质同构现象严重，难以形成合理的部门结构、企业结构和地区结构。各部门、各企业和各地区为追求局部利益和短期利益，争项目，争投资，重复建设和引进，哄上哄散，竞争激烈，不仅使得生产要素利用效益低，造成生产要素的大量浪费，而且妨碍了优势产业和企业的发展。

产生上述问题的原因是多方面的，但最根本的原因是我国经济发展长期以来实施粗放型经济发展方式。在经济发展过程中，不仅浪费人力、物力和财力，使得经济发展出现增产不增收的局面，造成了不应有的生态危机，而且还引发了经济生活中诸多问题和矛盾，削弱了国家对国民经济的宏观调控能力，不利于国民经济健康持续发展。

（二）粗放型经济发展的主要特征

经济增长方式既受到特定时期的特定经济发展阶段和水平、经济运行机制和体制、经济建设指导思想的影响和制约，又具有一定的延续性特征。改革开放以来，邓小平虽然确立了经济发展新路子思想，但是由于受历史条件、经济体制、经济发展路径的惯性影响，我国经济发展方式基本上还是延续了传统的粗放型经济增长方式。

在当时的历史条件下,粗放型经济增长方式在我国经济发展方式中占据主导地位。粗放型经济发展方式是指在科学技术水平较低的条件下,主要依靠增加人力、资金和物力等生产要素的数量投入与扩张来实现经济增长或国民财富增加。粗放型经济发展的主要特征是:其一,以外延式扩张为主,铺新摊子、上新项目,“大而全、小而全”和低水平重复建设;其二,高投资、高积累,经济增长高速度;其三,生产要素高消耗,低效益;其四,注重经济发展的速度和数量,忽视产品的品种和质量,产品附加值低。总之,这种高投资、高消耗、高污染、高速度、低效益的粗放型经济增长方式,忽视科学技术进步及其在生产中的应用,不重视生产要素的使用效率和经济发展的质量。

粗放型经济增长方式在经济发展中的上述表现,虽然推动了我国经济快速发展,但也使我国付出了相当大的代价,是我国经济发展中产生通货膨胀、国有企业困难、农业发展滞后、产业结构不合理、经济效益低下、发展后劲不足等诸多问题和隐患的重要原因。目前国内现有的自然资源日益趋紧,生态环境不断恶化,国际上因技术经济和知识经济日益兴起而竞争激烈,因此,审时度势,转变经济增长方式就成为紧迫的任务。

二、转变经济增长方式提出的国际背景

转变经济增长方式是适应国际经济和科技发展的大趋势,也是我国经济发展走向国际化的重要条件。20 世纪 90 年代,和平与发展成为世界主题,世界经济在调整和起伏中持续增长,经济全球化在世界各国相互依存、融合和开放中也拉开帷幕。新兴技术的兴起,知识经济时代的到来,促进世界各国在经济、科技之间的竞争越来越激烈。国际贸易中不仅是数量的竞争,更是科技、质量、效率和效益的综合竞争。要想在国际竞争中胜出,必须把握国际有利因素,积极迎接各种挑战,这就需要转变经济增长方式,提高经济发展的质量、效率、效益以及产品的技术含量。

(一) 国际有利因素

20 世纪 90 年代的国际形势演化为我国转变经济增长方式提供了有利机遇。

(1) 和平与发展成为时代发展的主题。20 世纪 90 年代,国际政治格局发生了深刻变动。随着东欧剧变和苏联解体,美苏争霸的两极格局走向终结,国际上各种力量处于分化整合中,两极对立的冷战局势被正在形成的多极化趋势所代替,世界

朝着多极化方向发展。世界各地局部战争虽然不断发生,但争取和平的国际环境、避免新的世界大战发生已成为大多数国家和人民的共识,国际形势总体趋向缓和。因此,在当时的国际背景下,和平与发展成为全球性的主题。各国之间原先的军备竞赛逐渐让位于经济竞争,各国政府大多已把工作重心转移到经济发展方面,把科技政策及科技运用转向经济领域,在国际事务中经济联系与技术交流逐渐凸显。和平的国际环境和发展经济的共同心声,为我国转变经济增长方式提供了有利机遇。

(2) 世界经济多极化和经济区域化趋势日益明显。冷战结束后,美国在政治、经济和军事等方面成为世界上唯一的超级大国。但在政治经济发展不平衡规律的作用下,世界经济力量对比不断发生变化,日本和欧盟的迅速崛起,加上美国经历中东战争后已变得相对薄弱,世界经济强国由美国独大变为美国、欧盟和日本三足鼎立的局面。同时,世界经济区域化也在不断加强,世界区域经济中心逐渐形成以欧盟区、北美自由贸易区和亚太经济区三大区域经济中心方向发展。其他的还有东南亚、南亚、拉丁美洲和非洲等也相应成立了区域经济合作组织。这些区域经济中心和区域经济合作组织不断向前发展,并向全球经济一体化迈进。一方面,在各区域经济中心内部诸国之间取消了关税、商品贸易和投资数量限制,加强了合作与联系,有利于生产要素自由流动,促进了区域内各国经济发展;另一方面,区域经济中心和区域经济合作组织,以及它们内部的成员国,为了自身的利益,相互之间为争夺资源要素和贸易市场矛盾重重,这为我国扩大开放和转变经济增长方式提供了有利机遇。

(3) 国际上以计算机和信息技术为代表的新技术革命在深度和广度上继续发展。20 世纪 90 年代的第三次科技革命浪潮中,以人工智能计算机、人类基因组合研究和以超高温、超低温、超高压为代表的新材料、新技术取得重大突破。世界各国把与信息技术、生物技术、新材料技术相关的科研成果及时转化为直接生产力,不仅优化了相关国家的经济结构和劳动力就业结构,改造了传统产业,推动了经济飞速发展,而且也促进了技术贸易的发展。据统计,20 世纪 90 年代,世界各国每年递增的先进技术和专利为 100 多万项,发达国家高技术密集型产品出口数量年增长速度远远高于低技术密集型或劳动力密集型出口产品数量,并且比重不断扩大。新科技革命带来的新技术和新产业在对世界经济产生巨大影响的同时,也为我国转变经济增长方式提供了新技术支撑。

(4) 随着开放的深入，我国经济国际化特点日益明显。经过十多年的对外开放，中国经济发展由原来的引进外资、技术和管理经验来推动经济发展，逐渐转化为引进来和走出去相结合，国内市场与国际市场也趋于衔接。在这种情况下，对外经济联系的次数越来越频繁，对外经贸的范围和领域也越来越广，对外贸易的数量和份额也越来越大。据统计，1994年我国进出口贸易总额相当于GDP比重的46.6%，比1990年进出口总额提高了15%。同时，我国也加快了加入世界贸易组织的谈判进程。加入世界贸易组织的谈判深入开展，必将进一步加大我国对外开放的深度，拓展世界贸易的范围。在这种环境下，与世界各国展开贸易竞争也成为必然趋势，这为我国转变经济增长方式提供了广阔视野和外部动力。

(二) 面临的国际挑战

我国经济发展除了拥有国际机遇外，也面临着严峻的国际挑战。

(1) 国际竞争日趋激烈。在霸权主义和强权政治依然存在的前提下，各国在开展合作的同时，以经济实力和科技实力为基础的综合国力竞争十分激烈。在激烈的国际较量中，我国面临着发达国家的经济实力和科技实力双重优势的压力。如果继续以粗放型经济增长方式推动经济发展，这种差距和压力还要继续加大。在国际交往中，西方资本主义国家不愿意看到社会主义中国繁荣强大和中国特色社会主义建设取得成功。而我国农业基础薄弱，国有企业生产经营困难较多，产业结构不尽合理，粗放型经济增长方式导致效益不高、浪费严重、环境问题突出，地区经济发展差距增大。以这样的经济状况和经济实力去参与国际竞争，必然会在西方资本主义国家双重压力下，与西方国家的差距越拉越大。只有转变经济增长方式，提高经济发展的质量和效益，提高国民经济综合素质，才能在激烈的国际竞争中占有一席之地。

(2) 对外开放是一柄双刃剑。对外开放政策的实施，一方面，为我国经济发展提供大量的资金、技术、管理经验和广阔的市场，为经济发展注入强大的活力；另一方面，也在一定程度上给我国企业发展带来更大的竞争压力。从对外开放的过程来看，我国对外出口的商品利用廉价劳动力和资源要素低成本的禀赋优势，形成了价格低廉优势，而受到外国消费者的青睐。但由于我国商品技术含量低、质量不高、产品附加值低，在国际商品竞争中其又处于U形低谷。随着新兴科技的兴起和知识经济的形成，全要素生产率和生产效益不断提升，国际产品的质量和技术含

量越来越高，质优价廉的商品种类和数量日益扩大。在这种条件下，我国的价廉商品必然会面临日益严峻的竞争态势，不仅低价竞销方式受到越来越大的限制，而且出口创汇能力也越来越弱。从这种发展态势来看，我国在粗放型经济增长方式下以数量型为基础的出口产品，在国际市场上既难以扩大竞争范围、提高竞争能力，又受到"限量不限质、不限值"为基本规则的贸易壁垒的严重阻碍，在国际市场上发挥的空间越来越窄。因此，只有转变经济增长方式，把外延式、低成本、低技术含量、低附加值的数量型产品转化为内涵式、高质量、高技术含量、高附加值的产品，才能在国际市场竞争中占有一席之地，争创更大的经济效益。同时，也只有转变经济增长方式，把粗放型生产变为集约型生产，创立自己的品牌产品，壮大本国民族企业，才能在引入外资企业时，消弭外国企业对本国企业的冲击，保护民族企业的国内市场。

从我国经济发展现状和国内外挑战因素看，要克服困难，实现我国经济发展的质量、速度、效益并行，推动经济持续健康发展，必须深化对邓小平经济发展新路子思想的认识，更新观念，实现经济体制从计划经济体制向市场经济体制转变，经济增长方式由粗放型向集约型转变。20 世纪 90 年代中后期，实现这两个转变已是迫在眉睫和时不我待的历史性任务。我们只有做好转变经济体制和转变经济增长方式的双重转型，才能进一步激发经济发展活力和潜力，才能解决好事关国民经济发展全局的重大问题，才能更好地促进国民经济持续、快速和健康发展。

第二节　党和国家提出转变经济增长方式

20 世纪 90 年代初期，我国的改革开放和经济发展进入了新的阶段。十四大提出了确立社会主义市场经济体制改革目标，社会主义经济发展在"八五"期间取得了重大成就，但经济发展还存在着难以克服的困难与挑战。为了实现经济健康、快速和持续发展，中国共产党第十四届中央委员会第五次会议上制定了《中共中央关于制定国民经济和社会发展"九五"计划和 2010 年远景目标的建议》(下文简称《建议》)。在《建议》中，中央提出了这一时期的发展思路，明确概括出转变经济增长方式的内涵，并对转变经济增长方式途径作出了重要部署，从而推动了理论界由研究经济发展新路子思想转入到研究转变经济增长方式理论阶段，使转变经济增长方式理论进入新的发展和研究时期。

一、转变经济增长方式

到20世纪90年代中期,转变经济增长方式在实践中取得初步进展,但进展缓慢。其主要原因在于有些地方政府和群众思想观念认识不到位,认为:转变经济增长方式是国家的事情,地方困难太多或对转变经济增长方式作用太小,需要中央扶持,否则只能搞粗放型经济增长;转变经济增长方式是沿海发达地区的事情,内地落后地区经济发展主要靠铺新摊子,把转变经济增长方式与中西部地区经济发展对立起来;转变经济增长方式是工业部门的事情,与农业部门无关。还有的人甚至把转变经济增长方式与增加就业对立起来,认为转变经济增长方式会影响劳动力就业等等。在这些观念的支配下,地方发展经济的重心仍然放在经济增长速度上,速度攀比、争新项目、铺新摊子之风仍然盛行。因此,中央认为转变经济增长方式已迫在眉睫,必须予以强调和动员。

(一) 两个根本转变的提出及意义

针对转变经济增长方式缓慢的情况,中共十四届五中全会通过的《建议》和八届人大四次会议批准的《中华人民共和国国民经济和社会发展"九五"计划和2010年远景目标纲要》(下文简称《纲要》)中,均强调提出两个根本转变,"一是经济体制从传统的计划经济体制向社会主义市场经济体制转变,二是经济增长方式从粗放型向集约型转变"①。《建议》和《纲要》都明确提出,从粗放型经济增长方式为主转变为集约型经济增长方式为主是一个长期的过程,不能一蹴而就。两个转变的提出,说明以江泽民为总书记的党中央深刻观察到了经济体制转变和经济增长方式转变对我国经济健康可持续发展的重要作用,以及当下转变经济增长方式的缓慢性和紧迫性。

两个根本性转变之间存在着密切的关系。在这两个根本性转变中,体制转变是从生产关系角度,是所有制的运行形式改革,是"改革的战略问题",也可以称之为体制转轨;经济增长方式转变是"发展的战略问题",也可以叫做经济增长转型。这两者之间是相互促进、相互依存和相互制约的关系。经济体制转变为经济增长方式转变提供制度基础和保障,不进行经济体制转变,就难以推进和实现转变经济

① 中共中央文献研究室编:《十四大以来重要文献选编》下,人民出版社1999年版,第1 481页。

增长方式所需要的流动性强的生产要素；转变经济增长方式是推进经济体制转变的目的，不转变经济增长方式也难以实现和巩固经济体制转变。因此，转变经济增长方式必须依靠经济体制转变来释放和保障生产力诸要素活力，以及消除经济增长方式转变过程中所遇到的各种障碍、深层矛盾和问题。

（二）对转变经济增长方式作出明确概括

对于我国当时经济社会中存在的工业化与农业化之间的矛盾，经济快速增长与经济效益、生产要素利用率、通货膨胀之间的矛盾，结构优化升级与国有企业营运困难之间的矛盾等，中央清醒地认识到，要彻底解决这些问题和矛盾，缓解资金、资源供给制约，必须将粗放型经济增长方式转变成集约型经济增长方式。

《建议》中明确提出："要靠经济体制改革，形成有利于节约资源、降低消耗、增加效益的企业经营机制，有利于自主创新的技术进步机制，有利于市场公平竞争和资源优化配置的经济运行机制。向结构优化要效益，向规模经济要效益，向科技进步要效益，向科学管理要效益。"①这句话以"三机制四效益"简明扼要地概括出经济增长方式转变的内涵和要求，以及经济体制改革是实现经济增长方式转变的前提和基础。这是在党和国家的重要文献中对转变经济增长方式的概念及其含义作出的首要概括，并作为两个根本转变之一提出来，显示了党和国家领导集体对转变经济增长方式的高度重视，从而推动了我国转变经济增长方式理论进入新的发展阶段。

（三）部署转变经济增长方式的重要途径

转变经济增长方式，是提高国民经济整体素质和经济发展效益，实现经济健康、快速和持续发展的主要途径，也是经济发展战略转变的核心内容。为了更好地说明转变经济增长方式，党和国家领导集体对其提出了基本要求："从主要依靠增加投入、铺新摊子、追求数量，转到以经济效益为中心的轨道上来，转到依靠科技进步和提高劳动者素质的轨道上来。"②即从主要依靠大量的生产要素投入特别是资金投入，转变到主要依靠提高生产要素的质量和使用效率，提高综合要素生产率对经济增长的贡献份额上；从主要依靠铺新摊子、上新项目，扩大建设规模的粗放型

① 中共中央文献研究室编：《十四大以来重要文献选编》中，人民出版社 1997 年版，第 1 483 页。

② 同①，第 1 462 页。

发展，转变到主要依靠立足现有基础，对现有企业进行改造、充实和提高上；从主要依靠增加能源、原材料和劳动力的消耗，转变到主要依靠科技进步，加强科学管理，提高劳动者的素质，降低消耗，减少污染和浪费，提高能源要素的边际效益上；从主要追求经济发展速度和产品数量，转变到立足市场需求，注重产品的质量和品种结构，提高产品的技术含量、附加值和市场占有率上；从主要依靠经济规模扩张，转变到依靠结构优化升级，合理布局生产力，提高结构优化效益、规模经济效益和区域分工效益上。这些要求可简单归结为："向结构优化要效益，向规模经济要效益，向科技进步要效益，向科学管理要效益。"[①]转变经济增长方式内涵和要求的提出，标志着中国经济发展开始全面进入转变经济增长方式的历史时期。

转变经济增长方式，提高国民经济整体素质和效益，是"九五"期间乃至更长时期中国经济发展战略转变的核心内容和主要课题。为此，党的第三代领导集体在《纲要》中部署了明确途径：

(1) 充分发挥体制改革和市场竞争机制的作用。转变经济体制与转变经济增长方式关系密切，既相互联系又相互促进。粗放型经济增长方式的存在，根源于不合理的经济体制，只有通过深化改革，转变政府职能，建立起宏观管理体制，建立起以公有制为主体、多种经济成分共同发展的经济体制，建立现代企业制度，发展和完善市场体制，才能在更多的领域中运用市场机制的作用，促进资源要素优化配置和企业优胜劣汰，释放生产要素活力，使经济更富有活力和效率，为转变经济增长方式提供制度基础。

(2) 充分发挥现有企业潜力。在粗放型经济增长方式路径下，现有企业把创造的利润大部分拿去铺新摊子、上新项目。与此同时，大部分老企业工业设备、技术陈旧落后。转变经济增长方式，首先要对现有企业进行技术改造，提高现有企业的技术水平，挖掘现有企业的生产潜力。实践证明，对现有企业的改造挖潜，比新建同样的企业具有投资小、周期短、耗费低、见效快的优势。必须重视对现有企业进行改造挖潜，加大老工业基地的改造力度，加快设备、工艺技术更新，淘汰落后的技术和设备，提高现有国有大中型企业技术装备水平和科技研发能力，依靠市场竞争机制，提高现有企业的总体素质和生产力水平，激活现有企业的生产存量，以提高现有企业的投入产出效益。

---

① 中共中央文献研究室编：《十四大以来重要文献选编》中，人民出版社 1997 年版，第 1 483 页。

（3）充分发挥科技进步和人才的作用。科学技术是转变经济增长方式的支撑力量。我国工业生产技术水平不仅与发达国家有很大差距，而且国内同一行业的不同企业之间技术水平也很不平衡。因此，依靠技术进步推动经济增长的潜力巨大，因而转变经济增长方式，必须重点抓好科技研发及其运用。在“九五”期间以及更长的一段时期内，必须形成以产业技术研发与运用为重点，把引进国外技术与消化、创新相结合，着力提高自主研发与创新能力。加快科技成果向现实生产力转化和新产品开发的速度，实现经济发展的信息化、自动化和智能化，特别是高技术的产业化，以培育新的经济增长点。大力推广农业技术，促进农业“高产、优质、高效”。上述产业的发展和科技的创新离不开人才，人才是科技进步、研发与运用的基础，而人才培养的关键在教育。因此，必须把科教兴国战略落到实处，落实“九五”期间普及九年义务教育，积极发展职业技术教育，加强职工培训，提高劳动者的素质和技能，力争为经济发展培养和输送大量管理人才和劳动人才，提高企业管理水平和经济发展效益。

（4）狠抓资源节约和综合利用。实施资源节约和综合利用，是转变经济发展方式，推动经济可持续发展的必然要求。因此，既要提高企业管理水平，提高企业资源要素利用率，又要把合理开发和节约利用自然资源作为基本国策。提高企业管理水平，宏观上要加快解决制约经济发展的某些瓶颈产业，微观上要加快培育和形成完善的全要素市场体系，依靠市场机制，发挥市场配置资源要素的基础作用，推动生产要素合理流动。坚持资源开发与保护并举，把节约放在首位。实行全面节约战略，各领域的经济活动都要努力减少资源占用与消耗。各行各业在节约和综合利用资源要素时，要积极改造和挖潜现有的技术水平和生产能力，广泛采用节能、节材的新设备、新工艺、新技术，淘汰落后的工艺与技术，坚持不懈地反对浪费行为。

（5）调整投资方向和优化企业组织结构。企业是实施转变经济增长方式的主体。只有按照社会化大生产和合理规模经济的要求，在各行各业建立起面向市场，具有较强的技术研发能力、较高水平的组织管理能力和融资能力的企业，才能培养一批各行各业转变经济增长方式的表率和龙头，引导各行各业努力转变经济增长方式，才能把转变经济增长方式落到实处。因此，要打破地区、部门和行业的界限，实施大企业集团战略，把技、工、贸三者融为一体，建立起跨领域的大企业集团，优化升级企业结构，为转变经济增长方式和提高企业竞争力提供关键支持。改变项目投资小型化、分散化和低水平重复建设状况，通过联合投资、联合生产，以及专业

化分工协作，实现企业间横向联合、纵向联合和综合经营，调整企业的组织结构，发展规模经济，实现经济效益。突出抓好重点部门和新型产业投资结构调整和存量资产的优化重组，提高投资效益。

（6）正确运用计划手段和产业政策。我国转变经济增长方式缓慢的重要原因之一，就是缺乏以市场调节为基础的灵活计划和系列的配套产业政策。国家计划以市场为引导，通过制定和实施各种政策与规划，加强具有战略意义的项目研究开发与重点建设，优化产业结构和合理布局生产力。制定合理的技术经济政策，引导各地区、各行业和各企业间发挥各自优势，各展所长，合理分工，避免低水平重复引进、重复建设和产业结构雷同化，多角度地转变经济增长方式。健全与转变经济增长方式相适应的各项经济指标、评价和考核标准。地方经济发展状况与干部政绩考核，主要看经济增长的质量和效益，而不是单纯地看数量和产值。坚决取消那些以追求 GDP 为核心的规模扩张、数量增长和产值速度的指标，制定和强化有助于提高产品质量、降低资源能源消耗、优化经济结构和加速科学技术进步的经济指标。以指标考核为引导，促进各行各业把注意力集中到走集约型经济增长的路子上来，加快转变经济增长方式的进程。

《纲要》把转变经济增长方式作为两个根本转变之一进行重点阐述，在我国转变经济增长方式历史进程中具有里程碑的作用。在十四届五中全会召开前，邓小平经济发展新路子思想指出了粗放型经济增长方式存在的缺陷，指明以后经济发展向新路子方向迈进。《纲要》在邓小平经济发展新路子思想的基础上，明确提出了转变经济增长方式，特别是提出向集约型经济增长方式转变的目标，不仅在思想和理论上给予转变经济增长方式清晰的目标定位，深化了对邓小平经济发展新路子思想的认识，丰富了中国特色社会主义经济发展理论，而且在实践上据此来制定政策和经济发展指标，引导人们为加快转变经济增长方式不断努力。

二、新型工业化道路

工业化是一个动态的历史范畴，一般是指传统农业社会向工业社会转化的历史过程。它既是一个国家或地区走向现代化经济发展不可逾越的阶段，也是衡量一个国家或地区经济发展阶段与发展水平的重要标志，更是发展中国家摆脱贫困落后状态，从落后农业国实现现代化的必由之路。从世界发达资本主义国家工业化的历程看，在特定的不同的历史条件下，各国工业化道路和模式各有自身不同的

特点。大致概括有三种基本模式:内生型工业化模式、政府干预模式、进口替代战略或出口导向型战略模式。这三种工业化模式,都是各国或各地区在特定的国内、国际背景下形成的,都是特定时代的产物。鉴于跨世纪之交的我国所处的实际国情,我国选择了一条新型工业化道路。

新型工业化是全新的工业化道路。工业化是我国 21 世纪实现全面建设小康社会目标和实现现代化的必经途径,也是我国 21 世纪经济发展的核心和主体。我国工业化方向与世界各国大致相同,但由于我国与世界已经完成工业化的国家所处的历史时期与时代背景不同,就引起了完全不同的结果。因此,我国工业化与传统工业化相比较有着新的内涵与路径。

(一) 新型工业化提出的背景

我国之所以提出新型工业化道路,究其原因在于我国工业化过程中所面临的时代背景,与已经实现工业化国家在工业化过程中所面临的时代背景有了很大不同。其一,以信息技术为纽带的知识经济迅猛发展。知识经济是以信息技术为纽带,以智力资源为依托,以高科技产业为支柱的生产、流通、分配和消费的经济活动。在知识经济时代,信息技术在各个行业和部门中被广泛应用,且把这些行业和部门的生产活动紧密联系起来,不但缩短了这些行业和部门经济活动的时空,成为经济发展的强大推动力,而且使人们的生产和生活进入信息化时代和智能化时代。与已实现工业化国家以机械化、电气化和自动化科技力量推动工业化过程相比,信息技术推动的信息化为走新型工业化道路提供了基础条件和新动力。其二,经济全球化迅猛发展。经济全球化背景下,生产全球化、投资全球化、贸易自由化不仅为我国带来了国内和国际两个市场、两种生产要素,而且科学技术和先进的管理经验在国际范围内自由流通,为我国引进先进技术和管理经验,提高生产要素利用率和生产效益,即为走新型工业化道路提供了技术支撑。在全球化背景下,国际产业结构的重新布局和调整,以及新型产业的出现,也为我国走新型工业化道路提供了产业结构升级机遇。其三,从已经完成工业化国家的工业化过程中吸取教训。传统工业化道路的特征是资金高投入和资源要素大量消耗,工业化结果往往伴随着高投入、高消耗、高污染带来的资源要素趋紧、经济效益低下、环境污染严重的代价。因此,我国在工业化过程中,决不能走传统工业化过程中出现的“先污染、后治理”的老路,必须在工业化过程中合理开采资源、高效利用资源,走出一条资源消耗低、环境污染少、经济效益高的新型工业化路子。

上述时代背景表明,中国工业化过程所面临的起始条件和背景与已经实现工业化国家面临的工业化条件和背景不同,不能按照传统的工业化模式来实现自身的工业化,只有根据自己的国情,利用有利的国际因素,走出一条具有中国特色的新型工业化道路。

(二)新型工业化道路的提出

为了在经济发展中更好地推进转变经济增长方式,党中央继党的十四届五中全会提出转变经济增长方式后,依据国内外经济形势的新变化,以及世界范围内科学技术发展的新动态,在党的十六大报告中又提出了走"坚持以信息化带动工业化,以工业化促进信息化,走出一条科技含量高、经济效益好、资源消耗低、环境污染少、人力资源优势得到充分发挥的新型工业化路子"①。新型工业化道路的提出,充分体现了我国经济发展和工业化的特点,既为我国在不久的将来实现工业化指明了方向和目标,也为我国转变经济增长方式提供了新思路。

(三)新型工业化的内涵

新型工业化道路是在中国工业化尚未完成,而又遇到以信息化为特征的新科技革命兴起与挑战的背景下提出来的,它是与传统工业化道路相比较而言的。就其本质而言,是中国在转变经济增长方式,实现经济现代化过程中,把工业化和信息化融为一体,同时完成工业化和信息化双重目标,符合我国双重转型的时代国情,因而具有丰富的内涵和鲜明的特点。

(1)新型工业化是以信息化带动工业化,以工业化促进信息化。新型工业化是以信息革命和经济结构调整为背景的。以信息技术为代表的高新技术的发展,一方面开辟了工业产业新领域,如计算机、通信设备等新型制造业,带来了经济结构的重大调整;另一方面又以极强的渗透力与传统工业产业各个部门普遍结合,提高了传统工业产业全要素生产率和经济效益,增加了产品品种,提高了产品质量,降低了生产成本,既为转变经济增长方式提供了技术和信息支撑,又催生了新业态。因此,走新型工业化道路,不仅要利用经济全球化便利带来的最新信息技术成果来改造传统工业,使传统工业生产走向信息化、高效率、低成本和低污染,而且还

---

① 中共中央文献研究室编:《十六大以来的重要文献选编》,人民出版社2005年版,第16页。

要大力发展由信息技术带来的高技术含量的新型工业。以信息化带动工业化，以工业化促进信息化，走信息化与工业化相融合、相协调发展的新型工业化道路。

（2）新型工业化科技含量高。新型工业化是以信息技术为先导的新型科学技术武装起来的，旨在提高工业产业质量和效益的工业化。工业是国民经济的支柱，是实现经济现代化的支撑力量。我国的工业与世界发达国家相比，规模不大，劳动生产率低，处于世界工业产业链的低端。要全面建设小康社会和实现经济现代化，必须发展以信息技术为核心的高新技术，以及把高新技术广泛应用于工业，推进工业的创新发展，提高工业领域的生产要素利用率和经济效益。因此，必须努力使我国工业从传统工业转变为新型工业，积极推动以信息技术为先导的高新技术产业优先发展，以及运用高新技术对已有的传统工业进行技术改造、工艺设备更新，促进传统工业生产走向产品品种多、质量高、效益好、资源要素利用率高、环境污染低的集约型经济增长方式。进而以新型工业带动农业现代化、服务业快速发展，从而提升整个国民经济的高科技含量，引导整个经济发展从粗放型增长加快转变为集约型增长。

（3）新型工业化是具有较好效益的工业化。以信息技术为先导的高科技技术推动的工业化，将会在三个方面提升经济发展效益：一是高新技术产业效益好。高新技术产业是以信息技术为先导的高新技术在工业产业领域的直接运用，其运行过程不仅能源资源消耗低、生产率高，而且向社会提供的产品和服务具有高附加值、社会效益高。二是以信息技术为先导的高新技术改造更新传统产业的工艺设备，提高传统产业的技术水平和管理水平，促使传统产业不仅能降低能源资源消耗、减少环境污染，而且还能提高其产品附加值，进而提高社会经济效益。三是信息技术发展及其推动的网络平台的形成，将会使各个部门和行业在纷繁复杂的各种市场经济信息中筛选各自所需的各种市场信息（包括劳动力供求信息、原材料供求信息、产品销售信息等），这样就会大大降低信息的搜集、处理和传输成本，降低了产品交易成本，提高了经济效益。特别是在网络平台基础上形成和发展起来的电子商务，不仅大大降低了商品的销售成本、物流成本，而且还为商家和消费者打破了时间和空间的限制，提高了社会经济效益，进而引导整个社会经济发展向集约型目标迈进。

（4）新型工业化是以可持续发展为目标的工业化。传统的工业化包括发达国家已完成的工业化道路，走的是以数量扩张和规模扩大为特点的粗放型工业化道路。这种工业化道路的重大特点之一就是以高消耗能源资源和污染环境为代价。

“先污染、后治理”是其典型特征。这种工业化道路造成了经济发展不可持续、人与自然关系紧张的后果。特别是随着工业化国家越来越多，环境承载能力越来越小，传统工业化道路已经无法继续。新型工业化道路就是以传统工业化道路为鉴，更改了传统工业化方式，形成了以可持续发展为目标的新型工业化方式。具体体现在：其一，以信息技术为先导的有高科技含量的高新技术产业，本身就具有科技含量高、污染少、能源消耗低的特点。新型工业化优先发展高新技术产业，可以在迅速提升经济效益的同时，降低工业化对能源资源的消耗与环境污染。其二，以信息技术为先导的高新技术在更新传统工业的工艺设备、革新技术、增加产品结构的同时，也必将降低能源资源消耗，减少环境污染，从而推动传统工业由粗放型向集约型转变，推动经济可持续发展。其三，以信息技术为先导的高新技术的发展，顺势推动了环保技术和环保产业的诞生与发展。环保技术的研发与运用，以及环保产业的发展是人心所向、大势所趋，进而推动工业其他产业与环保产业互动发展、良性循环，最终加快推动经济增长方式的转变。

（5）新型工业化是人力资源得到充分发挥的工业化。无论是高技术产业的发展，还是传统工业技术改造和工艺设备提升，都会提高资本有机构成、提高劳动生产率，进而减少单个资本所吸收的劳动力，产生相对过剩的人口问题。发达资本主义国家在实现工业化过程中，比较注重机械化和自动化，产业发展均有劳动密集型向资本密集型和技术密集型发展的趋势。工业化导致产业发展的这种趋势，必然使得资本主义国家在实现工业化过程中存在着程度不同的劳动力失业问题。在我国人口多的基本国情下，劳动力成本较低的同时，也存在着就业压力问题。因此，新型工业化道路是把以信息技术为先导的高新技术与工业相结合，推进工业产业技术向深层次发展，并处理好劳动密集型产业与资本密集型产业、技术密集型产业之间的关系，处理好传统工业产业升级与劳动力就业之间的关系，处理好虚拟经济与实体经济之间的关系。要继续发挥劳动力成本较低的比较优势，把企业的技术优势、资本优势、品牌优势与我国的劳动力低成本优势结合起来，既推进了新型工业化，又解决了人力资源就业问题。

（6）新型工业化是与城镇化相融合的工业化。在我国，农业是国民经济的基础，农民是全国人口的主体。但农业产业化、商品化、技术水平和机械化程度比较低，农民消费水平和生活质量也不高，这些成为束缚我国实现工业化的瓶颈。农民生活水平提高和农业发展现代化的前提是工业的现代化。“由于我国是在传统农

业部门没有得到根本改造时提前发动工业化的"[①]，这种传统工业化的次序是重工业优先，在工业化过程中单方面考虑工业自身的发展，忽视了农业现代化和工业对农业发展的推动，致使大量农业劳动力滞留在农业领域。新型工业化则是推动农业发展的工业化，内含农业工业化。佩第-克拉克定律表明：随着劳动生产率的提高，第一产业释放的劳动力首先向第二产业转移，然后随着工业化的进程不断向第三产业转移，工业是吸收农村剩余劳动力的重要途径。因此，推进新型工业化，必须把工业化进程与农村农业发展、农村城镇化进程结合起来。在推动工业化进程时，必须加快农村城镇化。推动农村城镇化，使广大农民居住相对集中，发挥聚集效应，既能提高公共设施利用率，又能促使农民离土不离乡，推动农村产业发展走向分工和专业化，进而推进农村工业化，把农村城镇化与工业化融为一体。

新型工业化是我国处于工业化中期，为解决工业化过程中遇到的困境所提出的一项新型战略，是江泽民同志领导的党中央对新世纪我国经济发展和工业化发展战略的重新定位和重新选择。新型工业化的目标定位，正是转变经济增长方式的方向和目标。因此，新型工业化也是党和国家领导人为加快转变经济增长方式所提出的新策略，深化了对转变经济增长方式的内涵与路径的认识，既引领人们为加快转变经济增长方式找准方向和路径，也是继邓小平经济发展新路子思想和转变经济增长方式之后，对中国特色社会主义经济发展理论的又一次丰富。

三、经济增长方式转型理论提出的历史贡献

任何理论的产生都是特定时代需要的产物。转变经济增长方式和新型工业化道路的提出，反映了 20 世纪 90 年代到 21 世纪初中国经济发展的实际状况，以及破解经济发展所遇到的难题，适合了时代需求。因此，包括新型工业化在内的转变经济增长方式理论的提出，和以往传统经济增长方式理论相比，向前迈进了一大步，具有积极的理论意义和实践意义。

（一）推进了经济发展方式理论的发展

转变经济增长方式理论发展了马克思的经济发展方式思想。包含新型工业化

① 洪银兴：《转轨阶段改革与发展的秩序》，江苏人民出版社 2002 年版，第 198 页。

道路理论在内的转变经济增长方式理论的提出，是以江泽民为核心的中央领导集体在经济发展新路子思想基础上，依据国情又一次发展了马克思的经济发展方式思想。改革开放以来，我国经济快速增长是建立在以“投”为主的粗放型经济发展方式基础之上的。以这种方式推动经济发展，不仅给我国经济发展造成能源资源日益趋紧、环境污染日益严重，而且还导致经济结构失调、质量与速度和效益失衡，经济发展难以持续的现象。转变经济增长方式理论，特别是后期新型工业化理论的提出为解决上述难题提供了有针对性的方案，是经济发展方式理论演进史上的一次进步。

（二）发展和丰富了中国特色社会主义经济理论

转变经济增长方式理论深化了邓小平经济发展新路子思想的认识。改革开放后，邓小平针对改革开放前粗放型经济发展的弊端，提出了经济发展要走新路子的思想。在当时的历史背景下，邓小平并没有明确提出我国经济发展要走的新路子就是集约型经济增长方式。转变经济增长方式理论的提出，则把经济发展要走新路子思想朝前推进了一步，给人们明确了方向和目标。新型工业化道路更是把我国在新时代条件下工业化过程与自身前期的工业化道路以及已经完成了的发达国家的工业化道路区别开来，避免跨世纪中国工业化道路重走前期工业化道路的老路。因此，包含新型工业化道路理论在内的转变经济增长方式理论的提出，丰富、充实和发展了由邓小平开启的中国特色社会主义经济理论。

（三）引领中国经济发展继续向质量、速度和效益并行迈进

包含新型工业化道路理论在内的转变经济增长方式理论的提出，是在实践的基础上引领中国经济发展继续朝着可持续发展道路迈进。经济增长方式由粗放型向集约型转变，可以提高资源能源利用率、降低环境污染，能缓解自然资源与经济发展的矛盾关系。新型工业化道路的提出，则是在以信息科技为先导的高新科技的支撑下，不论是高新技术产业，还是对传统工业产业的升级改造，都有利于经济发展过程中资源要素的节省、环境污染的减少和经济效益的提升。新型工业化道路是对转变经济增长方式的具体实现路径的落实，在实践中引领经济继续向质量、速度和效益并行方向前进。

第三节　理论界对转变经济增长方式理论的研讨

理论界对转变经济增长方式理论的研讨分为集中阐述和持续研讨两个阶段。集中阐述阶段主要是在党的十四届五中全会上提出经济增长方式从粗放型向集约型转变后的一段时期，即 20 世纪 90 年代中后期。这一时期学界主要对转变经济增长方式的分类、路径进行集中阐述。持续研讨阶段主要是指 21 世纪后，理论界随着国内外经济形势的发展，结合党的理论重大创新而不断加深对转变经济增长方式的理解和认识而进行的研讨。

一、20 世纪 90 年代中后期的理论研讨

这一阶段，学界对转变经济增长方式的研讨主要集中于对经济增长方式的类型、转变经济增长方式的内涵、转变经济增长方式缓慢的原因，以及转变经济增长方式的思路等方面的研讨。

（一）关于经济增长方式类型的研讨

依据中央对经济增长方式内涵的界定，针对我国经济发展的现实问题，理论界对经济增长方式类型进行了分类。从整体来看，理论界对经济增长方式类型的划分主要包括四种：粗放型与集约型、速度型与效益型、数量型与质量型、投入驱动型与效率驱动型。其中，大多数学者主张将经济增长方式划分为粗放型与集约型。下面重点介绍关于粗放型与集约型的研讨，对于其他三种只做简要介绍。

1. 粗放型和集约型

学界就经济增长过程中对生产要素的利用方式不同，把经济增长方式分为粗放型和集约型两种类型。粗放型经济增长方式是指数量增长型或投入增长型，即经济增长主要靠资源要素量的投入或靠外延式扩大再生产方式的推动，不注重改善管理和推动技术进步。与此相反，集约型经济增长方式是指经济发展主要依靠技术进步，以及提高生产效率和资源配置效率等方式推动，注重劳动者素质的提高、科学技术的进步及其在生产中的应用，降低生产过程中的物耗能耗，降低生产

成本。曾培炎指出，经济增长方式“是指用何种要素利用方式来实现经济增长”①，要素利用方式不同，经济增长方式类型也就不同。李林杰认为，经济增长方式是指“实现经济总量增长的具体模式”②。赖泽原根据生产要素的状况、配置和使用的方式不同，把经济增长方式分为粗放型和集约型。他依据唯物辩证法原理，提出“两种不同的经济增长方式的关系具有确定性和相对性、交织融合和共处性、过程性和阶段性、要素投入量的增加和生产率提高的关系，因而我们在选择某种经济增长方式时，要根据具体情况来配置生产要素和使用方式，不能把这两种增长方式严格对立起来”③。简言之，对生产要素的配置和利用方式不同构成了划分粗放和集约两种经济增长方式类型的依据。粗放型强调不计代价地追求产出增长，集约型则强调生产要素的利用率。关于经济增长方式类型的探讨，特别是赖泽原对两种经济增长方式类型的划分及其在经济发展中使用的思考，无疑加深了对马克思关于扩大再生产的外延和内涵两种类型的思想认识，对经济发展实践中转变经济增长方式具有重要的引导作用。

2. 速度型与效益型

学者们从经济增长过程特点的角度，把经济增长方式分为速度型和效益型。速度型经济增长方式主要是依靠加大资源要素投入，铺新摊子、上新项目等，通过生产要素的急剧扩张来推动经济高速度发展，拉动经济增长。持这种观点的学者关注经济增长的速度。效益型经济增长方式主要是依靠提高生产要素的利用率（内涵的扩大再生产方式）来提高经济效益，推动经济发展速度。持这种观点的学者注重经济增长的效益。

3. 数量型与质量型

学者们从经济增长内容的角度，把经济增长方式分为数量型和质量型。数量型经济增长方式是指片面追求经济发展的数量、产值。持这种观点的学者只关注经济增长的数量，而忽视经济增长的总供给与总需求的平衡。质量型经济增长方式则注重经济增长的质量与效率。持这种观点的学者关注经济增长过程中产业结构的协调与优化，以及经济运行的良好状态、产品和服务质量的不断提高。

---

① 曾培炎主编：《加快转变经济增长方式》，中国计划出版社1995年版，第66页。

② 李林杰：《关于经济增长方式转变的内涵、目标及评价指标体系》，《河北大学学报》（哲学社会科学版），1997年第2期。

③ 李陈：《马克思关于经济增长方式的思想及其当代价值》，人民出版社2017年版，第28页。

4. 投入驱动型与效率驱动型

学者们根据影响经济增长速度的动力因素，把经济增长方式划分为投入驱动型和效率驱动型两类。投入驱动型经济增长方式是指依靠资源要素（劳动力、资本和资源能源）投入量增加来推动经济增长。持这种观点的学者关注的是生产要素的不断扩张。效率驱动型经济增长方式是指依靠要素生产效率的提高来推动经济增长。持这种观点的学者关注的是科学技术的进步及其在经济发展中的运用、规模经济、资源配置的改善等。

经济增长方式实质就是通过资源配置方式形成什么样的经济增长路径。从这个角度而言，速度型与效益型、数量型与质量型、投入驱动型与效率驱动型的划分，是从经济增长的形态与结果进行分类的。粗放型和集约型则关注类型划分生产要素的配置和使用，可以准确反映经济增长的实质。所以，粗放型和集约型被学界广泛使用，而其他三种类型划分则较少使用。

（二）关于转变经济增长方式演变趋势的研讨

理论界在研究经济增长方式理论的时候，借鉴了西方现代经济学的研究成果，对转变经济增长方式的演变趋势也存在不同的理解。

（1）转变经济增长方式是从粗放型向集约型转变。持这种观点的学者认为，粗放型经济增长方式是以追求经济增长的数量、规模、速度和产值为目的，实现这个目的的方法是增加生产要素的投入。这种经济增长方式以耗费大量生产要素为前提，虽然经济增长速度快，但不重视经济增长的质量、生产效率和经济效益，存在着生产要素浪费和环境污染的问题。集约型经济增长方式是通过科学技术进步、工艺设备更新、管理水平和劳动者素质提升，来改善经济增长的质量与效益。转变经济增长方式就是由大规模投入生产要素和追求数量的粗放型经济增长方式向依靠科技进步，以提高经济效益为中心的集约型经济增长方式转变。

（2）在现实的经济发展中，经济增长方式两种类型共同存在。持这种观点的学者认为，把经济增长方式区分为粗放型经济增长方式和集约型经济增长方式两种类型，只是理论上的划分。在现实的经济发展中，两种经济增长方式是共同存在、相互包含的。在以粗放型为主的经济发展中，不仅存在集约型，而且粗放型中也存在着集约型因素；同样，在以集约型为主的经济发展中，也存在着粗放型因素。对于一个国家或者地区而言，经济增长的途径只有粗放型经济增长方式而没有集约型经济增长方式，或者只有集约型经济增长方式而没有粗放型经济增长方式是少见的。一般情况下，二者同时存在，只是根据经济发展的不同情况，在不同时期有不同的组合。一般而言，经济增长方式与经济发展的情况有很大关系。在发展中国家，粗放型经济增长方式占主导地位；在发达国家，集约型经济增长方式占主导地位。

(3) 转变经济增长方式是从轻型转向重型。持这种观点的学者，借鉴西方经济增长理论关于生产要素组合对经济总量增长影响的研究，根据中国在 20 世纪 80 年代特别是 90 年代中后期，关于转变经济增长方式的实践情况提出来的。他们认为，中国虽然强调从粗放型经济增长方式向集约型经济增长方式转变，但经济发展的实践中却存在着依靠高投入、高积累、高消耗来支持经济高速增长，而经济结构依旧不良，经济效益长期低下，环境污染日趋严重。学者们认为，形成这种局面的原因是多方面的，其中最重要的原因之一就是产业结构调整滞后。只有到了重工业阶段，经济发展才会出现低投入、低消耗和高效率特征。原因在于重工业链条较长，生产过程高技术化，产品具有加工程度深、附加值高的特点，因此才具有理论上所说的集约型的特点。中国 20 世纪 80 年代的经济增长以轻工业和农业为主，90 年代才是以重工业发展带动经济增长。因此，转变经济增长方式可以概括为从轻型转向重型。持这种观点的学者较少，且这种理论也具有一定的偏颇性。事实上，90 年代的重工业发展，虽然技术含量较高，但是却大量存在粗放型的特点。

关于转变经济增长方式的研讨，尽管存在着不同的争论，但这些基础性理论问题研讨所具有的直接性、针对性和广泛性是前所未有的，有助于理论界深入研究转变经济增长方式理论，为形成相对完整的转变经济增长方式理论框架提供了理论基础。“在探讨中，许多研究人员不仅继续以马克思主义经济理论为指导，更为注意借鉴西方经济学的最新发展理论，而且开始重视比较研究的方法，介绍国外有关经济增长方式问题的认识与实践，分析有代表性国家的典型经验”①，加深了中国对转变经济增长方式理论的认识，促进了中国对转变经济增长方式理论研究的发展。但从当时比较研究的整体性来看，这种比较性研究还处于初始阶段，“许多论著还基本停留在对某国家或地区的介绍分析之上；比较方法的运用还较含蓄，不太明确和全面；运用比较分析方法开展综合性研究和国内不同地区研究的论著还较

① 李家祥编著：《中国经济改革与发展思想研究》，天津社会科学院出版社 2003 年版，第 34 页。

少，一些专题性研究还需拓宽、加强和深入”[①]。

(三) 关于经济增长方式难以转变的原因研讨

从邓小平提出经济发展新路子思想到20世纪末，转变经济增长方式持续了十多年的时间，但进度缓慢。是什么原因造成转变经济增长方式进度的缓慢，学界对此进行了研讨。学界对于造成转变效果不理想的原因分析，从整体上来说，大致有四个方面：

(1) 没有深刻认识到经济增长方式的选择与经济发展阶段有关。世界发达资本主义国家经济增长的历史实践证明，经济增长方式的选择与该国或地区的经济发展阶段有密切的关系。在资本主义发展的历史初期，生产力水平低下，资本主义经济发展往往以粗放型经济增长方式为主。在资本主义经济社会发展的中后期，随着科学技术水平的提高，资本主义经济发展逐渐过渡到了以集约型经济增长方式为主。资本主义经济增长方式转变的历史过程，在《资本论》中有明显的反映。应当客观地认识到经济增长方式两种类型的存在及其转化趋势，是与经济社会发展历史背景有关的。持这种观点的学者认为，新中国成立初期，在生产力水平和科学技术水平低下，经济发展“一穷二白”，且处于资本主义国家包围封锁的情况下，要想迅速恢复和发展国民经济，建立起自己的工业基础，实现工业化，必须集中全国有限的人力、物力和财力进行大规模的经济建设。这时候的经济增长路径，带有明显的以“投”为主的粗放型经济增长方式特征。这一阶段，以粗放型经济增长方式推动国民经济发展是有效的，为我国建立了工业化基础。改革开放后，经过十多年的发展，中国的生产力和科学技术水平逐步提高，经济增长方式应当从以粗放型经济增长方式为主逐渐过渡到以集约型经济增长方式为主。但人们没有根据历史发展阶段和客观经济条件的变化而及时转变经济增长方式，而是对以见效快为特征的粗放型经济增长方式形成了路径依赖，仍然继续以赶超为主的思路，沉迷于经济发展的速度，忽视了经济发展的质量与效益。这一路径依赖成为制约或延缓转变经济增长方式的重要原因之一。

(2) 经济体制改革尚未完成，制约或延缓了转变经济增长方式的历史进程。“经济发展总是在一定的制度和体制下进行的”[②]，不同的经济制度和体制，成为人

---

① 李家祥主编:《经济增长方式转型比较研究》，陕西师范大学出版社2000年版，第292页。

② 洪银兴编著:《发展经济学与中国经济发展》，高等教育出版社2005年版，第272页。

们选择经济增长方式的关键性因素。学者们认为，我国转变经济增长方式缓慢的原因关键在于传统经济体制影子的存在。虽然我国改革确立了从计划经济体制向市场经济体制转变的目标，但在转变过程中，计划经济体制所带来的习惯与行为到处可见。其一，国家宏观政策和地方政府偏好行为延缓了转变经济增长方式的进度。国家制定的赶超战略或扩张行为，必然带来粗放型经济发展，而地方政府利用手中掌握的经济资源和“看得见的手”，抓项目、产量、速度、产值等看得见的东西，因而组织经济活动时，带有粗放型经济发展的偏好，可以从扩张中得到种种好处而不必为扩张导致的损失承担责任。其二，存在计划经济体制下的“预算软约束”行为。计划经济体制下的“预算软约束”是国有企业偏好粗放型经济增长的深层次原因。在计划经济体制下，国有企业运营往往存在着不计成本与效益的资源要素投入。重视项目上马、重复建设、区域同质同构、忽视科学技术运用和管理水平提高，是资源浪费、效率低下和亏损而不负责的重要原因。“说到底是财产权利问题，是一个体制缺陷问题。”①

（3）产业结构低度化阻碍了转变经济增长方式的进度。在经济结构中，产业结构居于核心地位。鉴于此，部分学者依据我国产业结构状况，提出我国产业结构低度化是造成粗放型经济增长方式存在的主要原因。在 20 世纪 90 年代中后期，我国经济增长主要依赖于大规模实施基础工业和基础设施建设两种产业发展。在基础工业和基础设施建设投资中，管线、厂房、进口机器、港口、机场、道路、城市改造与城市设施建设，成为投资的主体，而技术改造与技术研发投资处于次要地位。在国民经济结构中，形成了以“投”为主的基础工业和基础设施建设，包括能源资源消耗量大的石油、煤炭、电力、冶金、建材、化工等能源原材料产业的产值比重上升，以高新技术为支撑的技术密集型产业比重降低。这种低度化的产业结构不利于以科学技术为支撑的集约化经济增长方式的形成。

（4）就业压力也是粗放型经济增长方式存在的一个重要原因。人是劳动者，又是消费者。在经济发展过程中，人口问题既是推动经济增长的动力因素，又是经济增长的压力因素。学者们认为，在当时的历史条件下，人口数量增加，特别是劳动人口数量的日益增加，给各级政府带来很大的民生与就业压力。各级政府不得不对有限的自然资源进行过度的开发和利用，铺新摊子、上新项目，以创造更多的

---

① 赵晓雷：《新中国经济理论史》，上海财经大学出版社 1999 年版，第 648 页。

就业机会，减轻就业压力，提高人民生活水平，从而造成资源能源供用紧张、生态失衡和环境污染日趋严重。

关于我国转变经济增长方式未能实现的原因和制约因素，理论界作了上述四个方面的探讨，虽然角度不同，但都又切中要害。对这四个方面原因进行归纳概括，能为中央进一步探究加快转变经济增长方式进度梳理思路，提供策略思考。

（四）关于转变经济增长方式路径的研讨

为了解决转变经济增长方式在实践中遇到的问题，学者们从不同的角度提出了不同对策和转变路径。概括起来有以下几种思路：

（1）制定加速转变经济增长方式相应的政策和机制，强化宏观调控。持这种观点的学者认为，转变经济增长方式需要国家自上而下加强引导，需要国家系统地制定一个推动转变经济增长方式的长远战略规划，从全局角度对转变经济增长方式进行指导、扶持和推广。要求建立和完善技术进步体制，推动产业技术进步，在计划、财政、金融等方面为企业运用先进技术、更新工艺设备和提高劳动生产率创造良好的环境。以市场为导向，把提高企业效益作为企业转变经济增长方式的突破口。改革相应的投资体制，取消"预算软约束"体制，实行投资主体责任制度，使国有企业投资面向市场，约束企业盲目投资、重复建设和地区间的同质同构行为，提高国有企业的投资效益。在调整企业增量、质量和效益的基础上，优化资产配置结构，通过产权重组、收购兼并、资产重组、技术改造和产品开发，充分利用现有基础条件，挖掘潜力，提高生产能力和投资效益，达到企业规模效益、企业结构和产品结构优化高质，以盘活企业现有存量，提高企业经济效益，从而坚定地把企业发展转变到集约型经济发展的道路上来。

（2）加快转变经济体制，把转变经济增长方式由政府推动型向市场引导型转变。学者们普遍认为，经济体制转轨是转变经济增长方式的关键和基础。他们认为，转变经济增长方式从根本上说，取决于市场机制的有效调节，取决于由政府掌控的资源约束型经济向市场需求约束型经济转变。深化政府体制机制改革，依靠体制转轨来推动资源要素配置转轨。即把政府推动的数量型资源配置机制转变为市场导向的效益型资源配置机制，进而发挥市场调节机制，促使企业转变经营的目标和行为，由依靠投入资源要素而追求产量扩张的粗放型经营，转向依靠科技进步、更新工艺设备和提高管理水平追求生产经营的效益和产品质量，提高资源要素利用率,达到转变经济增长方式的目的。为此:其一,必须建立全国统一的大市场,让生产要素自由流动;其二,必须使企业成为真正的投资主体;其三,必须建立严格的投资责任制,坚持谁投资谁负责、谁投资谁受益的原则;其四,建立起科学的投资体制机制、制约机制和决策程序,理顺正确的投资程序。

(3) 经济结构从低度化向高度化迈进。现代经济理论认为,经济增长不仅要反映出产出量的增长,更重要的是还要体现出产业结构的升级。持这种观点的学者认为,经济增长主要取决于各种资源要素、劳动力、技术等生产要素的有效配置,而产业结构在很大程度上决定了这些生产要素的配置效果。生产要素配置合理,则能提高生产效益;反之,则造成生产要素的浪费。依靠科学技术进步、创新及其运用,推动经济结构从低度化向高度化迈进,无疑会使生产要素配置趋向合理化,有利于提高生产要素利用率,节约能源资源,推动集约型经济增长方式的形成。

理论界结合转变经济增长方式的实践,分析了转变经济增长方式理论与国家宏观政策、体制转轨、产业结构高度化等内在联系,讨论转变经济增长方式的具体思路,内容深入且具有可操作性,充实和丰富了我国转变经济增长方式理论。

二、进入21世纪后对转变经济增长方式的研讨

随着新兴工业化道路和科学发展观的提出,理论界站在科学发展观的高度来进一步探索转变经济增长方式的难点与转变路径。

(一) 关于转变经济增长方式难点的研讨

理论界认为,中国在新世纪加快转变经济增长方式更具有紧迫性和重要性,而现实是我国并没有很快、很好地实现这一转变,因而分析转变经济增长方式的难点问题就有重要的理论意义和实践意义。对这一问题的研究,不同的学者有着完全不同的看法。归纳起来有以下几种:

(1) 体制改革不彻底是难点。部分学者认为,我国的经济体制改革不彻底是造成转变经济增长方式缓慢的主要原因。吴敬琏认为,我国虽然进行了市场经济体制改革,但是由于改革不彻底,部分计划经济体制仍然被保留下来,被保留下来的计划经济体制就有一种内在的力量推动经济继续沿着粗放型路径增长,阻碍了经济增长由粗放型向集约型转变的速度和进程。因为,在部分计划经济体制的影响下存在以下几种现象:其一,各级政府仍然掌握着重要经济资源的配置权力;其

二，地方GDP增速仍然作为各级政府政绩的主要标志；其三，增值税是我国税收的主要来源，而增值税有一半以上来源于生产领域，这就使得从国家到地方政府都非常关注GDP的增长。因此，各级政府官员和企业以GDP增速为标杆，不可避免地向以速度快为特征的粗放型经济增长方式倾斜，因而造成高投入、高消耗、高污染、低效益和低产品附加值的生产方式难以改变。厉以宁认为，在计划经济体制制约下，国家对资源要素价格定价长期偏低，给企业资源要素大规模投入生产带来便利。同时，在计划经济体制的影响下，地方政府始终以产值高低为指标，把主要精力放在推动产值的增长上，而不是放在转变经济增长方式上。在这种背景下，企业即使转变经济增长方式，但受制于资金瓶颈制约也难以转变。

（2）经济结构失衡是难点。部分学者认为，经济结构失衡是我国转变经济增长方式进程缓慢的重要原因。厉以宁认为，产品供需失衡是阻碍企业转变经济增长方式的难点。因为某些产品在国内需求量大，生产供不应求，企业为获取更多效益加速生产，因而无暇顾及转变生产方式。白津夫深入探讨了“十一五”期间的结构性矛盾，认为我国经济增长存在着十大结构性矛盾①，这些结构性矛盾的存在，无疑增加了转变经济增长方式的难度。

（3）贫富差距悬殊也是阻碍转变经济增长方式的原因。部分学者根据舒尔茨的“穷人经济学”理论，提出贫富差距悬殊也阻碍了转变经济增长方式的进程。他们认为，我国当前经济发展的主要矛盾不在于富人太富，而在于穷人太穷，这种差距悬殊阻碍了经济增长方式的转变。原因在于：一方面，穷人太穷，数量又过多，就会使政府和社会忙于解决贫困问题，用更大的精力去创造更多的就业机会解决失业问题。创造更多的工作岗位，不外乎扩张和创办更多的企业，这样经济发展不免滑入粗放型经济增长的道路上来。另外，大量低素质的劳动力在企业务工，也使得企业运用高新技术、更新设备受到限制，不利于企业转变生产方式；另一方面，大量低素质劳动力为了获得工作机会，愿意从事高污染和安全不达标的工作，这在客观上又给企业从事高污染、高排放的粗放型生产提供了便利。

理论界对新世纪初中国转变经济增长方式难点的探索，特别是关于计划经济

① 十大结构性矛盾是指：经济增长与总量过剩的矛盾；消费结构升级与结构调整滞后的矛盾；高产出与高成本的矛盾；扩大内需与增加外需的矛盾；数量增长与价值增长的矛盾；经济发展与收入差距拉大的矛盾；倾斜式发展与均衡发展的矛盾；技术引进与自主创新的矛盾；“引进来”与“走出去”的矛盾；高增长与低就业的矛盾。

体制、经济结构失衡和贫富差距悬殊阻碍转变经济增长方式进度的理论认识，改变了以往人们对转变经济增长方式的认识，促使人们转变观念和思维方式，进一步探讨在新时代背景下如何才能加快转变经济增长方式的历史进程。

（二）关于转变经济增长方式路径的探讨

如何根据中央关于新工业化道路宏观设计以及科学发展观的要求，寻找出转变经济增长方式的适合路径，成为理论界面临的重大课题。由于理论界对我国在新世纪初实现转变经济增长方式所面临的困难认识不同，因而学者们从各自的角度出发，探究关于转变经济增长方式的实现路径的观点也就不同。

根据理论界的研究，整体上关于转变经济发展方式路径的探讨，大体有以下几点：

(1) 深化经济体制改革。学者们认为，计划经济体制的存在是加快实现转变经济增长方式的困难所在。因此，他们主张通过深化经济体制改革，为加快实现转变经济增长方式扫清体制障碍。厉以宁认为，只有深化经济体制改革，在全民中树立起新的发展观与政绩观，才能在发展经济过程中，尽力使经济增长、环境保护、资源节约三者相协调。要重新设定考核地方政绩的量化指标，把环境保护和资源节约纳入其中，加大对绿色GDP可行性研究，增加试点，并逐渐加以推广。同时，加强企业改制，建立现代化的企业制度，并在企业中积极推行信息化带动工业化，提高企业劳动生产率。加快资源价格改制工作，资源价格面向市场，促使资源价格逐步走向合理①。吴敬琏从政府权力角度入手，认为转变经济增长方式难点的关键，在于政府掌握过多资源的配置权，一些计划经济体制的存在使得资源配置难以面向市场，为国有企业粗放型生产留有方便之门。因此，转变经济增长方式的唯一出路在于深化体制改革，促进政府转型。林吉双认为，只有深化体制改革，转变政府职能，才能为转变经济增长方式提供制度基础。

(2) 调整经济结构。学者们认为，经济结构低度化是阻碍实现转变经济增长方式的重要因素。因此，他们都强调，实现经济结构低度化向高度化迈进，是实现转变经济增长方式的关键。陈毅然认为，转变经济增长方式是一个系统的工程，也是一项长期的艰巨任务。他提出，转变经济增长方式的根本途径就是坚定

---

① 厉以宁：《转变经济增长方式的关键》，载于《人民日报·海外版》2005年3月12日。

不移地推进产业结构调整，只有实现产业机构由低度化向高度化迈进，才能促使产业部门经济增长方式由粗放型向集约型转变[①]。马凯在论述实现转变经济增长方式众多方面的因素中，强调了调整经济结构的重要性。林吉双提出，调整经济结构使之趋向合理化，就能促进经济增长向集约型迈进，实现经济增长的可持续发展。

（3）重视科学技术进步与创新。学者们认为，科学技术是推进经济增长方式由粗放型向集约型转变的核心力量，要努力推进科技进步与创新。厉以宁提出，要响应新型工业化道路，积极推进信息化带动工业化进程，提高经济发展效益。陈毅然把科技进步与创新作为转变经济增长方式的核心环节。马凯提出，推进科技进步与创新及其在生产中的应用，须重视国民素质的提高。

（4）重视发展循环经济。学者们认为，转变经济增长方式就是把高能耗、高污染、重投入的粗放型经济转变为低能耗、低投入、低污染的集约型经济，在转变过程中，节约能源资源使用是其重要一环。因此，发展循环经济是转变经济增长方式的重要环节。陈毅然认为，大力发展循环经济是转变经济增长方式的重要举措。马凯提出，在转变经济增长方式过程中，必须大力发展循环经济。

（5）重视贫困问题的解决。人既是经济发展的主体动力，又是经济发展的最终目的。在转变经济增长方式的过程中，必须大力解决人的贫困问题。林毅夫提出，可通过解决穷人贫困问题来突破制约转变经济增长方式的瓶颈。林吉双认为，要解决贫困问题，首先除了积极拓展就业渠道，不断提高就业率外，还必须强化政府对国民收入的再分配职能，减少社会分配不公，提高居民收入。这样既能调动普通群众转变经济增长方式的主体性和积极性，又能缓解政府和企业压力，腾出更多空间和时间集中精力推进经济增长方式转变。

综上所述，理论界在找出制约我国实现转变经济增长方式的瓶颈基础上，积极寻找对策和思路，以破解制约转变经济增长方式的深层次问题，以期加快实现转变经济增长方式。虽然学者们的观点和建议不尽相同，但是他们的这些观点整合起来，就能得出如下的结论和启示：

（1）转变经济增长方式理论是建设中国特色社会主义经济理论的重要组成部分。从历史上看，我国理论界研究经济增长方式理论，虽然在初期受苏联经济学界

---

① 陈毅然：《从三方面推进转变经济增长方式》，载于《文汇报》2005 年 7 月 30 日。

的影响，但是从20世纪五六十年代的经济增长方式理论（外延与内涵、粗放与集约）到20世纪80年代的经济发展新路子思想，再到20世纪90年代转变经济增长方式理论的正式提出，均与我国经济发展的各个阶段及其需要相联系。尽管西方发达国家已完成了转变经济增长方式，且西方经济理论已对此作了经济学方面的分析，但由于我国正处于社会主义初级阶段，再加上经济体制转轨过程中的特殊国情，不能照搬西方发达国家的转变经验和西方经济学的理论分析，必须在实践中探索。转变经济增长方式理论研究的是中国经济发展的路径转向，对中国经济走速度、质量和效益并行的健康可持续发展道路具有重要的指导意义，因而是中国特色社会主义经济理论的重要组成部分。

（2）转变经济增长方式理论是在中国特色社会主义指导下，理论界众多学者结合中国的实际国情研究贡献的结果。以邓小平为核心的中央领导集体根据20世纪80年代中国经济发展的实际状况，提出了经济发展要走速度、质量、效益并行的新路子思想，对内涵的扩大再生产作出了直接或间接的相关论述。在以后召开的国家相关重要会议上又作了理论阐述，并在实践中作了部署。以江泽民为总书记的党中央在继邓小平经济发展新路子思想的基础上，根据中国的实际国情在十四届五中全会上作了直接阐述，十五大报告中也作了相关论述，推动理论初步形成。在这期间，理论界众多经济学家在中国特色社会主义理论指导下，作了大量的研究，著书论说，提出了关于转变经济增长方式的相关内涵、粗放型与集约型的区别与联系及其转化趋势、转变经济增长方式进程缓慢的难点及相关转变思路的建议。把理论界的这些真知灼见和研究心得汇集起来，构筑了转变经济增长方式理论的基础和框架，开拓了人们的视野，并为中央进一步制定关于转变经济增长方式理论的决策奠定了理论基础。

（3）转变经济增长方式理论随着经济发展状况的不断变化而与时俱进。新世纪，随着我国加入世贸组织、经济全球化和世界经济波动，以及中国经济的改革开放程度日益加深、人民群众对生活水平提高的期盼、环境污染加重和新常态的到来，中国经济发展面临的新情况、新问题和新矛盾也不断出现。克服现有困难，实现经济发展的阶段性目标，急需转变经济增长方式和经济发展取得实质性的飞跃。理论研究无止境，理论界应将已经形成的转变经济增长方式理论结合国情和经济发展变化而不断深化，广度也要不断拓宽，以更加完善的理论，引导和促进转变经济增长方式早日实现。

20 世纪 90 年代到 21 世纪初期，中国经济发展在整体上处于由商品短缺到产品结构性过剩的转折期。在这一时期，粗放型模式加剧了我国经济发展与自然资源之间的矛盾，这一矛盾在众多矛盾中占据突出位置。因此，解决经济发展与自然环境之间的矛盾，推动经济优质、高效和可持续发展就成了首要问题。诚然，经济发展在一定程度上能解决人民的有效需求不足的问题，但若经济发展的速度超过了人民群众生活水平提高的速度以及社会发展的速度，则会引起社会矛盾，反过来又不利于经济发展。因为人民群众是历史的主体，是经济发展的主力军，经济发展的最终目的是为了提高人民群众的生活水平。只有提高人民群众的生活水平，才能调动人民群众发展经济的积极性，才能推动经济更好更快地发展。以胡锦涛为总书记的国家领导集体意识到这一点，以人为本的可持续发展观和转变经济发展方式也就应运而生。

第五章　新世纪初期的加快转变经济发展方式理论

进入21世纪后，我国经济发展面临的国内外环境已发生了显著变化。国际方面，以信息技术为代表的第三次科技革命深度进行，经济全球化席卷全球，国家间的经济竞争也日益激烈。国内方面，成功加入世界贸易组织，促进我国的开放走向深入，这一时期的经济发展既有来自经济全球化所带来的资金、资源要素和科技等提供的动力，也有来自发达国家高技术产业和发展中国家劳动力成本低廉优势的双重压力，更重要的是国内经济发展面临的资源要素紧缺、经济结构失衡、经济社会发展不协调的矛盾日益突出等问题，这些矛盾和问题严重制约了我国经济可持续发展。但自党的十四届五中全会提出转变经济增长方式以来，虽然举国上下经过一番努力，转变经济增长方式取得一定成效，但由于受体制改革尚未完成、思想认识还存在着局限性、东南亚金融危机爆发需着力应对等原因影响，导致转变经济增长方式总体上未能如期取得重大突破。为更好地借助经济全球化和第三次科技革命带来的有利因素，促进和保持经济社会全面协调发展，在坚持科学发展观的基础上，以胡锦涛为总书记的党中央领导集体，在十七大报告中明确提出"加快转变经济发展方式"，并将之作为"关系国民经济全局紧迫而重大的战略任务"①。从此，中国进入了加快转变经济发展方式的新里程。

第一节　加快转变经济发展方式提出的时代背景

新世纪初期，中国经济发展进入了新的时代。改革开放取得重大成果，社会主

① 中共中央文献研究室：《十七大以来重要文献选编》上，中央文献出版社2009年版，第17页。

义市场经济体制的基本框架得以确立，加入世界贸易组织既标志着我国对外开放进入了新阶段，也为我国经济发展注入了新的活力。世界经济全球化深入发展给我国经济发展带来的机遇与挑战并存。在我国经济继续发展，国家经济实力进一步增强的同时，也存在着不利于经济发展的问题和矛盾。即我国不仅面临着粗放型经济增长所带来的能源资源紧张、环境污染加重的趋势，而且还出现了社会发展、人民生活水平提高与经济发展不同步现象等一系列新的矛盾与问题。这些新的矛盾与问题与原有的尚未解决的旧问题错综复杂地交织在一起，成为阻碍我国经济进一步健康可持续发展的重要因素。

一、入世后中国经济发展的成就与挑战

我国加入世界贸易组织之后，拓宽了对外贸易的范围和领域，为经济发展注入了新动力。社会主义市场经济体制的初步建立，为我国经济发展提供了活力。从新世纪初到转变经济发展方式的提出，我国经济发展取得了重大成就。但由于转变经济增长方式缓慢，以及经济社会发展的新问题和新矛盾越来越突出，我国经济发展迎来了新的挑战。

（一）我国经济发展成就

21 世纪以来，我国经济发展虽然受到"非典"疫情和汶川地震等灾害的影响，但党和政府全面落实科学发展观，加快深化各项改革，加强宏观调控，走新型工业化道路，切实推进转变经济增长方式，再加上加入世贸组织和科学技术发展所提供的动力，经济社会发展取得了重大成就。

1. 经济持续平稳快速增长，人均国民总收入步入了中等发达国家行列

这一时期我国经济发展不仅增长速度快、持续时间长，而且稳定性比较好，国民生产总值和人均收入均有了大幅度增长。据统计，从 2003 年到 2008 年国民经济连续 5 年增速保持在 9%以上。随着经济总量的增加，人均国民总收入也有了大幅度增长，我国开始步入了中等收入国家行列。我国人均国民总收入继 2002 年达到 1 100 美元后，2006 年达到 2 010 美元，短短几年内人均国民总收入翻了一番[①]。

---

① 邹东涛、欧阳日辉编：《新中国经济发展 60 年(1949—2009)》，人民出版社 2009 年版，第 477 页。

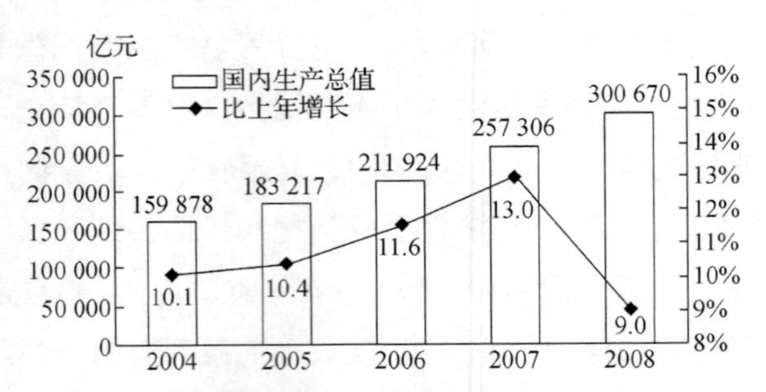

图5-1　2004—2008年国内生产总值及其增长速度

（资料来源于2009年2月26日中华人民共和国国家统计局发布的《中华人民共和国2008年国民经济和社会发展统计公报》）

2. 节能减排取得初步成效

在科学发展观的指导下，转变经济增长方式也取得初步成效，能源资源消耗量逐年降低。在能耗方面，2006年和2007年全国单位GDP能耗同比下降1.79%、3.66%。在主要污染物方面，2006年全国二氧化硫排放总量和污水总废弃化学需要量(COD)排放总量同比上涨1.5%和1.0%，但2007年二者的排放总量同比分别下降了4.66%和3.14%，节能减排取得初步成效，经济运行质量不断提高。

3. 工农业生产稳步增长

自中共十六大确定了“工业反哺农业、城市支持农村”，以及建设社会主义新农村政策实施以来，全新的“三农”政策体系逐步形成，有力地支持了全国农业生产。自2003年以来，全国农业生产呈现出连续稳步增长的态势，粮食产量从2003年的历史低谷开始回升，2004年增至46 947万吨，到2008年产量达到52 850万吨。农

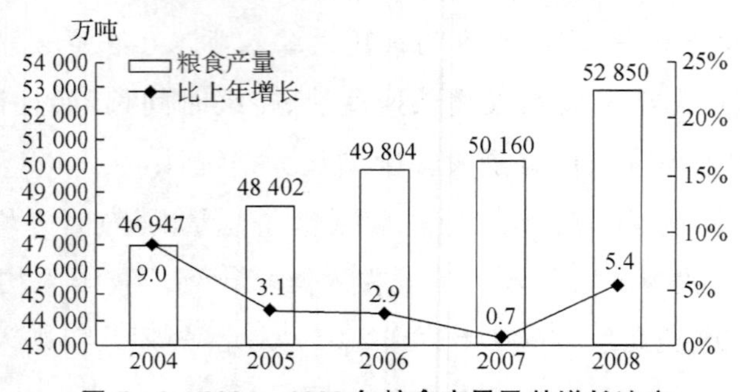

图5-2　2004—2008年粮食产量及其增长速度

（资料来源于2009年2月26日中华人民共和国国家统计局发布的《中华人民共和国2008年国民经济和社会发展统计公报》）

业生产稳步回升，为工业迅速发展打下了坚实的基础。

全国工业产值也迅速增加。2003—2008年工业产值连续增长，从2004年的65 210亿元增加到2008年的129 112亿元。工业的迅速发展反过来又促进了农业的进一步发展，工业和农业的发展进入了良性循环。

4. 人民生活水平有了切实提高

随着经济平稳发展，以及社会保障制度的建立与逐步完善，人民群众享受到的改革成果逐渐增多，生活水平不断提高，生活质量逐步得到改善。从2003年起，城乡居民的收入水平逐年保持快速增长。2004年城镇居民家庭可支配收入为9 422元，到了2008年增长为15 781元。农村居民家庭可支配收入及其增长速度与城镇相比，虽然绝对量少，增长速度慢，但和以前相比，也有了大幅度增加，从2004年的2 936元增加到2008年的4 761元。

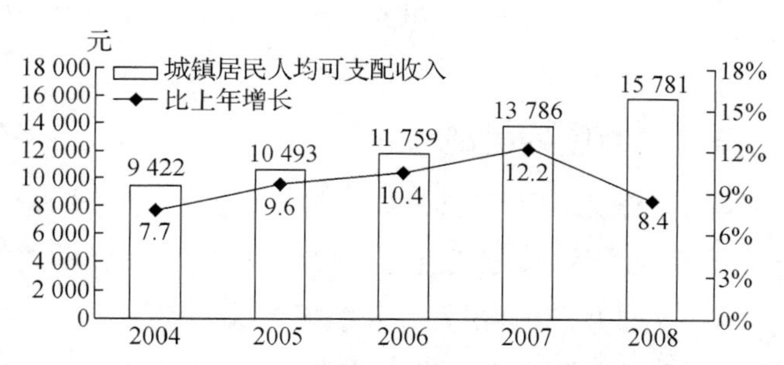

图5－3　2004—2008年城镇居民人均可支配收入及其增长速度

（资料来源于2009年2月26日中华人民共和国国家统计局发布的《中华人民共和国2008年国民经济和社会发展统计公报》）

5. 对外贸易实现跨越式发展

中共十六大实施扩大对外开放以来，我国对外经济快速发展，对外贸易实现了跨越式发展。我国进出口贸易额逐年增加，对外开放水平不断提高。贸易进出口总额自2002年的6 207.7亿美元增加到2008年的25 616亿元，累计年均增长率为26.9%。对外贸易的迅速发展和规模的不断扩大，致使我国在世界上的贸易地位不断上升、贸易结构也不断得到改善。初级产品的进口额不断上升、出口额不断下降，工业产品的进口额不断下降、出口额不断上升，利用外资使产品质量进一步提高。从外商投资区域来看，由集中到东部区域，逐渐扩展到东、中、西三个区域。从外商投资的产业来看，第二产业投资比重占主导地位，第三产业投资比重迅速上升。“走出去”的领域逐步拓宽,由最初的简单从事进出口贸易、航运和餐饮领域拓展到生产加工、资源开发、工程承包、农业合作和研究开发等领域。

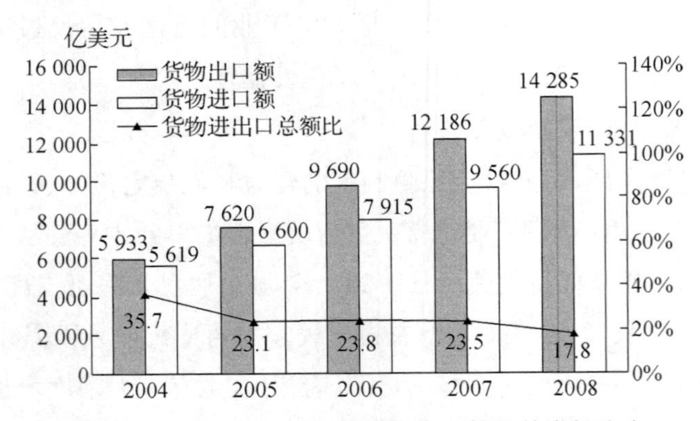

图5-4　2004—2008年货物进出口额及其增长速度

(资料来源于2009年2月26日中华人民共和国国家统计局发布的《中华人民共和国2008年国民经济和社会发展统计公报》)

(二)我国经济发展面临的挑战

在我国加入世界贸易组织后,经济发展虽然取得了重大成就,但也存在着经济发展的弊端。由于转变经济增长方式进展缓慢,我国经济发展虽然在高新技术领域以集约型经济增长方式为主,但在大部分领域粗放型经济增长方式仍占主导地位。粗放型经济增长方式在促进我国经济总量快速递增的同时,也给经济健康可持续发展带来了很多挑战,给我国经济社会进一步发展带来了一系列问题。

1. 资源环境承受力与经济发展矛盾日益突出

资源要素和生态环境既是经济发展的基础,也是人类生活必不可少的基础条件。在粗放型经济增长方式主导下,随着经济规模的不断扩大,重物质投入、轻资源环境的经济行为导致资源要素消耗和环境污染不断扩大,各类资源要素供应和良好生态环境日趋紧张,甚至呈现出衰竭状态。就资源要素来讲,“国家有关部门对检测范围内1 010座大中型矿山资源潜力调查表明,有63%的资源要素进入衰竭行列”①。国际进口的资源要素价格不断上涨,因而资源要素短缺已成为制约我国经济发展的瓶颈。就环境而言,我国环境污染在短期内集中出现,工业排放的污

① 董鸿波、宋泽滨:《加快转变经济发展方式的理论与实践:以领导干部能力提升为视角》,中国经济出版社2011年版,第26-27页。

水、废气对生态环境的破坏程度令人瞠目结舌。2006年，我国工业和生活废水排放总量达453亿吨，二氧化硫排放量达2 120万吨，二氧化碳排放量则居世界第二。根据中国科学院2003年的估计，我国环境污染和生态破坏所造成的损失占GDP的15%①。由此看出，环境的严重污染也成为制约我国经济发展的另一个瓶颈。资源环境难以承受经济发展的压力，固然与我国人均资源少、环境承载力弱有关，但更重要的是与我国在工业化、城镇化过程中采用的重投入、轻保护资源环境的粗放型经济增长方式有很大关系。减轻资源环境重负，突破经济发展的资源环境瓶颈，必须切实改变粗放型经济增长方式，以促进我国经济健康可持续发展。

2. 社会发展和人民生活水平提高与经济发展不同步

社会发展和人民生活水平提高与经济发展是相辅相成的，经济发展有助于社会发展和人民生活水平提高，而社会发展和人民生活水平提高能为经济发展提供社会基础和主体动力，即二者应平衡协调发展。但由于历史的惯性和种种原因，我国自改革开放以来，就把精力放在经济发展上，甚至有的地区和部门为了政绩，一味抢抓GDP，轻视了社会发展和人民生活水平提高，形成了经济发展与社会事业发展、人民生活水平提高不平衡、不协调的“一条腿短，一条腿长”的状态。这种不协调、不平衡的状态，在一定程度上打消了人才和经济主体发展经济的积极性。同时，社会事业发展滞后，也影响了第三产业的发展，导致产业结构失衡，影响就业率，影响人民生活水平的提高，反过来制约了经济的进一步发展。因此，只为经济发展而转变经济增长方式是行不通的，必须把社会发展和人民生活水平提高与经济发展统筹兼顾，才能更有利于经济发展。

3. 国际分工处于产业链低端

对外开放是经济发展的外部动力。自对外开放政策实施以来，鉴于我国生产力水平和科学技术水平较低的状况，在积极引进外资、先进技术和管理经验的同时，又实施出口导向和对外加工贸易等政策。这些政策的实施，在一定程度上推动了我国经济的发展。但随着时间的推移，这些政策导致了我国对外贸易依存度持续升高的趋势。历史经验表明，一国经济对外贸易依存度越高，其经济发展及经济结构受到国际需求和国际分工的影响就越大，就会增加该国的经济风险。事实上，我国经济对外依存度高同样存在着风险。一方面，我国经济发展容易受到国际经

① 于淑波、宋岑：《转变经济发展方式，实现经济又好又快发展》，《山东财政学院学报》2008年第5期。

济波动的冲击。1998年的东南亚金融危机就是明显的例证。另一方面,我国对外加工贸易属于代工贸易,生产处于产业链的低端,生产出的产品属于低端产品,技术含量低、附加值低、国际竞争力低。同时,加工贸易又属于一种"候鸟经济",一旦我国劳动力成本上升,加工企业就会把这种加工产业转移到劳动力成本更为低廉的国家中去,因而其属于一种不稳定的产业,不利于我国经济持续稳定增长。另外,我国引入的外资,大部分都流入了制造业领域,不仅导致产业结构失衡,而且加剧了劳动力和资源要素价格的扭曲,进而不利于经济发展。因此,转变对外开放方式,提升对外贸易质量,是我国必须面对的严肃课题。

加入世界贸易组织后,我国经济发展取得的成就固然令人可喜,但我们也深知,这种成就是在粗放型经济增长方式的主导下经济快速发展而取得的。粗放型经济增长方式"三高一低"的特征必然给我国经济发展带来很多隐患和危机,这些隐患和危机不仅造成资源要素紧缺和生态环境恶化,更带来了深层的社会问题和人的发展问题。这些问题如不解决,将会和资源要素紧缺、生态环境恶化相交错,共同制约我国经济的进一步发展。因而,推动我国经济发展,不能仅依靠转变经济增长方式,还必须从更广阔的领域去思考。以胡锦涛为总书记的中央领导顺应时代要求,在科学发展观的指导下,提出转变经济发展方式这一重大命题,以破解阻碍我国经济健康可持续发展的经济、社会和生态环境等领域的新旧矛盾和新旧问题。

二、深入贯彻科学发展观,全面建设小康社会提出新要求

从整体来看,21世纪影响我国经济健康可持续发展的因素,涉及经济发展、社会发展和人的发展等各个方面。因此,在经济领域单纯强调转变经济增长方式已不适应当前经济社会发展的需要,必须根据时代背景和条件的转换,适时地把转变经济增长方式转变为转变经济发展方式,才能深入贯彻落实科学发展观,满足全面建设小康社会新要求,推动全面建设小康社会早日实现。

(一)转变经济发展方式是深入贯彻落实科学发展观的必然要求

发展理念更新与经济增长方式变迁相对应。新中国成立后,在发展观上依次出现了"赶超型"发展观、"硬道理"发展观和科学发展观,与此相适应,经济发展时期也依次经过粗放型经济增长方式时期、转变经济增长方式时期和转变经济发展方式时期。

1. 与“赶超型”发展观相对应的是粗放型经济增长方式

“赶超型”发展观存在于新中国成立到改革开放前的这一段时期。它的存在与当时特殊的时代背景相联系。为了战胜和打破以美国为首的西方资本主义国家的封锁和敌视，以毛泽东为首的第一代领导集体在底子薄、经济落后的情况下，为使生产力快速发展起来，快速赶上或超过世界上最先进的资本主义国家而提出来“赶超型”发展观。与其相适应，形成的经济发展方式是以“快”为特征的粗放型经济增长方式。这种目标单一、时间明确和行政推动的粗放型经济发展方式，在当时的工业化总体水平低、以商品短缺为特征的市场竞争不激烈、资源要素和生态环境较为宽松的条件下，在一定程度上推动了经济发展，其负面影响微乎其微。

2. “硬道理”发展观与转变经济增长方式

确切地说，“硬道理”发展观还包括“发展是第一要务”的发展观。这一发展观是对自改革开放到 21 世纪初期这一阶段发展观念的总概括。这一发展观的总目标是实现现代化，是以中国特色社会主义为导向，以基本实现小康社会为总体目标，以改革为动力。与这种发展观相适应，在发展措施上仍然将生产力快速发展作为优先考虑。鉴于改革刺激了竞争，激发了经济活力，以投资为主导的粗放型经营为特征的大、中、小型企业如雨后春笋般诞生，使得本来比较宽松的能源资源与生态环境难堪重负。加上这一时期过分注重经济发展，忽视社会发展与人的发展，即“重物不重人”，导致经济发展与社会发展和人民生活水平提高相脱节，反过来又和能源资源趋紧问题、生态环境问题相交错，阻碍了经济健康持续发展，因而转变经济增长方式应运而生。转变经济增长方式理论上要求提高经济质量，特别是强调利用科学技术提高资源利用效率来增加经济总量，缓解资源和生态环境压力。但在实践上，由于转变过程缓慢，经济发展过程中依然追求数量扩张，不仅没有解决资源与生态环境日益趋紧，以及经济发展与社会发展和人的发展相脱节的旧问题，还遇到了生产过剩、经济风险上升等潜在的新风险与新问题。实践证明，“硬道理”发展观念与转变经济增长方式存在着一定的局限性，必须用能引导经济、社会、人的全面发展的新发展观来代替。

3. 科学发展观与转变经济发展方式

为了解决经济发展与社会发展和人的发展相脱节的问题，以及应对经济发展过程中遇到的新旧矛盾和新旧问题，胡锦涛总书记在 2003 年 7 月的讲话中提出了

"坚持全面发展、协调发展、可持续的发展观"①。为进一步明确阐述科学发展观，2007年10月，胡锦涛总书记阐述了科学发展观的内涵："科学发展观，第一要义是发展，核心是以人为本，基本要求是全面协调可持续，根本方法是统筹兼顾。"②很明显，科学发展观是对过去已有的"赶超型"发展观和"硬道理"发展观的扬弃，既是为解决过去粗放型发展所导致的不协调、不可持续等诸多问题和矛盾的需要，又为解决人与自然、经济发展与社会发展和人的发展不同步问题，以及如何赶出发展与代价这个"鱼和熊掌不可兼得"的困境提供了新思路，因而是马克思主义经济发展理论的一次创新，也是中国特色社会主义经济发展理念的又一次创新。

转变经济发展方式是深入贯彻落实科学发展观的必然要求。科学发展观的实质是在坚持以人为本的前提下，以统筹兼顾为方法，实现经济全面协调可持续发展。但在以往的粗放型主导的经济发展过程中，总是强调经济总量的快速增长，而忽视经济发展质量的提高；在经济增长路径上，不计成本地投入生产要素，以牺牲环境为代价任意排放废弃物，导致了经济发展的不可持续；在增长结构上，注重投资拉动，特别是把大部分资本投在第二产业上，且在投资拉动有限的情况下忽视了第三产业的发展，造成了经济结构的不平衡；在资源配置上，政府运用行政力量主导和干预资源配置。这些导致了经济总量虽然快速增加，但经济结构失衡，资源能源约束趋紧，生态环境恶化，民生状况实际趋于下滑，从而严重影响经济社会的全面协调可持续发展，与可持续发展观相违背。显然，对于我国来说，单纯地转变经济增长方式难以满足以人为本的经济社会发展要求。转变经济发展方式不仅是从粗放型经济增长方式向集约型经济增长方式转变，从注重数量、速度转向注重质量、速度和效益并行，而且还注重从"以物为本"转向"以人为本"，从不计成本利用资源到节约、综合利用资源，从牺牲生态环境到保护和发展生态环境，从只注重经济发展到注重经济发展与社会发展和人的发展相同步的全面发展，从投资、投物驱动发展到创新驱动发展。这种经济发展方式正是科学发展观的本质、内涵和要求。

（二）深入贯彻全面建设小康社会提出的新要求

邓小平是最早提出"小康社会"这个概念的。他说的小康社会是一个上承温

① 中共中央研究室编：《十六大以来的重要文献选编》上，中央文献出版社2005年版，第396页。
② 中共中央研究室编：《十七大以来的重要文献选编》上，中央文献出版社2009年版，第11－12页。

饱、下启基本实现现代化的一种比较富裕的社会状态。以江泽民为核心的党中央领导集体不断丰富和发展"小康社会"的内涵，形成了比较系统的关于全面建设小康社会的思想。

转变经济发展方式符合全面建设小康社会的要求。党的十六大报告关于全面建设小康社会目标提到："生态环境得到改善，资源利用率显著提高，促进人与自然的和谐，推动整个社会走上生产发展、生活富裕、生态良好的文明发展道路。"[①]这些目标内含了集约型经济发展、社会发展、人的发展、人与自然关系和谐等内容，是在以往转变经济增长方式的基础上，扩展到社会发展、人的发展和生态环境保护等方面，已经远远超过了转变经济增长方式的目标。党的十七大报告明确提出，到 2020 年全面建成小康社会。为了达到这个目标，党和国家提出了更高的经济、政治、文化、社会和生态建设的"五位一体"发展要求。这就要求经济发展在优化结构、提高效益、降低消耗和保护生态环境的基础上，加大科技进步与创新对经济增长的贡献率，提高人民群众收入水平和消费水平，满足人民群众对更好新生活的期待，这些更是单纯转变经济增长方式难以达到的目标。因此，转变经济发展方式除了必须满足从注重数量和速度的粗放型发展转变到注重质量与效益的集约型发展外，还要体现发展过程中经济发展、社会发展、人的发展、人与自然关系和谐的平衡性，发展成果共享的公平性，以及发展环境和资源要素的可持续性。这些目标同时也是全面建设小康社会提出的新要求，因而转变经济发展方式是实现全面建设小康社会的重要途径。

三、加快转变经济发展方式应对国际金融危机

2007 年发生的美国房地产"次贷"危机，于 2008 年演变成为全球性金融危机。这次世界性金融危机影响深远，不仅发达国家经济受到重创，发展中国家也受到了不小冲击。整个世界金融市场动荡，消费需求萎缩，实体经济萎靡不振。新的经济增长点短期内难以形成，整个世界经济发展呈现出低迷状态，国际产业分工体系重新洗牌，产业结构重新调整。

在这次危机中，我国未能独善其身，也受到了一定的冲击和影响。在全球范围内经济衰退和消费能力下降的情况下，很多以出口产品为主的外向型企业都面临着产品积压，甚至破产的风险。受国际融资市场限制，不仅外资投资下降，而且国

---

① 中共中央研究室编：《十六大以来的重要文献选编》上，中央文献出版社 2005 年版，第 15 页。

内受经营成本和风险提升、效益下降的影响，企业投资少和不愿投资的现象也逐渐增多。国内就业压力增大，百姓消费水平下降。作为经济发展动力的投资、消费和出口这“三驾马车”的驱动效益逐年下降，经济增速日益趋缓。

2008年世界金融危机后，我国长期以来以粗放型主导的经济发展存在的缺陷凸显，四大问题暴露。其一，依靠增加资源要素消耗和劳动力低成本优势逐渐丧失。金融危机后，国内资源要素和劳动力成本不断增加，国际资源价格大幅攀升，不利于以“投”为主的企业发展。其二，企业研发投入少，科技创新能力不足。过分依赖资源要素的大量消耗和劳动力低成本的比较优势，不注重科技研发与创新。企业缺乏核心技术支撑，生产科技含量低、附加值不高的初级产品，不仅处在国际产业链低端，而且国际竞争力也不高，在金融危机后的国际激烈竞争中，处于不利地位。其三，企业生产技术、工艺设备落后。从总体上看，我国除了一些高新技术企业外，大部分企业的生产技术和工艺设备处于世界落后水平。这些企业不仅生产效率低，而且生产的产品加工精度低，很难符合国内、国际消费者日益提高的消费要求，导致产品过剩和积压，最终危及企业的进一步发展和生存。其四，经济结构不优。在三次产业结构中，农业薄弱，工业不强、产业链短、投资回报率不高，服务业发展滞后。地区经济结构不平衡，依强弱分为东、中、西三个梯级层次。工业布局分散，规模小，产业集中度低。综上所述，在金融危机的冲击下，重速度、轻质量效益，重投生产要素、轻科技创新和生态环境保护，重国际市场、轻国内市场，重财富增长、轻民生质量提升的粗放型经济增长方式已不能进一步促进经济健康可持续发展，必须在科学发展观的指导下，把加快转变经济增长方式转化为加快转变经济发展方式，才能更好地应对金融危机并促进我国经济社会的发展。

第二节　党和国家发展战略提出加快转变经济发展方式

总结我国现代化建设长期实践经验提出的加快转变经济发展方式，是党在统筹国内、国外两个大局，科学分析21世纪我国经济发展呈现的新特点和新特征后提出的一个重大战略决策，是我国经济社会发展思路的又一次创新，充分体现了党和政府对社会主义现代化建设规律的认识深化。

一、加快转变经济发展方式

十六大后，在科学发展观的指导下，党对转变经济增长方式的认识有了新的境界。虽然在此后继续使用"转变经济增长方式"这个概念，但对其内涵的认识发生了明显变化。从过去"又快又好"发展经济调整为"又好又快"发展经济，这一顺序的转变扩充了原来转变经济增长方式所没有容纳的社会发展和生态良好的内容。此后，胡锦涛于 2007 年 6 月的讲话中，首次提出"转变经济发展方式"。"转变经济发展方式"这一概念的提出，是对前一段时期转变经济增长方式认识的深化和相关思想的总结。

（一）党的十七大报告中正式提出加快转变经济发展方式

党的十七大报告明确提出："实现未来经济发展目标，关键要加快转变经济发展方式。"[①]由"转变经济增长方式"到"转变经济发展方式"，"增长"变"发展"，内涵有了很大不同。经济增长不等于经济发展。经济增长主要是指国民生产总值的增加，是以数量作为尺度衡量的，强调财富的"量"；经济发展不仅包括数量的增长，更强调质的提高，同时还包括经济结构的调整、社会发展、生态环境的保护、人与自然的和谐关系、人民生活质量的提高。因此，转变经济发展方式不仅包含转变经济增长方式（粗放型转向集约型），而且还包括经济结构优化、经济质量和效益提升、科技创新、人民收入水平提高、资源配置合理与生态平衡和环境保护等方面的转变。所以，转变经济发展方式的内涵更为深刻、宽泛和全面，既是对长期以来粗放型经济增长方式的弊端反思的结果，也是党就如何提高经济社会发展效益进行长期思考的结果，反映了党在科学发展观的指导下对社会主义经济发展规律的认识深化，也是经济发展思路的又一次伟大创新。

（二）转变经济增长方式与转变经济发展方式的联系

全面科学理解转变经济发展方式的内涵，除了要区分转变经济增长方式与转变经济发展方式的内涵外，还要搞清楚转变经济增长方式与转变经济发展方式之间的联系。从理论上讲，转变经济发展方式与转变经济增长方式之间具有理论扩展、理论替代和理论包容的关系。其一，理论扩展。转变经济发展方式是根据国民

---

① 中共中央研究室编：《十七大以来的重要文献选编》上，中央文献出版社 2009 年版，第 17 页。

经济发展状况而对转变经济增长方式的扩充和发展。在粗放型经济发展方式长期主导下，我国经济发展存在着质量效益低下、经济结构失衡、资源要素短缺、生态环境恶化、收入分配不均、居民生活水平提升缓慢的状况，制约了经济健康可持续发展。转变经济发展方式就是针对这些问题提出来的，它除了继承了转变经济增长方式的内涵外，还增加了转变经济增长方式所没有容纳的内容。其二，理论替代。转变经济发展方式代替转变经济增长方式，实际上就是用现代的、新的发展方式替代旧的、不合时宜的发展方式，增加了新的内容，使经济发展方式理论更符合新时代的需要。其三，理论包容。经济发展方式扩大了经济增长方式的内容和范围，因而比经济增长方式内涵更广泛、更深刻。经济增长方式仅考虑生产力，经济发展方式则把生产力与生产关系、经济基础和上层建筑之间的关系容纳进来，具有更大的理论包容性。

从与转变经济增长方式的联系角度看，转变经济发展方式具有以下三个特征：其一，转变经济发展方式不仅关注经济总量的增长，而且更注重运用科学技术及创新、科学管理来提高资源要素的利用率和经济效益；其二，转变经济发展方式不仅关注财富总量的扩张，而且更注重经济结构优化和经济运行质量；其三，转变经济发展方式不仅关注经济领域的发展，而且更关注经济、社会、人、环境的协调发展，把它们融合成“五位一体”。转变经济发展方式理论的提出，不仅符合新时期经济社会发展的需要，而且也是对经济发展方式理论认识的深化。

（三）部署加快转变经济发展方式路径

为了促进经济又好又快发展，推动经济发展由粗放型向集约型转变，由片面经济增长转向经济全面协调可持续发展，党的十七大报告对加快转变经济发展方式路径作了重要部署：“坚持走中国特色新型工业化道路，坚持扩大国内需求特别是消费需求的方针，促进经济增长由主要依靠投资、出口拉动向依靠消费、投资、出口协调拉动转变，由主要依靠第二产业带动向依靠第一、第二、第三产业协同带动转变，由主要依靠增加物质资源消耗向主要依靠科技进步、劳动者素质提高、管理创新转变。”①简单而言，十七大报告部署的加快转变路径就是“两个坚持、三个转变”。

（1）坚持走中国特色新型工业化道路。新型工业化道路是我国工业发展战略转型的标志，是以集约型经济增长为基础，强调企业真正成为科技研发和科技运用

① 中共中央研究室编：《十七大以来的重要文献选编》上，中央文献出版社2009年版，第17－18页。

的主体，在生产中利用技术进步与创新提高企业经济效益。其目标定位是工业要以信息化为核心和驱动力量，广泛综合利用自然科学技术、现代技术科学、现代社会科学理论，提高工业领域及其产品的科技含量，实现工业现代化和工业可持续发展，进而以工业现代化推进信息化、农业现代化。因此，中国特色新型工业化道路在集约型经济发展的基础上，把工业现代化与农业发展、生态环境保护和广泛就业综合起来，在实现人口、资源和环境协调发展的基础上实现工业可持续发展新型工业化道路。它有别于西方发达国家先污染、后治理的模式，也有别于发展中国家赶超型忽视资源合理利用和生态环境保护的工农业失衡的工业化战略。因此，坚持中国特色新型工业化道路是对中国经济发展路径的新设计，是符合加快转变经济发展方式内在要求的，是加快转变经济发展方式所要解决的重要内容之一。

(2) 坚持扩大国内需求。在生产过程的生产、分配、交换和需求的四个环节中，需求是整个生产过程的终端环节，也是生产环节开始的前提。因此，在一国经济发展中，扩大国内外需求，实现经济发展过程中的实物补偿和货币补偿，对经济可持续发展具有重要的意义。在我国，人民群众既是国家的主人，也是发展经济的主体力量和消费的主体力量。加快转变经济发展方式所要达到的目的，不只是经济结构调整优化、科技进步与创新、单纯财富积累，更重要的是改进民生，增加人民福祉，最终实现发展共享。在受金融危机的冲击后，国际上需求呈现出疲软现象，而且在很长的一段时间内难以恢复，并且过程很慢。在外需减弱的情况下，必须扩大国内需求，挖掘其潜力，拉动经济增长。加快转变经济发展方式，必须在想方设法维持和开拓国际需求的前提下，坚持扩大国内需求，特别是挖掘国内拥有十几亿人口的大消费市场，实现供需平衡，以促进旧的生产过程的完成，以及新的生产过程的继续，推动经济可持续发展。

(3) 实现经济增长依靠消费、投资、出口协调拉动。在以努力满足需求为主的时代，消费、投资、出口是拉动经济增长的“三驾马车”。在2008年世界金融危机爆发前，虽然国内消费对经济增长有一定的贡献，但是投资、出口增长更快，出现了投资比重高、贸易顺差大、消费比重低的格局。在过度关注国民财富增长的时期，投资与消费之间比例失衡，人民群众收入水平的提高与经济快速发展不同步，抑制了群众的消费需求，导致生产能力相对过剩。内需不足，又增加了经济增长对投资和出口的依赖性。贸易顺差过大，不仅引发了国际间诸多贸易纠纷和摩擦，而且还造成了国内流动性资金过多，反过来又提高了投资的比例。面对金融危机后国际需

求量减少，在投资推动经济增长动力减弱的情况下，必须提高国内消费对经济增长的拉动作用，促进国民经济良性发展。因此，在提高投资质量、转变对外贸易方式的同时，必须完善收入分配政策，持续增加人民群众特别是低收入人群的收入，多渠道增加农民收入，大力拓展农村市场，提高他们的消费能力、消费水平和消费渠道。扩大国内城乡消费能力和消费需求，促进经济发展从过去依靠投资和出口的“二驾马车”带动转向依靠消费、投资、出口的“三驾马车”协调拉动，实现经济增长动力转换。

（4）实现经济增长依靠第一、第二、第三产业协同带动。在粗放型经济增长方式主导下，工业是国民经济的主导产业，经济发展的动力主要来自工业。虽然第一产业和第三产业有了不同程度的发展，但是和第二产业相比，第一产业基础薄弱，而第三产业发展滞后。近段时期以来，从产业部门对经济增长的贡献率来看，包括农业在内的第一产业在国民经济中的比重不断下降，对经济增长的贡献率也不断下滑，处于较低水平。第二产业虽然是国民经济的支柱，对经济增长的贡献率最大，成为影响经济增长的最重要因素，但是具有“三高一低”特征的工业不仅科技含量低、产品附加值低，而且长期发展使资源要素日益趋紧、环境污染日益严重。第三产业对经济增长的贡献率虽然呈上升趋势，但第三产业起步晚，发展滞后。仅依靠低水平发展的工业推动经济发展显然是不行的，必须在三次产业各有良好发展的基础上协同推进经济发展。加大力度推动农业经济发展转型，促使农业走质量、速度和效益并行的道路，提高农业对经济增长的贡献率。坚持走中国特色新型工业化道路，促进信息化与工业化相融合，优化工业结构，提高工业发展的质量、水平和效益。大力发展第三产业，促进第三产业的优质高效增长，提高第三产业对经济增长的贡献率。这样，通过三次产业的优质增长，就能把经济发展由单一产业拉动转变为依靠三次产业协同优化带动，提高整体经济发展的质量和效益。

（5）实现经济增长依靠科技进步、劳动者素质提高、管理创新拉动。资源要素是经济发展的基础，但经济发展的要素结构则反映了国家经济发展能力和创新能力的强弱。改革开放以来，我国大力解放和发展生产力，充分发挥了资源要素与劳动力低成本的禀赋优势，以粗放型增长迅速扩大生产能力，诸多产品的产量跃居世界前列。但由于产品科技含量低、产业链短、创新能力不强，产业缺乏核心技术、自主知识产权和世界知名品牌，很多企业都属于代加工企业，很大一部分的产品利润上缴到拥有知识产权的国外企业，我国企业在国际产业链中处于下游，无法与国际同类企业展开竞争，制约了市场份额的拓展。要实现我国经济向更高水平发展，不

断提高经济发展的质量、国际竞争力和抵御风险的能力，必须注重科技引进、消化吸收和再创新的能力，加速科技成果转化为现实生产力，提高国家竞争力。因此，我国要大力实施科教兴国战略，重视教育和创新性科技人才的培养。深化科技体制改革，大量培养高新技术人才，以便吸收和借鉴国际科技前沿技术，利用后发优势实现科技创新能力的跨越式发展，为加快转变经济发展方式提供高素质劳动力和高新技术支撑，缩短由经济大国转变为经济强国的历史进程。

党的十七大报告提出的加快转变经济发展方式，以及为加快转变经济发展方式提出的"两个坚持，三个转变"的路径部署，深化了党对加快转变经济发展方式的紧迫性、必要性的认识，是党长期以来对中国特色社会主义经济发展规律理论与实践探索的结果。这一理论的提出，不仅指导了当时加快转变经济发展方式的实践，而且对后续经济发展也产生了深远影响，更进一步充实和发展了中国特色社会主义经济理论。

二、应对危机时的系统论证

（一）金融危机的爆发与影响

2008 年爆发于美国的金融危机席卷全球，对世界经济产生了深刻的影响。为应对金融危机，世界各国纷纷采取各项政策，加大科技研发力度，大力培育战略性新兴产业，新的先进生产力不断涌现，世界经济增长模式面临着大调整，中国经济发展也不可避免地受到此次金融危机的重大影响。为应对金融危机带来的重大挑战，抢占世界经济发展制高点，中国加大力度推动加快转变经济发展方式。

（二）金融危机背景下中国经济发展态势

金融危机爆发后，从整体上看，我国经济增速回落，从 2007 年的 14.2%一路下滑到 2011 年的 9.5%，并且随着时间的推移，到 2017 年仅有 6.9%。具体到各个产业部门，工业增速回落很快，2008 年 10 月的增速为 8.2%，到 2009 年 1—2 月仅为 3.8%，达到 1991 年以来的最低点。能源、原材料等强周期行业，以及纺织服装、船舶制造、电子信息产品制造等外贸依存度高的企业受到的冲击最为严重，有的企业甚至倒闭破产。农业发展速度放缓，增长势头受挫，特别是出口依存度高的农副产品因外需紧缩而出口受阻，外向型农产品加工企业效益严重下滑，农民增收放缓。第三产业虽然受到一定的冲击，但总体态势运行较为平稳，行业差异和地区差异比较明显。文化消费服务业、金融服务业和信息服务业总体呈上升趋势，而外向型服务的海运、航运等，以及物流和入境旅游等行业受到较大冲击。

（三）金融危机背景下中国经济发展面临的挑战

中国经济长期粗放型发展所带来的弊端更加突出，并表现出新的特点。其一，保增长与调结构面临两难选择。经济发展效益是建立在一定经济增长速度基础上的，而经济结构调整是促进经济发展的关键。粗放型经济发展以投资带动经济增长的做法势必会延缓经济结构调整。其二，部分行业产能过剩，矛盾进一步突出。依靠外需拉动的部分行业，受外部需求急剧下降的影响，产能过剩凸显。特别是具有高能耗、高污染的钢铁、水泥、平板玻璃和电解铝等原材料工业，盲目发展、重复建设导致产能过剩严重。其三，我国战略新兴产业形势严峻。各国积极培育和发展战略新兴产业来应对金融危机，这既给中国带来了机遇，也带来了挑战。在市场和配套政策不完善的情况下，我国总体技术基础、自主创新能力与发达国家有较大差距，在竞争中处于劣势。其四，产品出口难度加大。各国经济增长缓慢，产品进口能力和势头减弱，加上国际贸易保护主义抬头，使我国贸易纠纷和贸易摩擦频度增加，低端产品和低价格参与国际竞争优势不再，产品出口难度加大。其五，人工低成本优势明显减弱。随着我国人口红利削弱，劳动力成本不断攀升，和新兴国家相比，产品成本优势不断下降，国际竞争力比较成本优势大为减弱。其六，经济增长的资源环境约束强化。随着我国经济规模不断扩大，经济发展面临着资源要素和环境约束限制不断增强，特别是减排压力日益突出。其七，科技创新能力不强。科技创新是加快转变经济发展方式的支撑力，以往学习、模仿、借鉴国外技术虽然推动了经济快速发展，但在没有掌握核心和前沿技术的前提下，这种后发的潜力在国际科技竞争中正在逐步变小，加快转变经济发展方式受到的科技创新约束越来越明显。其八，投资和消费关系失衡。在国家收入一定的情况下，大规模的投资建设必然压缩了消费基金，影响了人民群众消费水平的提高。在国外需求不振的情况下，投资与消费失衡，不利于国内需求扩大，从而影响了经济发展。不仅这些挑战给我国经济发展带来很大困难，而且粗放型经济发展方式也很难促进金融危机后的经济发展，因此必须加快转变经济发展方式，以适应金融危机后经济发展的需要。

国际金融危机是粗放型经济发展方式之“危”，但却造就了加快转变经济发展方式之“机”。国际金融危机对我国经济发展的影响，表面上冲击的是经济增长速度，实质上是对粗放型经济增长方式的否定。在危机中，受到冲击最严重的就是那些技术含量不高、附加值低、低端落后的粗放型经营的行业和企业。而那些技术含

量高、产品附加值高的集约型经营的行业和企业，不仅受到的冲击和影响小，而且还有着广阔的发展空间。世界经济发展史表明："一个国家要保持充满活力、持续向上的发展态势，关键是要跟上世界科技革命和新兴产业发展潮流，不断形成新的战略支点。"[①]每一次大的危机过后，都会引发经济变革和结构的深刻调整。在金融危机引发的经济变革和结构调整的浪潮中，谁采用先进技术发展新兴产业和实施经济结构优化调整，谁就会在下一轮国际竞争中赢得占据主动地位的先机。当前国际上各国都在调整经济结构，利用前沿科技发展新兴产业。如果我国继续沿用原有的经济结构和粗放型经济增长方式，就会在未来的国际竞争中陷于被动地位。同时，经济结构调整和科学技术的利用，还需要劳动者来操控。我国是社会主义国家，发展经济的最终目的是为了提高人民群众生活水平。如果发展经济只是用来增加国家财富，就必然会让人民群众失去发展经济的主体动力和积极性。应对金融危机带来的冲击和影响，还必须调动人民群众的积极性和主体动力。因此，经济增长模式不能仅局限于集约型、体制改革、经济结构调整、科技创新、生态环境保护、转变对外贸易方式、发展新兴产业等，更重要的是要调整收入分配制度，实现经济发展成果由人民共享，经济发展与社会发展、人的发展同步，才能更好地应对和战胜金融危机。由此可见，转变经济增长方式已不适应金融危机后经济发展的需要，必须把加快转变经济增长方式转变为加快转变经济发展方式，才能快速恢复并更好地发展经济。

三、"十二五"规划把加快转变经济发展方式作为主线论述

以胡锦涛为总书记的党中央敏锐觉察到，金融危机的爆发及其不断的发展演变和对世界经济发展的深远影响，使得支撑中国经济发展的国内外经济因素和环境发生了显著的变化。国内外因素的变化与我国长期粗放型经济发展所带来的弊端相结合，使得我国经济发展不平衡、不协调和不可持续问题相当突出。另外，粗放型经济发展方式存在的时间越长，就越会使得体制障碍、城乡与区域之间矛盾、就业总量压力和结构性矛盾、社会矛盾、人与自然矛盾等日益加剧，必将阻碍中国经济社会健康持续发展。因此，我们必须在规避金融危机给我国带来的不利因素的同时，积极抓住当前的有利因素，加快转变经济发展方式，促进转变发展方式进程，以推动经济良性发展。因此，党和国家在制定"十二五"规划时，把加快转变经

① 中共中央文献研究室编：《十七大以来重要文献选编》中，北京：中央文献出版社2011年版，第453页。

济发展方式提高到经济发展的主线上来。

以胡锦涛为总书记的党中央继十七大报告提出加快转变经济发展方式后，综合判断国内、国际经济发展大势，以及我国面临的机遇与挑战，主动适应环境变化，采取积极应对危机的方针，提出把加快转变经济发展方式作为主线，以引领我国经济发展。

(一) 把加快转变经济发展方式作为主线问题提出

主线是实现主体的主要路线和贯彻全过程的基本线索。后国际金融危机时期，世界经济发展已进入大调整和大变革时期，我国经济发展面临的国内外环境更加复杂。同时，我国经济运行中许多深层次的结构性、体制性矛盾和问题亟待解决，加快转变经济发展方式显得尤为紧迫。因此，党在“十二五”规划中提出：“以加快转变经济发展方式为主线，是推动科学发展的必由之路，符合我国基本国情和发展阶段性特征。加快转变经济发展方式是我国经济社会领域的一场深刻变革，必须贯穿经济社会发展全过程和各领域……”[①]主线问题的提出，是党和国家领导集体在对国内外经济发展变化趋势敏锐把握的情况下，对加快转变经济发展方式紧迫性的认识和重要性的强调，把加快转变经济发展方式提高到了前所未有的高度。

(二) 部署加快转变经济发展方式新路径

为实现我国经济全面、协调和可持续发展，与十七大报告相比，“十二五”规划对加快转变经济发展方式作了更为周全和详尽的部署。

1. 坚持把经济结构战略性调整作为主攻方向

经济结构不合理是延缓加快转变经济发展方式进程诸多问题的主要症结，调整经济结构对加快转变经济发展方式显得尤为重要。经济结构战略性调整，既可以化解我国粗放型经济发展所积累的矛盾和问题，提升国民经济整体素质，为经济长期平稳较快发展提供结构支撑，又是我国赢得国际竞争主动权的根本途径。加快经济结构战略性调整要按照优化的方向和要求，加快调整收入分配结构，构建扩大内需长效机制，提高人民群众收入水平和消费能力，提升消费在经济增长中的贡献率；加快统筹城乡发展和区域经济结构调整，积极稳妥推进城镇化和新农村建设，促进区域经济发展良性互动；积极优化国土开发空间结构，合理开发和利用国土资源，既可以着眼于化解过去粗放型发展所积累的矛盾和问题，又能为经济持续

① 中共中央文献研究室编：《十七大以来重要文献选编》中，中央文献出版社2011年版，第975页。

平稳健康发展和迈上新台阶创造良好条件。适应产业结构优化调整新趋势，除了应加快对传统产业技术、工业设备升级改造外，还必须科学判断未来市场需求变化和技术发展趋势，大力培育和发展新能源、新材料、节能环保、生物医药、信息网络、高端制造等战略性新兴产业，使战略性新兴产业既成为国家经济发展的主导力量，又成为加快转变经济发展方式的领头羊；加快转变农业发展方式，以农业科技创新与推广为发力点，构建现代农业产业体系，提高土地出产率、资源要素利用率和劳动生产率，增强农业抗风险能力、节约循环可持续发展能力，实现农业发展优质高效高产；加快发展服务业，把发展服务业作为产业结构升级的战略重点，实施大力发展包括金融、物流、信息、研发、商务、工业设计等生产性服务业，包括市政公用事业、房地产和物业服务、社区服务等在内的生活性服务业；加快旅游基础设施建设，推动旅游产品多样化发展，培育新的旅游消费热点；以科学发展观为指导，深入实施可持续发展战略，踏实推进节能减排和污染防治工作，建立资源节约型和环境友好型技术生产体系，努力向资源节约型和环境友好型社会迈进，为经济持续发展提供优质资源要素和美丽的生态环境。

2. 坚持把科技进步和创新作为重要支撑

长期以来，我国通过把引进资金、技术、管理经验与劳动力低成本优势相结合，推动我国经济持续发展，并使我国成长为制造业大国。但是由于缺乏自主创新能力，不仅使我国产品缺乏核心知识产权，而且也使我国在国际产业链中处于最低端，成为国外产品的代加工国，成为制约我国经济结构优化升级的主要因素。以往经济危机周期性规律表明，每次世界性的经济危机都会推动世界前沿科技创新，并把这些新科技应用于生产中，实现了产业创新和产业结构调整。后危机时期，发达国家利用其科技优势，纷纷发展战略新兴产业，推进产业结构优化升级，努力塑造国际竞争新优势，这对我国外向型经济造成了压力。而一些发展中国家利用其劳动力更低成本优势，在国际市场上与我国外向型传统产业展开竞争。在这种状况下，要紧紧抓住新一轮科技革命带来的机遇，大力发展科学技术，坚定不移地把提高自主创新能力作为国家发展战略的核心，加速科技成果转化为现实生产力，为加快转变经济发展方式提供支撑。因此，深入实施科教兴国战略和人才强国战略，大力发展现代教育，在努力培养壮大创新人才队伍的同时，通过建立海外研发机构、技术合作等途径，在全球吸收创新资源和创新成果，充分发挥科技创新和人力资源在经济发展中的核心作用。深化科技体制改革，尽快构建企业、市场、高校相结合的企业工程技术研发中心，

强化自主知识产权和自主品牌意识，争取在关键行业和领域实现中国创造，提高我国产业发展的技术含量、产品附加值和国际竞争力。以拥有先进科技的龙头企业领衔，延伸产业链，打造和培育产业集群，提升整体产业链水平。

3. 坚持把保障和改善民生作为根本出发点和落脚点

经济发展是社会发展和人的发展的前提和基础，社会发展和人的发展则是经济发展的根本目的和内在要求。同时，社会发展和人的发展则又能更好地促进经济发展。因为人民群众是社会财富的创造者、经济发展的主体，只有保障和改善民生，提高人民群众的生活水平，才能保持社会稳定，调动人民群众发展经济的积极性和主动性，也是扩大国内需求和加快转变经济发展方式的重要着力点。因此，必须把保障和改善民生作为根本出发点和落脚点，让人民群众享受加快转变经济发展方式红利。近些年来，我国在发展经济过程中，改变过去重视经济发展，不重视民生和社会发展的做法，不断加强对社会保障和民生改善的重视，采取了包括取消农业税、重视义务教育、建立覆盖城乡的社会保障制度框架等一系列措施，促进了民生改善。后国际金融危机时期，越是在困难时期，我们越应当注重社会保障和民生改善。改善和保障民生，其一，要把就业放在经济发展的优先位置。在努力扩大就业岗位的同时，政府加强就业援助和职业培训力度，提高劳动者素质和就业能力，切实帮助有就业能力但就业困难的劳动者实现就业，提高劳动者收入。其二，大力发展科技、教育和文化事业，全面提高科技水平和人的素质。推动科技创新和人才培养是人全面发展的途径，也是加快转变经济发展方式的支撑力量。要深化科技体制改革，割除阻碍科技创新的体制机制，建立具有激励科技创新的体制机制，最大限度地激发科技工作者和全社会科技创新的活力。大力推进素质教育，建立面向新时期的包括职业教育在内的完善的教育体制。其三，加大改革收入分配调节机制力度。在完善人民群众就业机制的基础上，还要把传统的效率优先的收入分配机制改为初次分配效率优先、兼顾公平，再次分配更加注重公平的收入分配机制，使发展成果惠及全体人民，缩减贫富差距，最大限度地促进加快转变经济发展方式的主体活力涌现。

4. 坚持把建设节约资源型、环境友好型社会作为重要着力点

丰裕的资源要素和优良的环境是经济健康可持续发展的基础。节约资源和保护生态环境、妥善应对气候变化、实现绿色发展，是我国加快转变经济发展方式，实

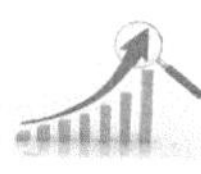

现经济健康可持续发展的重要抓手。它不仅关系到人民群众的切身利益，而且还关系到中华民族的永续发展。但自我国改革开放以来，粗放型经济增长方式主导下的经济快速增长，是建立在依赖资源要素高度投入和低效利用上的，又以过度排放污染物导致生态环境严重被破坏为代价。进入21世纪以来，资源要素短缺和环境破坏日趋严重已成为世界普遍性的问题，人与自然和谐相处，经济发展与社会发展、生态环境保护相协调，也成为世界普遍性共识。我国自转变经济增长方式实施以来，资源要素过度投入和生态环境破坏问题有所缓和，但随着经济发展规模的不断扩大，资源要素节约使用和生态环境保护并没有成为人们的普遍共识，经济发展过程中的资源要素日益趋紧、生态环境污染等问题依然存在，这给我国经济健康可持续发展带来很大的现实隐患。因此，我们必须：其一，大力发展循环经济，强化能源资源节约利用。综合运用经济、法律和行政手段，建立目标责任体制，强化能源资源节约意识，加强循环经济技术研发和推广，大力发展循环经济，最终以提高资源利用效率为核心、完善的体制机制为抓手，形成节约型的生产方式、消费方式和交通方式。其二，加强生态环境保护，促进生态修复。按照生态保护的重点从事后保护转向事前保护、人工建设和自然恢复相结合的原则，建立健全工业污染防控体系，积极发展低碳经济，加强水资源、空气污染和生态环境综合治理，以及天然林保护区、草原生态区、重要水源涵养区等的保护，促进生态自我修复，最终促进经济发展走向可持续发展道路。

5. 坚持把改革开放作为强大动力

我国30多年的经济发展实践证明，改革开放是推动经济可持续发展的动力。后金融危机时期，加大改革力度，拓展开放的宽度和深度，对化解和消除体制性、结构性和系统性风险，缓解资金和能源资源紧缺，引进、吸收和创新前沿科学技术，加快转变经济发展方式具有重要意义。其一，深化改革。以社会主义市场化为取向的经济体制、政治体制、文化体制和社会体制等的改革，充分发挥市场配置资源的基础性作用，是化解加快转变经济发展方式面临的结构性、资源性、环境性等突出问题的关键。要按照精简、统一、效能的原则，以及决策权、执行权和监督权相互制约、相互协调的要求，深化行政管理体制改革，加快转变政府职能，在保证政府宏观管理能力的前提下，减少政府对资源要素的管控权，让市场在配置资源要素中真正起基础性作用。深化国有企业和垄断行业改革，在保证国民经济和关键行业起主导作用的前提下，放开市场竞争，在国有企业和非公有制企业之间营造公平有效的竞争环境。深化资源性产品价格和环保收费改革，加快形成能灵活反映市场供求、资源稀缺、环境损坏补偿的价格机制,促进资源要素的可持续开发利用和生态环境保护。深化财税和金融体制改革,建立政府间事权与财权相匹配的财政管理体制以及健全的金融体制,防范金融风险。其二,提升对外开放水平。立足于服务加快转变经济发展方式和社会发展的战略方向,统筹国内、国际两个大局,把扩大开放与加快转变经济发展方式要求的经济结构优化,区域发展,资源要素和前沿技术引进、消化、吸收、创新结合起来,实施更为主动的对外开放战略,拓展对外开放的广度和深度。要安全有效地利用两个市场和两种资源,把“引进来”和“走出去”、“引资”和“引智”相结合。着眼于全球范围配置资源要素,转变生产方式,提高产品质量和效益,推动“走出去”取得突破性进展。大力吸引海外高层次人才,建设海外高层次人才创新和创业基地,以便创新利用外资、先进技术与管理经验,带动国内产业结构调整优化、技术提升、产品质量和生产效益提高,为加快转变经济发展方式提供强大的外部动力。

自转变经济增长方式以来,党和国家领导集体对上述5个方面都在不断地强调和落实,后来更是把它们作为贯彻落实科学发展观的突出任务。“十二五”规划把上述5个方面作为加快转变经济发展方式重要途径并融合在一起,体现了对加快转变经济发展方式理论认识的新提升和新概括。

“主线”问题的提出,是党和国家领导集体在继承马克思经济发展方式思想、走经济发展新路子思想、转变经济增长方式的基础上,在经济发展方式这一理论领域里的新突破。“十二五”规划关于加快转变经济发展方式的主线问题、重要意义、紧迫性、方法、路径的论述,体现了党中央对加快转变经济发展方式的高度重视,是我国转变经济发展方式理论与实践在进入加快阶段后又一新的丰富发展和突出标志,不仅充实和丰富了中国特色社会主义经济发展理论,开拓了人们的理论视野,而且在实践上引导人们能更加重视加快转变经济发展方式,提高了人们加快转变经济发展方式的积极性和主动性。

第三节　理论界关于加快转变经济发展方式理论研讨的新高潮

自转变经济发展方式理论提出后,理论界开始将转变经济增长方式理论研究转向转变经济发展方式理论研究。特别是金融危机后,随着经济增速下降,长期粗

放型经济增长方式发展所造的经济隐患和经济风险，在金融危机的冲击下显得更加突出，加快转变经济发展方式显得更加紧迫和急切。

一、理论界关于加快转变经济发展方式理论的研讨

为了更好地引导加快转变经济发展方式，扭转粗放型经济发展和金融危机冲击带来的不利局面，理论界掀起了研究转变经济发展方式理论的新高潮。从现有的研究成果来看，理论界研究主要集中在转变经济发展方式的内涵、转变必要性、转变制约因素、转变路径、转变评价体系等方面。

（一）关于转变经济发展方式内涵的研讨

从已有的相关研究成果来看，学者们普遍认识到"经济发展方式"与"经济增长方式"具有较大区别，因而大多数学者在界定转变经济发展方式内涵时，是从二者区分的角度来界定的。黄泰岩认为，转变经济发展方式不仅包含转变经济增长方式，还包括发展目标、质量与效益并举，以及以人为本、经济结构优化、建设双型社会等内容。逄锦聚认为："经济发展方式转变就是由粗放型增长到集约型增长，从低级经济结构到高级、优化的经济结构，从单纯的经济增长到全面协调可持续的经济发展的转变。"[①]蒋志华等学者认为，转变经济发展方式是指通过转变传统发展观为科学发展观，改变过去粗放型增长方式带来的跛脚的发展（即"经济发展一条腿长，社会发展另一条腿短"）——不全面、不协调、不可持续的发展为能实现全面、协调和可持续发展的集约型增长方式。

从对转变经济发展方式的内涵界定来看，虽然学者们对转变经济发展方式内涵界定的角度和内容有差异，但大多数学者认为，转变经济发展方式的内涵，除了包含转变经济增长方式外，还包括与经济发展密切相关的社会发展、人的发展、生态环境保护等内容。这说明，转变经济发展方式的中心内涵——集约型增长、经济结构调整、能源资源节约和高效利用、生态环境保护、人民生活水平提高等已在理论界获得共识，为进一步探讨后金融危机时期加快转变经济发展方式的必要性和紧迫性、困境、思路和对策等奠定了理论基础。

（二）关于转变经济发展方式必要性的研讨

在转变经济发展方式必要性问题上，理论界观点基本一致。学者们认为，粗放

---

① 逄锦聚：《经济发展方式转变与经济结构调整》，《财会研究》2010年第5期。

型经济增长方式存在很多弊端,在粗放型经济增长方式主导下的经济发展是不可持续的。同时他们又认为,新时期转变经济增长方式虽然能够解决粗放型经济发展的"三高一低"的困境,但新时期的经济要健康可持续发展,仅仅把粗放型经济增长方式转向集约型经济增长方式是不够的,还必须把经济发展与社会发展、人民生活水平相结合。周淑莲指出,1995 年党的十四届五中全会虽然正式提出转变经济增长方式,但我国粗放型经济增长方式不仅没有得到根本的转变,难以实现经济增长的目标,而且经济发展中还出现了一些迫切需要解决的问题。这些问题不仅不能单独依靠转变经济增长方式来解决,而且还制约着经济增长方式的转变,因此需要拓展到转变经济发展方式框架下去寻找①。谷亚光认为,改革开放 30 年来,我国经济发展取得不小成就,但现有的收入分配政策导致了人与人之间收入差距明显扩大,这些使得经济发展与以人为本的目的是相悖的②。刘向东认为,加快经济发展方式转变事关社会主义现代化建设全局,决定了能否实现经济现代化、社会现代化和生态现代化③。

尽管学者们研讨的切入角度有所不同,但理论界对我国转变经济发展方式的迫切性和必要性所作的深剖析,都从不同侧面反映了新时期从转变经济增长方式向转变经济发展方式转变是历史发展的需要,也是党中央做出的明智和及时的抉择,这对我国应对金融危机所造成的冲击,突破粗放型经济发展方式所带来的经济发展困境具有重要的理论意义和实践意义。

(三) 关于制约转变经济发展方式因素的研讨

自十七大提出转变经济发展方式以来,党中央从我国经济社会发展的全局出发,在不同的场合多次强调加快转变经济发展方式,但在实践中,转变经济发展方式出现了"久转不力、转而不快"的现象。针对这种现象,理论界也进行了探讨。申广斯认为,人们的思想观念、经济发展阶段、经济体制模式、经济管理体制是制约转变经济发展方式的四个因素④。蒲晓晔、赵守国指出,我国近年来的投资、消费和出口三者需求之间存在严重的不均衡,成为制约我国经济又好又快地持续发展的主要问题⑤。郭占恒认为,我国经济发展方式长期得不到根本好转的原因十分复

① 周叔莲:《十七大为什么提出转变经济发展方式》,《中国党政干部论坛》2008 年第 2 期。
② 谷亚光:《略论转变经济发展方式的主旋律》,《高校理论战线》2010 年第 2 期。
③ 刘向东:《加快经济发展方式转变与中国的现代化》,《学习论坛》2012 年第 5 期。
④ 申广斯:《我国转变经济发展方式的制约因素与对策》,《统计与决策》2009 年第 22 期。
⑤ 蒲晓晔、赵守国:《我国经济发展方式转变的动力结构分析》,《经济问题》2010 年第 4 期。

杂，总体来说主要包括以下制约因素：工业化水平不高，城镇化发展滞后；三次产业结构层次低，“三驾马车”难匹配；资源配置方式低效，经济发展粗放缺少约束；区域发展呈阶梯型，市场需求多层性；经济体制改革滞后，科学的政绩导向机制尚未建立[①]。陈俊认为，制约我国经济发展方式转变难以实现的难点包括：政府过多干预经济导致资源配置不合理；部分地方政府转变经济发展方式的积极性不够，没有与中央政府积极配合；扎扎实实地进行科学研究的风气日渐淡薄；受传统发展观念的影响[②]。

理论界对制约我国转变经济发展方式的因素分析，概括而言，主要包括思想观念滞后、经济体制改革缓慢、经济结构失衡、动力转换落后、科技观念淡薄等。这些因素在不同程度上无疑阻碍了转变经济发展方式的进程。在后金融危机时期，我们加快转变经济发展方式不仅要解决上述阻碍因素，而且更多地要调动人民群众特别是企业的主动性和积极性，尽最大努力加快转变经济发展方式。

（四）关于转变经济发展方式路径的研讨

依据对制约经济发展可持续的因素分析，学者们从各自的角度提出了转变经济发展方式的可行性建议、路径与对策。综合相关研究成果，大体上可以把学者们提出的建议、路径和对策分为三类：第一类，从影响转变经济发展方式背后的体制因素出发，探寻转变路径；第二类，从发展理念变革的视角出发，阐述理念变革对转变经济发展方式的引导作用；第三类，从分析战略性产业出发，研究战略性新兴产业对加快转变经济发展方式的领头羊作用。

1. 从体制改革的角度探究转变路径的研讨

理论界普遍认为，社会主义制度对转变经济发展方式有重要作用，但这种作用的良性发挥，关键在于通过体制改革为加快转变经济发展方式提供制度支持。杨淑华认为，我国转变经济发展方式没有取得根本性进展的原因在于经济驱动力不足，要从根本上解决这个问题，就要建立严格的产权归属制度，明确产权归属，并进行严格保护。综合运用包括价格、税收等经济杠杆，利用政策引导和市场导向，建立和完善谁治理谁收费制度、法规标准，把“问责制”和利益挂钩，充分调动各方力量，强化经济驱动力，加快转变经济发展方式进程[③]。徐朝阳、林毅夫认为，推动经

---

① 郭占恒：《我国转变经济发展方式的障碍因素和路径选择》，《政策瞭望》2012 年第 7 期。

② 陈俊：《后危机时代中国经济发展方式转变研究》，《绍兴文理学院学报》（自然科学版）2012 年第 3 期。

③ 杨淑华：《我国经济发展方式转变的路径分析——基于经济驱动力视角》，《经济学动态》2009 年第 3 期。

济发展的核心问题是资源要素和能源禀赋的结构升级，而资源要素和能源禀赋结构升级，就会推动内生于资源要素和能源禀赋结构的产业结构升级。政府应该制定体现资源要素和能源禀赋结构优化的最优发展战略和产业政策，推动产业升级，进而加快转变经济发展方式①。吴敬琏等学者认为，转变经济发展方式的关键在于体制改革，而我国的体制改革尚未完成，现存的体制中还存有阻碍转变经济发展方式进程的计划性因素。因此，要想加快转变经济发展方式，必须坚定不移地推进体制改革，必须消除现有的体制性障碍，建立一个规范的允许市场在资源要素配置中起基础作用的、鼓励企业创新创业的新体制②。姜国强认为，我国现存体制存在着政府与市场失衡、国有产权冲突和非正式制度供给不足等缺陷，这些缺陷制约着转变经济发展方式的进程。为了加快转变经济发展方式，需要不断进行体制创新，即要正确定位政府职能，提供有效的制度安排；以市场化的国有企业产权制度改革，推动市场配置资源起基础作用，提高生产效率③。李民吉认为，我国在低成本劳动力无限供给的红利即将终结，刘易斯转折区间到来之际，在生产要素成本不断上升的压力下，必须把依靠要素驱动的经济发展方式转向依靠创新驱动的经济发展方式，这种转变需要深化制度变革来推动。政府应该深化体制改革，建立和完善监督考核机制、产权制度等有效的综合管理体制，保证市场经济信号的真实性，营造公平的市场环境。从长远看，国家应该尊重市场经济规律，增强人才社会流动性，并在社会各阶层人群中公平分配教育资源和教育机会，提高劳动者素质，为加快转变经济发展方式提供高素质的劳动人才④。理论界关于体制改革对转变经济发展方式作用的研讨，进一步深化了对制度在转变经济发展方式中的重要作用的认识，为政府加快体制改革，建立和完善现代企业制度、产权制度、市场经济体制、资源要素制度、人才制度等进行了可行性研究，并作了先期探究和铺垫。

2. *从发展理念和发展战略的角度探究转变路径的研讨*

转变经济发展方式是一个系统工程，政府必须有一个完善的、与时俱进的发展理念和发展战略，为人们加快转变经济发展方式提供航标、引导、指导和调控。“思路决定出路”。发展理念上的迷茫、困惑与不清晰是转变经济发展方式最大的困

---

① 徐朝阳、林毅夫：《发展战略与经济增长》，《中国社会科学》2010年第3期。

② 吴敬琏：《经济发展模式转型的关键是体制改革》，《学习月刊》2010年第19期。

③ 姜国强：《我国经济发展方式转变的制度障碍及其跨越》，《社会科学家》2012年第5期。

④ 李民吉：《转变经济发展方式的关键：从要素驱动转向创新驱动》，《新视野》2012年第2期。

惑，在实践中会不可避免地出现各种失误与偏差，阻碍转变进程。申广斯提出，应改变思想观念，树立并以科学发展观为指导，正确处理好经济建设与资源、环境之间的关系，深化体制改革，创新体制机制，优化产品结构和产业结构，淘汰“三高”企业，加快推进转变经济发展方式进程①。董鸿波、宋泽滨从党政干部的角度指出，树立有利于加快转变经济发展方式新理念，必须以科学发展观为指导，并自觉把可持续发展观蕴含的正确思想和方法、全局和长远的大局观、统筹兼顾等世界观和方法论，转化为科学的思想方法和工作方法以指导转变经济发展方式的实践②。在发展战略上，贾根良认为，转变经济发展方式不仅是经济领域上的革命，而且也是一场发展思维和发展战略上的革命。在后金融危机时代，我国政府的政策都存在着缺乏战略思维的历史大视野的致命的缺陷。我国应效仿 19 世纪美国制定的排斥外国直接投资，以及以内部改善为核心的内需发展战略，变“国际大循环”为“国内大循化”的经济发展战略③。理论界关于新理念和发展战略对转变经济发展方式影响的探讨，深入揭示了发展理念与发展战略对转变经济发展方式的重要引领和导航作用，拓宽了仅从经济、社会、人和生态环境领域探究转变经济发展方式的思路，拓展了转变经济发展方式理论的视野，为转变经济发展方式开启了新的理论研究领域。

3. 从战略性新兴产业角度探究转变经济发展方式路径

战略性新兴产业是以重大技术突破为依靠，以产业发展需求为基础，对经济社会全局和长远发展具有重大引领带动作用的新兴产业。其主要特征为拥有关键核心技术、知识密集、资源能源消耗低、成长潜力大、综合效益好等。它在调整产业结构方面具有前瞻性、引领性的作用，能切实提高产业核心竞争力和经济效益，因而成为加快转变经济发展方式的领头羊。自 2009 年温家宝总理提出战略性新兴产业概念后，特别是“十二五”规划提出培育发展战略性新兴产业后，理论界不仅兴起了研讨战略性新兴产业范畴的热潮，而且也对战略性新兴产业与加快转变经济发展方式之间的关系进行了研讨。关于对战略性新兴产业范畴的认识，刘洪昌认为：“战略性新兴产业是指在国民经济中具有重要战略地位，关系到国家或地区的经济命脉和产业安全，科技含量高、产业关联度高、市场空间大、节能减排优的潜在朝阳

---

① 申广斯：《我国转变经济发展方式的制约因素与对策》，《统计与决策》2009 年第 22 期。

② 董鸿波、宋泽滨：《加快转变经济发展方式的理论与实践：以领导干部能力为视角》，中国经济出版社 2011 年版，第 85－89 页。

③ 贾根良：《转变对外经济发展方式 呼唤经济发展战略的变革》，《经济纵横》2010 年第 9 期。

产业，是新兴科技和新兴产业的深度融合，既代表着科技创新方向，也代表着产业的发展方向。”[①]张和平认为：“战略性新兴产业是指关系到国民经济社会发展和产业结构优化升级，具有全局性、长远性、导向性、动态性特征的新兴产业。”[②]学者们对战略性新兴产业范畴的界定，既指出了战略性新兴产业的本质内涵，以及对经济结构优化调整的关键作用，也阐明了战略性新兴产业具有的远大发展前景。战略性新兴产业的兴起与发展不是孤立的、异军突起的，必然要和其他产业和部门有着千丝万缕的联系。在研究加快转变经济发展方式时，学者们也对战略性新兴产业与加快转变经济发展方式的关系进行了研讨。万钢认为，“贯彻落实中央提出加快转变经济发展方式的战略部署，必须加快培育和发展战略新兴产业，这是转变经济发展方式、调整经济结构和提升自主创新能力的关键”[③]，也是“激发经济增长内生动力”“提升国家竞争力、掌握未来发展主动权的必然要求”[④]。熊勇清、李世才等认为，我国产业发展面临着传统产业调整改造和战略性新兴产业培育发展的“双峰逼近效应”，提出“必须加快战略性新兴产业的培养，实现战略性新兴产业和传统产业的双轮驱动、良性互动发展”[⑤]。李家祥认为，发展战略性新兴产业在转变经济发展方式和调整产业结构方面极具前瞻性、重要性，潜力很大，将大有作为。理论界对战略性新兴产业范畴的界定，以及对战略性新兴产业对加快转变经济发展方式作用的研究，说明了战略性新兴产业在加快转变经济发展方式和经济结构优化调整中的重大作用，深化和丰富了对转变经济发展方式理论的认识。

（五）关于转变经济发展方式评价体系的研讨

在转变经济发展方式过程中，需要建立一套科学的评价体系来评估转变进程与成效。理论界关于转变经济发展方式评价指标体系的研讨，总体来看主要有单一指标体系和综合指标体系两种。

1. 关于单一指标体系的研讨

单一指标体系，也叫做全要素生产率指标体系。全要素生产率是依据索罗增

---

① 刘洪昌：《中国战略性新兴产业的选择原则及培育政策取向研究》，《科学学与科学技术管理》2011年第32期。

② 张和平：《对于发展战略性新兴产业的思考与建议》，《经济界》2010年第3期。

③ 万钢：《发展有中国特色风险投资，加快培育战略性新兴产业》，《科技日报》2010年7月23日。

④ 万钢：《把握全球产业调整机遇　培育和发展战略性新兴产业》，《求是》2010年第1期。

⑤ 熊勇清、李世才：《战略性新兴产业与传统产业的良性互动发展》，《科技进步与对策》2011年第3期。

长模型，衡量一个系统的总产出量与全部生产要素真实投入量的比率，它是分析经济增长源泉的重要工具。单一指标体系是指采用全要素生产率来检测转变经济发展方式的进程和成效，并以此作为衡量经济发展方式类型的标准。许多学者依据对模型的不同理解，以及所作的假设不同，对我国全要素生产率作了各自的测算。高峰提出，全要素生产率的贡献率是判断转变进程和效果的主要依据。他认为，全要素生产率对经济增长贡献率小于30%的为粗放型，介于30%～50%之间的为半集约型，介于50%～70%之间的为集约型，高于70%的为高度集约型。当全要素生产率对经济增长的贡献率介于40%～60%之间时，转变经济发展方式就处于一个关键转变过渡期，因而经济发展方式就面临着调整、巩固和提高①。江春等学者测算了2000—2008年中国及各省的全要素生产率的贡献程度，结果显示2000年以来全要素贡献率都呈现出不同程度的下滑趋势。这种结果表明，我国经济发展依然依赖于投资的粗放型经济发展方式路径②。通过学者对全要素生产率贡献率低的分析，说明我国当前的经济增长方式仍属于投资拉动的粗放型。但是由于各方对全要素生产率测算方法不一，对转变经济发展方式进度和成效的测算也有很大区别，因而关于单一指标体系测算转变的进程和成效需要理论界进一步深入研究，形成一个统一的测算标准。

2. 关于综合指标法的研讨

综合指标法是指以计量的形式统计各种综合指标来反映经济现象总体的一般数量特征和数量关系的研究方法。运用此方法对影响转变经济发展方式各种因素进行综合统计，从中观察转变经济发展方式的进程和成效，并做出评价。根据科学发展观和新型工业化道路的具体要求和设置的相应的指标体系，崔立涛构建了评价转变经济发展方式进程和效果的7个一级指标、17个二级指标的评价体系，提出了关于经济发展方式类型的判断标准和综合评价方法③。沈露莹等根据上海转变经济发展方式现状，在现有的统计体系基础上，结合未来发展的需要，设计了评价转变经济发展方式进程和效果的指标体系，包括6大主要领域、18个一级指标、48个二级指标。在此基础上，专家对反映"十五"和"十一五"两个阶段的转变经济

---

① 高峰：《国外转变经济发展方式体制机制经验借鉴》，《世界经济与政治论坛》2008年第3期。

② 江春、吴磊、滕芸：《中国全要素生产率的变化：2000—2008》，《财经科学》2010年第7期。

③ 崔立涛：《浙江经济发展方式转变研究》，浙江工商大学2008年博士论文。

发展方式进程和效果的各个主要领域、一级指标、二级指标进行打分和量化，确定指标权重，以此判断上海在这两个阶段转变经济发展方式的状况①。郑慧强认为，加快转变经济发展方式进程，必须建立起一整套能够反映转变经济发展方式实际状况的新的评价考核指标体系。如果继续采用“GDP”考核，将很难转变各级政府官员的政绩观，加快转变经济发展方式就会遥遥无期。因此，应该建立新的全面反映转变经济发展方式的评价指标体系，包括反映加快服务业和工业协调发展的产业结构优化，投资、消费、出口协调的需求结构优化，技术、资本、劳动力三要素的投入结构优化，区域、城乡经济社会均衡发展、经济和环境协调发展，全社会共享经济社会发展成果的社会保障等五个方面②。通过上述学者对转变经济发展方式进程与成效评价指标体系的研讨可以看出，现有的研究基本上是以省和市转变经济发展方式为评价对象，从全国范围来看，比较成熟的相关评价指标体系还没有较好地建立。现有的研究也是以静态的方式对地区间转变经济发展方式进程和成效进行横向对比，没有形成动态的有效的检测机制。

二、理论界关于加快转变经济发展方式研讨的意义

理论界对转变经济发展方式的内涵、必要性、制约因素、路径、评价体系等方面的研究，特别是对当前转变经济发展方式进程中存在的突出问题进行了详细的分析，具有重要的理论意义。

1. 深化了人们对转变经济发展方式的理论认识

在理论上认识转变经济发展方式的内涵、必要性、途径和评价等，以及其与转变经济增长方式之间的区别与联系，是当前的一个重大任务。因为如果理论认识不清楚，在实践中就很难把握和区分什么是转变经济增长方式，什么是转变经济发展方式，也就难以推动由转变经济增长方式向转变经济发展方式过渡，更难以加快转变经济发展方式的进程。经过学者不懈努力和相互之间的研讨，不仅使人们认识到转变经济发展方式比转变经济增长方式具有更丰富的内涵，而且还对粗放型经济发展方式存在的弊端有了更深刻的领悟。把转变经济增长方式只注重驱动力的转换、财富的增长、能源资源的节约的狭隘认识，拓展到转变经济发展方式上，除

---

① 沈露莹、葛寅、殷文杰，等：《上海转变经济发展方式评价指标体系研究》，《科学发展》2010年第6期。

② 郑惠强：《必须创新经济评价考核指标体系》，《港口经济》2010年第4期。

了注重上述三要素之外，还增加了更注重社会的发展、人的发展、生态环境保护三方面协调发展的重要性认识，把发展的最终目的集中到人的发展上，实现了认识论在思维领域和发展观领域上的新突破。

2. 丰富和充实了中国特色社会主义经济理论

转变经济发展方式理论是中国特色社会主义经济理论史上的一次创新，是党和国家领导人为破解我国经济发展遇到的难题与困境而提出的重大理论命题。近几年来，我国理论界虽然受到西方发达国家经济转型实践经验和经济增长理论方面深刻的影响，但学者们在运用西方经济学原理和方法对我国转变经济发展方式作出理论分析时，仍然结合我国经济发展的实际情况，包括投资过大、资源能源紧张、环境污染严重、劳动力成本低廉等特点，以科学发展观为指导，积极探寻我国转变经济发展方式的制约因素、路径对策，符合我国国情，因而丰富和充实了中国特色社会主义经济理论。

当然，由于转变经济发展方式理论提出的时间较短，理论界对转变经济发展方式理论研究的时间也有限，研究尚处于探索阶段，不可避免地存在着一些不足之处。在以供给侧结构性改革为主线的经济高质量发展过程中，不仅需要理论工作者进一步弥补和充实这些理论上的不足，而且还需要创新发展转变经济发展方式理论，以指导经济高质量发展。

第六章　经济新常态时期需创新发展转变经济发展方式理论

转变经济发展方式理论演进与经济发展环境密切相关，经济发展环境发生了变化，转变经济发展方式理论也要随之发生变化。自改革开放以来，我国经济发展方式理论因每个阶段的发展水平和任务不同，先后形成了三种经济发展方式理论：针对改革开放开始到20世纪90年代初期经济落后状态下急于求成追求经济发展高速度现象，党和国家领导集体提出了经济发展追求效益的新路子思想；针对20世纪90年代中后期经济发展仅重视规模大、速度快的现象，党和国家领导人提出了经济发展也要从调整结构、加强管理等方面要效益，因而产生了转变经济发展方式理论；针对在总量与结构方面过于重视一二产业、投资和外贸等，党和国家领导集体提出了三次产业协调、投资、外贸与消费拉动协调的加快转变经济发展方式理论，并渐次把它提升为主线思路。进入经济新常态以来，经济高质量发展已成为当前经济发展的主要任务，而且第三产业和消费拉动已成为经济发展的主导，但优化经济结构、转换增长动力正处于攻坚期。受2008年金融危机的后续影响，我国经济发展面临的国内外环境发生了与以往不同的重大变化。这些新变化既在一定程度上为经济可持续发展带来了难得的机遇，也在一定程度上存在着制约与阻碍经济健康可持续发展的新挑战。与经济发展面临的新环境相适应，需要在宏观调控、平衡供求的基础上注重在供给侧方面发力，以新发展理念为方向指导，以高质量经济发展为目标，把供给侧结构性改革作为主线贯穿于创新发展转变经济发展方式的理论中。

第一节　经济新常态更为需要加快转变经济发展方式

经济新常态是以习近平同志为核心的党和国家领导集体基于对当前国际经济形势的变化，以及我国经济发展的新态势与新走向所作的高瞻远瞩的战略把握与高度概括，其实质是我国经济发展进入了由高速增长转向高质量发展的新历史阶段。经济新常态时期，我国经济发展既呈现出新特征、新发展优势，也不可避免地呈现出各种矛盾和风险，而且这些矛盾和风险正日益成为我国经济可持续健康发展的障碍。为了实现全面建成小康社会和"中国梦"的宏伟目标，必须在发挥新常态优势的前提下，加快转变经济发展方式。

一、经济新常态的特征

经济新常态这一新的历史发展阶段是与过去经济发展阶段呈现的特征相比较而言的。"经济常态不是指经济发展在某一特定时期内长期不变的稳定的可预期的状态，而是由经济规律主导的某个特定阶段内经济发展所呈现的具有相对稳定性的动态发展过程。"[①]经济新常态时期，我国经济发展呈现出与旧常态经济发展不同的新特征。

以习近平同志为核心的党和国家领导集体对经济新常态特征进行了明确概括。习近平总书记在 2014 年 11 月亚太经合组织（APEC）工商领导人峰会上首次全面系统地阐述了中国经济新常态的特征："一是从高速增长转为中高速增长；二是经济结构不断优化升级，第三产业消费需求逐步成为主体，城乡区域差距逐步缩小，居民收入占比上升，发展成果惠及更广大民众；三是从要素驱动、投资驱动转向创新驱动。"在习近平总书记关于经济新常态特征的论述中，包含着经济增速的变化、经济结构的优化调整、经济增长动力的转换、资源配置方式的转变、经济福祉包容共享等丰富的内涵。这些内涵均体现着转变经济发展方式的内容和新要求，为创新发展转变经济发展方式理论提供了研究方向指引。

① 李陈：《新常态下需用新思维推进经济发展方式加快转变》，《宁夏社会科学》2015 年第 2 期。

1. 经济增长速度变化

经济增速从高速变为中高速，是经济新常态的基本特征。从2003年以来的经济增长速度来看，我国经济增长除了2008年、2009年两年外，到2010年经济增速均在10%以上。但在2008年国际金融危机持续影响下，从2011年起，经济增速逐步回落，2015—2017年经济增速稳定在6.5%～7%之间，呈现出较为平稳的中高速增长态势。

2. 经济结构优化升级

经济新常态时期，经济结构优化升级主要体现在产业结构由中低端向中高端迈进。改革开放以来，我国产业结构中的第二产业是经济发展支柱，第一产业弱小，第三产业处于起步状态。即使第二产业居于主导地位，但大多也是初级加工工业和代加工工业，在国际产业链中处于中低端水平，利润较低。进入经济新常态以来，经济结构最大的变化是支柱性产业变化，具体表现为战略性新兴产业、服务业、现代制造业等产业逐渐替代了以传统制造业和房地产业为代表的支柱性产业。城乡、东中西差距逐渐缩小，居民收入不断增长，消费逐渐成为推动经济发展的主要力量之一。经济结构逐渐走向优化升级，不断提升我国产业在国际产业链中的地位。

3. 驱动力转换

经济增长动力从要素驱动、投资驱动转向创新驱动，是经济新常态的主要内涵之一。过去经济发展主要依靠要素驱动和投资驱动带动经济高速增长，由于国际金融危机的后续影响，以及资源要素和生态环境已无法承载高投入、高消耗、高污染、低效益的粗放型经济发展的路子，面对生存与发展困境，面对金融危机催生的世界科技革命和产业革命浪潮，企业生产从被动转型开始主动转型，从依靠要素驱动、投资驱动逐步转向创新驱动，依靠科技创新打造经济发展新动力。驱动力的转换，为新常态时期提升我国经济发展质量，推动经济持续发展奠定了动力基础。

4. 资源配置方式转换

由政府决定资源配置向市场决定资源配置转换，市场对资源要素配置开始起决定性作用，为经济新常态时期经济有效发展提供机制保障。在经济新常态形成以前，党和国家虽然提出市场对资源配置起基础性的作用，但在经济体制改革尚未完成，特别是政府职能没有得到根本转变的情况下，市场对资源要素配置只能起到

辅助性作用，对资源要素配置的决定权仍然掌握在政府手中，这不仅会产生资源配置不均、不合理，而且还容易产生腐败和权力寻租现象。经济新常态时期，政府职能转变，简政放权，在宏观上实施区间调控和定向调控等方式，弥补市场失灵；在微观上将资源配置决定权交给市场，增强资源要素的流动性和配置的合理性，提高资源要素利用率，增强经济发展效益和内生动力。

5. 经济发展福祉由失衡转向包容共享

调整积累基金和消费基金比例，实施经济发展成果惠及人民群众，这是经济发展的出发点和落脚点。过去基于推动经济高速发展，造成积累基金比重过大、消费基金比重过小，特别是城镇居民和农民收入差距大，不仅削弱了人民群众发展经济的积极性和主体性，而且也带来了不少的社会问题，减缓了转变经济发展方式的进程。进入经济新常态以来，国家实施的收入分配制度改革，不仅促进居民收入在国民收入中所占比重提高，而且城乡居民收入差距也不断缩小。随着新型工业化、信息化、城镇化和农业现代化的协调推进，城乡二元经济结构正趋向于向一元经济结构转变。另外，京津冀经济区、长江经济带等区域经济发展也正在协调推进，包容共享在全国范围内逐步形成。

二、经济新常态为加快转变经济发展方式提供的利弊因素分析

事物的发展具有两面性。从新常态经济呈现出的新特征来看，它有别于旧常态经济发展的特征，是对旧常态的一种扬弃。这种新特征既是过去长期加快转变经济发展方式积累的结果，又反过来对加快转变经济发展方式产生重要的影响。

（一）有利因素

经济新常态呈现的新特征，内含着促进加快转变经济发展方式的有利因素。

1. 利于经济发展从速度型向高质量型转变

经济发展是硬道理，但要科学地理解经济发展的内涵。经济发展不只是讲求速度快，还包括发展的质量和效益提高。只有把质量、速度和效益统一起来，实现经济高质量发展，才能构成经济新常态时期经济发展所需要的内涵。质量、效益和速度并行，即高质量发展，恰恰是转变经济发展方式的要义和内核。经济新常态时期，经济增速放缓下降。其一，利于缓解经济高速发展给资源要素和生态环境带来的压力，促进资源要素的合理配置和生态环境的改善。其二，利于企业结构改革、

设备更新和科研创新，进而推动企业生产高质量、多元化和效益好的新产品。其三，利于打破过去存在的“唯GDP至上论”和“以速度论英雄”的经济发展倾向，破除人们对经济高速增长的路径依赖，转向更多地依靠科技提高劳动生产率和产品质量，重视市场对资源配置的决定作用和提高资源要素利用率，从而矫正经济发展的速度与质量、效益的关系，促进经济发展向高质量方向迈进。

2. 利于经济发展驱动力转换

经济发展驱动力是构成一国或一地区推动经济发展的诸多要素中最活跃、最重要的因素之一。从经济发展的历史过程看，经济发展的驱动力主要有要素驱动、投资驱动和创新驱动。从普遍意义的角度来讲，经济发展处于低水平阶段时，一般以要素和投资作为驱动力，这一时期的经济发展方式以粗放型经济增长方式为主导。经济发展处于高水平阶段时，一般依靠创新驱动推动经济发展，这一时期的经济发展方式为集约型经济增长方式。转变经济发展方式就是把低水平的要素驱动和投资驱动转向高水平的创新驱动。经济发展由要素驱动、投资驱动转向创新驱动，可为加快转变经济发展方式提供动力支撑。经济新常态以来，随着资源要素日益趋紧、环境污染加剧、生态退化严重，过去经济发展中的资源要素和劳动力低成本禀赋优势已不复存在。资源要素边际利用率越来越低，进而投入的资源要素和资本对经济发展的驱动力也越来越弱，导致经济增速下行压力加大，必然迫使人们由被动转变经济发展方式转向依靠科技创新主动转变经济发展方式。

3. 利于推动人们积极探索新的转变经济发展方式理论

理论来源于实践，并指导着实践。在理论是行动的先导的今天，转变经济发展方式理论不同，指导的加快转变经济发展方式的进程和结果也不同。因而经济新常态时期，加快转变经济发展方式的首要任务就是要积极探索并形成新的转变经济发展方式理论。人既是经济发展活动的实践者和主导者，又是理论的创造者，人在推动经济发展的动态实践活动中，总是不断总结经验形成新理论。因此，转变经济发展方式理论应该随着经济发展的动态变动而改变，用与时俱进的新的转变经济发展方式理论指导加快转变经济发展方式实践，以推动经济健康持续发展。经济新常态以来，我国经济增速下行压力不断加大，迫使人们从习惯于经济高速发展路径依赖中寻求新的发展路径，审慎思考粗放型经济发展方式下的高速偏好、“唯GDP至上论”的政绩观，以及为此形成的拼资源、拼投资、拼政策，重投资、轻消费，

重速度和规模，轻质量、效率和效益，重经济增量、轻存量调整，重财富增长、轻资源要素和环境保护的定势思维。以辩证的观点看待今天经济发展取得的成就与得失，自觉深入研究和遵循经济发展规律，把握经济新常态内涵，全面分析经济新常态为转变经济发展方式提供的有利因素，积极探索并形成新的转变经济发展方式理论，进而引导人们主动加快转变经济发展方式。

（二）风险与挑战

经济新常态呈现出来的新特征，虽然对我国经济发展具有有利的一面，但放在国际、国内大环境中，也存在着不容忽视的风险与挑战。

1. 国际环境存在的风险与挑战

受2008年世界金融危机的冲击和后续影响，国际经济秩序和环境发生了深刻的调整和变革，全球经济发展复苏缓慢，国际市场失衡，新兴经济体的人力、资源的成本禀赋优势凸显，给我国外向型经济发展带来了挑战。特别是西方发达资本主义国家，为了规避本国经济风险，纷纷提出新的经济战略规划和保守的经济政策，也给我国经济发展带来了制约因素。

（1）全球经济格局深度调整。受国际金融危机影响，发达国家、新兴经济体、能源资源输出国、比较落后的发展中国家都出现了不同的发展困境。为了应对经济发展困境，全球各国进入了经济结构深度调整期。发达国家改变过去过度负债和超前消费模式，相继提出各种发展战略与规划，大力发展以新能源、新技术和新材料为载体的实体经济。新兴经济体更多地转向挖掘国内市场，增加国内需求拉动经济发展。依靠单一的能源资源输出的国家，试图依靠丰富的能源资源改变单一的经济结构，建立起多元化产业拉动经济增长。较为落后的发展中国家则根据自身的禀赋特点调整发展模式，加快发展具有禀赋优势的产业。各国各地区的经济结构调整，必将使国际经济格局发生新的变化，世界政治、经济等领域不稳定、不确定因素增多，加之世界经济复苏缓慢，致使支撑中国经济发展的动力之一的出口对中国经济发展的贡献不断弱化，对我国经济健康可持续发展构成了明显的冲击与挑战。

（2）国际竞争日趋激烈。受2008年世界金融危机的冲击和后续影响，世界各国面临着发展本国经济和调整经济结构的压力，资源要素、新兴产业和市场规则主导的竞争日趋激烈。资源要素是经济发展的基础，获得更多的资源要素意味着经济就会有更多的发展机会，因而资源要素争夺竞争激烈。依托金融危机催生新的科学技术革命的兴起，让世界各国看到了发展的机遇，各国纷纷制定一系列政策和战略推动带有战略性的新兴产业发展，经济结构优化升级，谋求经济发展新动力，培育经济发展潜力，并试图抢占未来科技创新和产业发展的制高点，开拓国际市场新领域。国际贸易保护主义抬头，并且保护领域从贸易向投资、技术、生态环境等领域扩散，各种倾销和反倾销此起彼伏。国际贸易规则主导权竞争激烈，发达国家利用主导权制定世界贸易规则，极力提高知识产权、环境保护等方面的标准，使全球贸易向着有利于自身方向发展。新兴经济体面对金融危机提供的机遇，积极参与全球经济治理和贸易规则制定，但由于自身实力偏弱，很难在短期内取得贸易规则话语主导权。经济新常态时期，由于我国自身特点，在国际竞争中处于不利地位，经济发展面临着严峻的形势，资源要素、市场和现有的贸易规则对我国经济发展构成了制约与挑战。

(3) 各类传统与非传统安全威胁增加。一些国家或地区因贫富差距大、失业严重等问题，导致社会动荡和国家间冲突的传统威胁大增；民族分裂主义、宗教极端势力和恐怖主义等非传统威胁也逐渐上升；能源资源、粮食、气候、环境等全球性问题日益突出。这些传统与非传统安全相互交织，产生较大的外溢作用，对我国"一带一路"和对外经贸发展产生潜在的威胁，影响着我国经济发展。受美国亚太战略的影响，东海、南海争端频发，周边地缘政治风险和战略压力提升，给我国和周边国家之间的经济合作带来了复杂局面，在一定程度上干扰了我国经济发展的步伐。

2. 国内环境存在的风险与挑战

就国内而言，经济增速下滑也促使过去被经济高速增长掩盖的各种风险与矛盾逐渐显现。具体体现在：

(1) 经济增速换挡下行压力大。经济增速下行过大给我国经济发展带来诸多问题。实践证明，经济发展只有保持在合理的增长速度范围内，才能承载一个国家或地区的经济社会有序稳定发展，过高或过缓都不利于经济社会发展。从 2011 年以来，由于金融危机持续影响、国际市场复苏疲软而使出口下降、人口红利消失等原因，我国经济增速一路持续下滑，到 2017 年仅为 6.9%。虽然个别年份有反复，但总体来看，经济运行速度呈现下滑态势。如果经济下滑过快，发展速度过低，这对于长期以来依靠经济高速增长解决社会矛盾、稳定社会的我国而言，将会影响到

市场预期和企业投资，降低劳动就业率，进而影响到群众生活水平的提高，导致物质资本和人力资本双重流失，弱化国家的宏观调控能力，严重削弱社会的稳定性，最终影响到我国经济社会发展的大局，全面小康社会目标和伟大的“中国梦”将难以实现。因此，在经济新常态时期，把经济发展速度稳定在合理的区间内，不仅是一个经济问题，而且也是一个重大的政治问题。

(2) 结构调整阵痛显现。经济结构调整顺利与否，是关系到我国经济发展成败的关键。我国经济结构调整的根本目的是为促使经济发展从数量、速度型转向质量、速度、效益并行型。但经济新常态时期，经济结构调整产生了与以往不同的特点，即多种“疼痛”相互叠加、相互影响。其一，多重结构调整的阵痛叠加。过剩产业压缩与低端产业亟待升级；出口额度下降与投资相关行业优化和重组；传统人口红利减弱与劳动职业技能提升加强；对“三高”行业或企业管制与资源能源供给模式的转型等。这些阵痛的叠加在一定程度上延缓了经济发展。其二，存量调整与增量调整叠加。存量调整主要是对现有的固定资产实行重组或再配置，实现产业结构优化和固定资产运营效益提高。实现存量调整需要通过深化改革，破除粗放型经济发展方式赖以存在的体制安排和利益结构，才能对已有的固定资产额实行重组或再配置。增量调整是指国家根据产业政策和技术政策，改变投资方向，把资金投向重点建设项目和重点技术项目，达到产业结构合理、资源组合优化，以提高经济效益。实现增量调整需要保持经济较快发展，以保持雄厚的资金可以调整。相比较而言，增量调整主要存在于经济快速发展时期，调整范围较窄，难度不大；存量调整主要是在经济增速放缓、增量调整空间不大的情况下，对现存的固定资产额实行重组或再配置，调整范围宽，难度大，影响企业正常发展。经济新常态时期，由于经济增速放缓，要达到提高经济增长的质量和效益，必须深化改革，在实行增量调整的同时，下大力气做好存量调整。其三，结构调整阵痛与“中等收入陷阱”危险相互叠加。“中等收入陷阱”是指一个国家或地区的经济发展达到中等收入(人均国内生产总值 3 000 美元左右)阶段后，出现了贫富悬殊、环境恶化、社会动荡等问题，最终导致经济发展徘徊不前或处于停滞状态。现实告诉我们，处于“中等收入陷阱”的国家，不仅经济增长停滞不前，而且会引起社会阶层分化、矛盾凸显等严重社会危机。经济新常态时期，在经济发展速度日趋减缓的情况下，实施增量调整的同时必须更加注重存量调整。为更好实施存量调整，既要对原有的制度安排和利益格局进行深度调整，又要防范“中等收入陷阱”及其引起的社会动荡和系统性风险,要求操作技术含量高、难度大。

(3) 潜在的矛盾和风险凸显。经济新常态时期潜在的矛盾和风险不仅逐渐凸显,而且也不断成为经济发展的新障碍。历经40多年的快速发展,我国经济总量和整体实力大大增强。但这种成就是在粗放型经济发展方式的主导下取得的,因此大而不强成为中国经济的一大写照。在金融危机的冲击和后续影响下,这种大而不强的经济总体面临着各种潜在的矛盾和风险不断显现,甚至有可能走向激化。地方政府为了追求政绩和GDP增长速度,在转变经济增长方式和转变经济发展方式提出以后,仍然依赖以投为主的粗放型经济增长方式,导致经济新常态时期资源要素日益趋紧、环境污染日趋严重、生态系统日益恶化;又因规模扩展偏好,不断扩大资金投入,形成居高不下的高杠杆率;不断粗暴征用耕地,不细心做好善后工作,造成政府和群众之间因耕地纠纷而不断激化矛盾,影响干群关系,甚至影响群众发展经济的主体性和积极性的发挥。更为重要的是,在新的科学技术和新工艺还没有出现大规模更新之前,随着经济的发展,大量投入的资源要素和资本的边际产出率和边际效益不断降低,不仅浪费了资源要素,而且也在一定程度上影响了企业家的投资意愿和投资方向。在投资仍是经济发展第一推动力的情况下,缺乏规模投资的经济实体很难得到进一步发展。民营企业已成为推动我国经济发展的重要力量,但在体制改革还不到位的情况下,在市场经济浪潮中很难与国有企业进行公平竞争,其发展受到了不同程度的限制和约束。这些民营企业在市场交易和发展过程中,经常会遇到高税收、"玻璃门"、"弹簧门"、"旋转门"等不公平现象。而"融资难""融资贵"导致民营企业发展出现资金缺口,不仅影响了企业的发展,而且也约束了企业家的创新精神和干劲,影响了企业的结构调整与转型升级。从总体上看,新常态经济发展面临着资源要素趋紧、金融高杠杆率、贫富差距加大、土地纠纷引起的社会矛盾不断、"中等收入陷阱"等矛盾和风险,这些已成为新常态经济发展的羁绊①。

经济新常态时期的经济发展面临上述国际、国内矛盾与风险,无疑加剧了我国经济发展的困境,对我国经济持续健康发展形成了较大障碍。同时,我国经济发展方式正处于从规模速度型经济增长方式转向高质量发展的经济发展方式的过程中,尚不足以促进我国经济向更高形态、更复杂分工、更合理的经济结构迈进。因此,经济新常态时期更需加快转变经济发展方式。

---

① 李陈:《供给侧结构性改革引领转变经济发展方式新举措》,《改革与战略》2017年第12期。

第二节　党和国家的战略思想

党和国家领导人睿智地意识到，我国虽是经济大国，但不是经济强国，未来我国要走向经济强国，必须把转变经济发展方式放到经济社会建设的重要位置。自党的十八大把加快转变经济发展方式提高到主线地位后，为了推动我国更为积极主动加快推进转变经济发展方式进度，以习近平同志为核心的党和国家领导集体，不仅确立了新发展理念作为引导加快转变经济发展方式的指导思想，而且也主动从需求侧转向供给侧对加快转变经济发展方式的路径实施战略性转移，即在供给侧结构性改革路径下加快推进转变经济发展方式的进度。

一、十八大报告关于转变经济发展方式的论述

党和国家为了凸显经济新常态时期加快转变经济发展方式的迫切性，十八大报告把转变经济发展方式的重要性提高到关系全面建成小康社会全局成败的主线地位，并为此提出了把加快转变经济发展方式放到主线位置的策略和思想。

（一）主线地位提出及其实施方案

在继承和深化十七大和十七届五中全会关于加快转变经济发展方式的论述基础上，十八大报告明确提出："以科学发展为主题，以加快转变经济发展方式为主线，是关系我国发展全局的战略抉择。"[①]主线问题的提出，是党和国家领导人根据国内外经济形势的变化，总结了我国多年来经济发展的实践经验与教训，以及对新常态时期经济发展呈现的新特点所做出的重大战略抉择。为更好地引导加快转变经济发展方式，报告围绕以加快转变经济发展方式为主线这个中心问题，提出"一个立足点""四个着力点""五个更多依靠"方案。

1. 一个立足点

即把推动经济发展的立足点放到提高质量和效益上来。长期以来，我国经济发展的突出问题集中表现为发展的质量和效益不高。提高经济发展的质量和效

① 中共中央文献研究室编：《十八大以来重要文献选编》上，中央文献出版社 2014 年版，第 16 页。

益，是经济健康可持续发展的内在必然性要求，也是实施科学发展的核心。从国内来看，我国资源要素日益趋紧，生态环境越来越难以承受负荷，且存在着资源富集区与生态环境脆弱区重叠现象。这种资源生态环境禀赋约束的特点，决定了我国必须加快把“三高两低”的粗放型经济增长方式转变到“三低两高”的集约型经济发展方式上来，才能缓解经济发展面临的资源要素和生态环境瓶颈压力，才能增强经济发展的健康和可持续性。从国际上看，全球经济发展进入大变革、大调整和缓慢复苏时期，在外需不振而国际竞争日益激烈的情况下，要在国际市场上赢得主动和优势，获得更多的国际市场份额，也必须提高经济发展的质量和效益。从人民群众对美好生活的向往来看，在人民群众对生活质量、生态环境等的要求越来越高的情况下，把增长快、发展慢的发展方式改为质量、速度和效益并行的发展方式，是人心所向、大势所趋。只有这样，才能更好地满足人民群众对美好生活的期待与向往，才能全面建成小康社会。

2. 四个着力点

即把转变经济发展方式推动力放在激发市场主体新活力、增强创新驱动力、构建现代产业体系和培育开放型经济发展新体系上。市场主体活力是市场经济发展的动力源。通过深化体制改革，特别是对重点领域和关键环节的体制改革，激活全要素生产潜力，以激发各类市场主体对转变经济发展方式的积极性和主体力。创新是推动经济发展的动力支撑，世界各国纷纷强化创新战略以在应对金融危机中抢占竞争先机。我国要在新一轮产业竞争中争得先机，提升产品在全球价值链中的位置和效益，必须紧紧依靠创新，努力实施创新驱动战略，把创新作为加快经济发展方式驱动力，提高经济发展的质量和效益。构建现代产业新体系既是转变经济发展方式的重要内容，也是实施加快转变经济发展方式的关键，因为现代产业或体系的形成能推动经济结构优化特别是产业结构优化。当前，我国产业结构处在既面临着发达国家再工业化的强大技术压力，又面临着新兴国家低劳动力成本和中低端产业竞争的双重夹击窘境。我国必须借现代科技革命浪潮，努力构建与高新技术产业相结合的现代产业体系，提升经济结构特别是产业结构水平，为加快转变经济发展方式和提升国际竞争力提供关键支持。对外开放是我国经济发展的外在重要动力，我国要运用现有的资源禀赋优势，积极参与对外贸易、技术交流、国际竞争，以获得经济发展的更好推动力。但随着国际竞争力的加剧，资源要素禀赋优势渐趋消失，我国对外贸易优势大为减弱。必须在新的互利共赢对外贸易政策体

系中，抓紧培育以新兴产业为核心的对外贸易新潜力、新优势和新体系，为加快转变经济发展方式提供新的外在动力。

3. 五个更多依靠

即把加快转变经济发展方式放在更多依靠内需拉动，战略新兴产业和现代服务业带动，科技进步、劳动者素质提高与管理创新驱动，节约资源和循环经济推动，城乡区域协调发展带动上。从宏观角度讲，消费既是生产的终点，也是生产的起点。在国际经济发展复苏缓慢、疲软不振的情况下，挖掘国内市场潜力成为拉动经济增长的一大亮点，因为国内有着国外难以比拟的大市场优势。因此，必须通过提高生产能力，供给高质量的、多元化的产品来撬动国内消费潜力，弱化高度依赖国际市场增长的格局，协调投资、生产、消费的关系，推动经济健康持续发展。推动产业结构优化升级，既要积极改造和提升传统产业生产水平，让传统产业在改造中获得更高生产力，又要发展战略新兴产业和现代服务业，提高产品质量和服务水平，以提升在国际产业链中的地位和人民生活水平，减缓资源要素制约和生态环境压力，带动经济高质量发展。科技是第一生产力，人才是经济发展的第一要素。在科技竞争激烈与我国劳动力、资源要素、生态环境等成本提升的情况下，传统的以投人、物、财为主的经济发展方式已不能满足现代经济发展需求，必须把经济发展建立在科技进步、劳动者素质提高和管理创新上，最终把经济发展的传统动力转换成为科技和管理创新驱动力。资源要素和生态环境是经济发展的基础。在资源要素和生态环境成为经济可持续发展的瓶颈时，必须强化资源要素节约和发展循环经济，以有限的资源要素和生态环境支持经济无限的可持续发展。城乡区域协调发展，提高城乡居民生活水平，既是转变经济发展方式的目的，也是加快转变经济发展方式的动力。我国城乡区域之间发展不平衡、城乡区域分割、城乡居民享受的基本公共服务不均等，制约了资源要素自由流动，以及城乡群众特别是农民转变经济发展方式的积极性和主体性的发挥。因此，加快推动城镇化建设，规划区域协调发展总体战略，实施城乡协调发展，成为加快转变经济发展方式的一个重要且不可或缺的方面。

(二) 对加快转变经济发展方式的路径部署

党的十八大报告提出，加快转变经济发展方式，必须整体坚持走“四化”同步发展、协调发展的道路，全面深化体制改革，实施创新驱动战略，优化经济结构，实施城乡一体化建设，全面提高开放型经济水平。

1. 全面深化体制改革

经济发展总是在一定的制度和体制下进行的，我国要加快转变经济发展方式，必须在坚持社会主义制度的前提下全面深化体制改革，以释放资源要素的潜在活力。处理好政府与市场的关系是经济体制改革的核心问题，既要转变政府职能，更好地发挥政府对经济发展的宏观调控和监督作用，又要发挥市场配置资源的决定性作用，即把资源要素配置交给市场，由市场机制和市场规律决定资源要素分配取向。在坚持公有制经济和非公有制经济共同发展的基础上，发展公有制的多种实现形式。深化国有企业运营改革，把国有资本投向关系国民经济命脉和国家安全的关键领域和重要行业，增强国有经济的活力、控制力和影响力。保护非公有制经济发展。依据市场规则，保证非公有制经济依法平等使用资源要素，平等参与市场竞争。深化财税体制改革，健全中央和地方相匹配的财税体制，激发地方政府转变经济发展方式的积极性和主体性。深化金融体制改革，形成既能支持实体经济发展的，又能促进宏观经济稳定的金融体制，为实体经济转变发展方式提供融资便利。

2. 实施创新驱动战略

创新驱动发展是适应当前世界范围内新的科技革命和产业革命的迫切要求，也是当今世界经济发展最为凸显的特征之一。在世界许多国家把创新提升为国家发展战略的背景下，实施创新驱动战略，不仅是我国把握当前机遇、应对挑战的主动选择，也是实现国家发展战略目标的最根本、最关键的力量，它关系到我国经济发展的全局和长远目标的实现，更为转变经济发展方式提供动力支撑。实施创新驱动战略，最根本的是依靠科技力量，最重要的是大幅度提高自主创新能力。必须坚持走自主创新道路，以全球视野谋划和提高创新能力，更加注重提高行业、区域的协同创新能力。实施创新驱动战略，关键是要把科学技术与经济发展紧密结合，积极构建以企业、市场、高校科研院为主体的产学研相结合的合理运营机制，既能在结合中准确把握科技创新方向，又能迅速把科技创新成果转化为现实的生产力。深化科技体制改革，着力完善创新体系、评价标准、激励机制和转化机制，建立健全富含科学性、活力性和效率性的国家创新体系，促进创新资源高效配置和综合继承。实施科技创新的主体是科技人才，必须把以人为本始终贯彻在科技工作中，完善科研人员激励机制和人才培养机制，激发科研人员创新的积极性和主动性。

3. 推动经济结构战略性优化调整

经济结构战略性优化调整，是转变经济发展方式的主攻方向，也是关系到转变经济发展方式成败的关键。世界金融危机后国际经济恢复和增速缓慢，世界市场需求压缩，对我国经济结构调整形成巨大压力和倒逼机制。而发达国家的科技调整和科技创新孕育产业新突破，致使经济发展格局走向深度调整，也迫使我国必须加快经济结构优化调整。经济结构战略性优化调整重点包括改善需求结构、优化产业结构、区域协调发展和城镇化建设等。改善需求结构，必须基于扩大内需，建立增加群众性收入和扩大消费需求的长效机制，释放群众消费潜力。重视和推行实体经济发展的优惠政策，依靠科技创新，推动以强化优质供给为导向的战略新兴产业的健康发展。重视实体经济发展，构建利于实体经济创新发展的制度环境和基础设施条件。坚持走新型工业化道路，加快传统产业和老工业基地转型升级，培育和壮大现代服务业。发展现代信息技术产业，把信息技术融汇于大中小型企业中，提高企业核心竞争力。继续实施区域总体发展战略，发挥各地区比较优势，在实施东部地区率先发展、中部地区崛起和西部大开发的前提下，加大力度扶持和培育落后地区的经济发展潜力，极力推动先进地区带动落后地区，最终走各地区协调发展的道路。实施产业梯度性转移，通过税收等政策，把与西部地区资源相适宜的劳动密集型产业等转移到中西部地区。积极推进和科学规划城市群规模及其合理布局，以大城市优厚资源带动中小城市产业发展、公共服务设施建设、就业人口增加，支持中小城市加快转变经济发展方式。

4. 推动城乡发展一体化

现存的城乡二元经济结构和社会管理体制，影响城乡人口合理有序流动、要素平等交换和公共资源均衡配置、农村生产力发展，是阻碍我国从根本上解决“三农”问题的制度性症结。而“三农”问题是转变经济发展方式的薄弱环节，制约着转变经济发展方式的进程。因此，解决“三农”问题，推动农业加快转变发展方式，根本途径在于推动城乡发展一体化。城乡发展一体化就是要通过坚持工业反哺农业、城市支持乡村、多予少取放活的原则，加强农业基础设施建设，加快发展现代农业，增强农业活力。鼓励农民发展以家庭农场为代表的多种形式的适度规模经营，构建农业生产集约化、组织化、社会化的经营体系。因此，应强化惠农富农和扶贫开发力度，改善农村生产生活条件，促进农民持续增收，让广大农民公平参与分享经济发展成果。加快规划和完善城乡一体化体制机制，推进城乡基础设施建设、公共服务建设一体化进程，推动包括农村土地在内的城乡资源要素平等交换和公共资源均衡配置，提高农民在土地增值中的收入比例，最终形成工农互惠、城乡一体的新型城镇化建设，推动农业经济发展方式加快转变。

5. 全面提高对外开放经济水平

对外开放是推动我国经济发展的外在动力，是中国迈向经济强国的必由之路。但在国际金融危机导致的国际经济不振和复苏缓慢，对外开放对经济发展的推动作用渐趋弱化的情况下，必须适应这种新形势，更加积极主动地完善互利共赢、多元平衡、安全高效对外开放型经济体系，才能不断拓展经济发展的外在新领域和新空间，形成经济发展新优势。加快转变对外贸易方式，在贸易政策和产业政策协调的前提下，推动对外开放朝着优化结构、拓展深度和提高效益发展，精心打造出口竞争新优势，促进贸易转型升级。创新开放模式，积极实施自由贸易区战略，拓展双边、多边、区域经济合作，打造与周边国家互联互通，提高抵御国际经济风险能力。提升利用外资质量和水平，优化利用外资结构，延长外资产业链，扩大农业利用外资比重，增强外资对技术进步、产业升级的促进作用。把引资、引技和引智相结合，积极培育具有自主品牌、核心竞争力的世界一流水平的跨国公司，提高国际化经营水平。鼓励具有实力的企业建立境外研发机构，以加强国际技术、信息和人才交流，构建国内外一体化研发体系。全面提升对外开放经济水平，深入实施经济全球化战略，是我国加快转变经济发展方式的重要一环，促进我国经济发展既能抵御国际风险，又能更好地利用国外能源资源和国外市场发展经济。

二、转变经济发展方式新指导思想的提出

理念是行动的先导，经济新常态时期加快转变经济发展方式需要新的理念来指导。在2008年世界金融危机后续影响下，国际经济增速持续乏力，国内经济增速下滑至中高速阶段后左右徘徊。面对这种国内外经济发展状况，以习近平同志为核心的党和国家领导人基于对国内外宏观经济走势的分析判断，于2014年提出我国现阶段处于经济新常态时期，并陆续阐述了新常态时期我国经济发展呈现的新特征、发展总趋势等。而后，面对新常态时期经济发展面临的机遇与挑战，基于对经济新常态时期经济发展的质量、速度和效益的关注，党中央就经济发展先后提出了一系列新的指导思想，包括坚持稳中求进的发展基调、实施创新驱动、推进经

济结构优化升级、坚持生态文明理念、高度重视风险、坚定不移地推进全面深化改革等思想，其中最重要、最具有代表性的是新发展理念和供给侧结构性改革。

（一）新发展理念

为了实现“十三五”既定的发展目标，破解经济发展难题，规避经济发展风险，培植经济发展新优势，习近平总书记在《中共中央关于制定国民经济和社会发展第十三个五年规划的建议》（以下简称《建议》）中提出了“创新、协调、绿色、开放、共享”的经济发展新理念。新发展理念的提出，为我国加快转变经济发展方式提供了新的导向。

（1）把创新作为转变经济发展方式的新动力，提高经济发展的质量和效益。创新不仅是引领经济发展的动力，而且也是提高经济发展质量和效益、加快转变经济发展方式的支撑力量。面对日趋激烈的国际竞争，在我国经济发展动力转换的情况下，继续依靠过多资金和生产要素投入推动经济发展，则难以实现经济健康持续发展，难以把经济大国变成经济强国。《建议》提出，我国“必须把发展基点放在创新上，形成促进创新的体制架构，塑造更多依靠创新驱动、更多发挥先发优势的引领型发展”①。即创新是经济发展的内生力量，必须把创新放在国家发展全局和加快转变经济发展方式的核心位置，加快实施创新驱动战略，以创新引领加快转变经济发展方式。但从整体来看，我国的科技水平不高，科技创新能力不强，成为制约我国加快转变经济发展方式，以及提高经济发展质量和效益的“阿喀琉斯之踵”。因此，必须加快推进创新工作。其一，努力推动“双创”工作。要释放生产要素潜力，就必须把大众创业、万众创新的“双创”工作融入经济发展的各个环节和领域，加强信息资源整合，鼓励各类主体开发新技术、新产品、新业态，创新工艺技术，供给新产品，释放消费和投资新需求，努力打造转变经济发展方式新引擎。其二，深化创新体制改革。体制创新是创新驱动战略的“牛鼻子”。要实现创新，最紧要的是破除科技创新及其创新成果转化的体制机制障碍，优化体制和政策供给，构建创新活力迸发、创新成果高效转化、创新价值得到充分体现的市场环境，注重人才培养和引进体制机制，以最大限度地释放和激发科技创新潜能。其三，推动战略与前沿科技领域创新性突破。坚持战略与前沿科技创新导向，大力支持事关发展全局

---

① 中共中央文献研究室编：《十八大以来重要文献选编》中，中央文献出版社 2016 年版，第 793 页。

的基础性和共性关键性技术研究。在强化各种创新的基础上，更加重视颠覆性技术创新。聚集目标，突出重点，在尽快完成已有的科技创新的同时，瞄准科技前沿领域，部署启动新一批具有战略性的重大科技创新。加快突破新一代以信息技术、新能源、新材料、航空航天、深海、深地、深空等领域的核心技术。支持以企业为主导，联合高校、科研院所共建企业技术创新中心，提高创新资源利用率和成果转化率。其四，实施人才优先发展战略。人才是创新主体，也是转变经济发展方式的主体力量和第一资源要素。加快构建完善的高素质人才培养和引进体制，突出"高精尖缺"人才培养和引进导向，完善良好的人才发展环境，着力培养、引进、聚集一大批战略科学家、科技领军人才、社会科学人才、企业家和高技能人才等。建立健全人才流动机制，允许和提高人才的社会横向和纵向流动性，促进人才在不同地域、不同性质单位和岗位间有序流动，促进人才优化配置。其五，拓展发展创新动力空间。坚持需求为导向，推动供给创新，提高供给质量和效益，以激活和释放有效的潜力需求，扩大有效投资，促进消费升级与有效投资扩大良性互动。同时，适应国际市场需求变化，优化贸易结构，加快培育新技术、高标准、大品牌、高质量和优服务的对外优势，提高装备出口、产品出口的科技含量和高附加值，促进对外贸易发展方式转变，提高出口对经济发展的促进作用。

(2) 坚持协调发展，着力形成转变经济发展方式的平衡发展结构。协调注重解决经济发展不平衡问题，是经济持续健康发展的内在要求。贯彻落实协调发展战略，增强经济发展的协调性，对加快转变经济发展方式具有内在支撑力量。坚持经济协调发展，主要包括区域协调发展、城乡一体化、"新四化"同步发展等。"十三五"时期，发展经济必须从整体的视角统筹各种经济关系，补齐短板，增强经济发展的协调性和整体性，即"在协调中拓宽发展空间，在加强薄弱领域中增强发展后劲"[1]，为加快转变经济发展方式提供结构支撑。其一，以区域总体发展战略为基础，推动区域经济协调发展。贯彻落实区域协调发展总体战略，有利于塑造区域之间要素有序和有效自由流动，有利于发挥各地区的资源禀赋优势；有利于缩短地区差距并让这种差距保持在合理的范围内，让各地区人民享受较为均等的基本公共服务；有利于突出主体功能约束有效，资源环境可承载的人与自然关系和谐的区域协调发展新格局，对于加快转变经济发展方式具有重要意义。要加强顶层设计，加

① 中共中央文献研究室编:《十八大以来重要文献选编》中，中央文献出版社2016年版，第800页。

快健全和完善区域协调发展机制，引导各地区产业优化布局与分工协作。把西部大开发战略、推动老工业基地振兴，以及推动边疆贫困地区发展与“一带一路”倡议、京津冀协同发展战略、长江经济带战略相结合，积极培育若干带动区域协同发展的增长极，带动各地区经济协调发展。其二，继续推动城乡协调发展，稳步有效推进新型城镇化建设。要在“坚持工业反哺农业、城市支持农村，推进城乡要素平等交换、合理配置和基本公共服务均等化”[①]的基础上，以市场为导向，以科技创新为抓手，发展农产品精深加工和特色县域经济，提高农业资源要素利用率。推动城乡公共资源均衡配置，健全和完善农村基础设施建设投入长效机制，制定有效的城镇反哺农村政策，把城镇公共服务向农村延伸，加快社会主义新农村高水平建设，建设群众安居乐业的美丽乡村，为城乡加快转变经济发展方式释放潜力和主体力。其三，推动“新四化”协调发展，实现产业发展深度融合。以新一轮科技革命为向导，着力推进以信息技术为纽带的新型工业化、新型城镇化和现代农业化协同发展和深度融合，切实推动产业结构优化升级、三次产业优势互补、资源要素循环高效利用的深度融合的循环经济、生态经济发展，实现经济高质量发展与资源、环境相协调，深入推进加快转变经济发展方式。

（3）坚持绿色发展，着力改善转变经济发展方式的生态环境。绿色发展注重的是解决经济发展过程中人与自然之间关系的和谐问题，它是当今时代科技革命和产业革命变革的方向。经济新常态时期，绿色发展是为解决长期粗放型经济增长导致的资源要素约束趋紧、环境污染加剧、生态退化严重和经济发展不可持续的问题，同时也是满足群众对清新空气、洁净水源、绿色食品和宜居环境的要求。“绿色发展内含循环发展，节约资源，促进经济可持续发展；内含低碳发展，保护环境，促进人与自然和谐共生；内含国土空间开发保护，发展生态产业，推动主体功能区规划建设。”[②]因此，“绿色发展既是加快转变经济发展方式必备的基础，又是提高人民群众生活质量的现实基础”[③]。在加快转变经济发展方式的过程中，必须深化绿色发展认识，把绿色发展理念融于加快转变经济发展方式的目标与过程中。其一，坚持有度有序地利用自然资源。在科学认识和利用自然规律基础上，按照“人

① 中共中央文献研究室编：《十八大以来重要文献选编》中，中央文献出版社 2016 年版，第 801 页。

② 李陈、李家祥：《用发展新理念引领经济发展方式加快转变》，《改革与战略》，2016 年第 8 期。

③ 同②。

口资源环境相均衡，经济社会生态效益相统一的原则"①，加强宏观顶层设计，科学制定绿色发展规划，加强主体功能区规划，调整优化国土空间开发格局，达到有度有序地利用自然资源。根据自然资源和生态环境承载力度，按照绿色规划、设计和施工标准，调节城镇发展规模，有度有序地开发利用城乡自然资源，保护城乡生态环境，促进城乡经济发展与人的发展、环境保护和谐共生。其二，强化高效、节约和环保理念。完善和强化资源、能源使用的约束性指标管理和约束机制，以强化群众树立高效、节约和环保理念。坚持资源利用、开发、节约和保护并举，持续提升经济发展对资源能源的利用率。积极推进能源革命和能源技术创新的现代能源建设体系，用以发展和推动绿色建筑、低碳交通、企业低碳经济行为和低碳文化，推动企业循环生产和产业循环式组合。加快推动形成勤俭节约、生活垃圾分类回收和再生资源回收衔接的良好社会风尚。其三，强化环境综合治理和绿色政绩考核力度。加快建立和完善以提高环境质量为核心的环境保护制度，形成政府、企业、人民群众共管共治的环境治理体系。加强推进污染物综合防治和环境污染治理工作，划设资源要素和生态环境保护红线，建立覆盖所有企业固定污染物排放许可制度，建立和完善全国统一的各地区有效连接的实时在线环境监控系统，以强化区域沟通与协调，创新制定与完善区域间对大气、水、土壤污染有效的联防共治计划，监督企业污染物排放，督促企业生产方式转型。坚持保护优先、自然恢复为主的原则，完善资源要素绿色采购定价机制，构建生态廊道和生态保护网，促进山水林田湖生态保护和修复，全面提升自然生态系统的稳定性和生态服务功能。构建突出绿色完善的地方政绩制度，强化地方政府政绩绿色考核和地方主管离任绿色评估机制，建立企业环境信用记录和违法排污黑名单制度，引导和强化地方各级政府与企业绿色发展意识。

(4) 构建全方位对外开放新格局，创造更多转变经济发展方式的外在动力。坚持对外开放，发展对外经济，"既可以利用两个市场、两种资源发展经济，又可以利用国际价值规律和竞争压力，促使企业发挥比较优势，重视技术创新，改善经营管理"②，降低生产成本，调整产品结构，提升产品质量，从而主动转变经济发展方式，为经济发展提供新引擎。改革开放以来，我国利用外资、先进技术和管理经验

① 习近平：《习近平谈治国理政》，外文出版社2014年版，第209页。
② 李陈、李家祥：《用发展新理念引领经济发展方式加快转变》，《改革与战略》2016年第8期。

的数量和质量日益提升，为我国经济发展不断注入新活力、新动力。但在2008年世界金融危机及其后续影响下，国外经济发展不振、复苏缓慢，加上贸易保护主义抬头，国内外向型经济受到很大冲击，出口对促进经济发展的拉动力作用越来越弱。但是，随着对外开放的深入，我国经济已经深深融入世界经济之中，国内经济发展已经离不开世界。因此，“十三五”时期，随着国内外环境不断发生新变化，要想充分发挥对外开放对我国经济发展的更大作用，创造更多转变经济发展方式的外在动力，就必须提高对外开放水平，构建全方位对外开放新格局。其一，完善对外开放新格局。把握国内、国际经济发展新形势，在进一步提升沿海开放水平的同时，把坚持对外开放与促进区域经济协调发展相结合，加快内陆沿边地区口岸的开放步伐与相应的基础设施建设。依据各地区的禀赋优势，发展具有竞争力的外向型经济发展集群，逐步形成沿海与内陆沿边分工合作、互为发展、互相补充的对外开放新格局。加快对外贸易结构优化升级，推动对外贸易向优质优价、优进优出转变。深入实施“走出去”战略，在对风险充分评估达到安全的基础上，鼓励重点行业和领域以企业集群方式“走出去”，因地制宜在国外建设产业集聚区，开展国际产能、装备制造等多边和双边合作机制，开展新型对外贸易方式，在世界范围内进行资源要素与价值链整合，促进资源要素高效配置和市场深度融合。完善外商投资布局，放宽外商投资准入标准，优化外商投资结构，引导外资投向现代化生产领域以及创新驱动研发等，提高利用外商投资水平。其二，健全对外开放新体制。健全有利于合作共赢并与国际贸易规则相适应的包括便利跨境电子商务体制、负面清单管理制度等，形成完善的法制化、国际化的营商环境。完善境外投资管理体制，健全个人、国有企业境外投资制度，并形成完善的境外经营者的业绩考核与责任追究制度。推动人民币国际化，为提高对外开放水平提供便利。其三，推进“一带一路”建设。经济新常态时期，“一带一路”是我国扩大对外开放的重要新举措，在秉持亲诚惠容和共商共建原则下，实现合作共赢、共同发展。在完善多边与双边合作的基础上，实现以企业为主体、市场为导向，推动与周边国家和地区的互联互通、国际大通道建设，以及以亚洲基础设施投资银行、金砖国家银行为载体的国际金融机构等多领域务实合作，为加快转变经济发展方式提供有利的资源、科技、人才与和平环境等条件。

(5) 坚持共享发展，释放转变经济发展方式主体动力和潜在内需动力。坚持共享发展，就是实现发展成果由全体劳动者共享，使全体劳动者在经济发展过程中获得更多的成就感和幸福感。坚持共享发展，不仅体现了劳动者作为历史主体创造历史的历史规律，而且也是经济新常态时期加快转变经济发展方式的出发点和落脚点。劳动者是经济发展的主体力量，在共建共享中提高劳动者收入，既能提高劳动者的消费水平，给经济发展以巨大拉动力，又能促进劳动者在共享中以饱满的热情和更大的积极性加快转变经济发展方式。经济新常态时期，加快转变经济发展方式应充分考虑国内不同阶层收入差距大、部分群众生活困难的现实问题。坚持以人民为主体和共享发展的理念，让劳动者在共享发展中获得更多认同感，从最广泛的层面调动劳动者加快转变经济发展方式的主体动力和内需拉动力。其一，增加公共服务供给，提高公共服务水平。以"坚持普惠性、保基本、均等化、可持续方向"①为原则，以解决人民群众的切身利益为切入点，不断加强和提高基本公共服务能力和水平。加快社会事业改革，完善服务体系，广泛吸引社会资本参与的创新公共服务方式，加强对特殊困难群体的帮扶，不断将公共服务扩大至包括革命老区、民族地区、边疆地区的社会全覆盖。其二，实施脱贫攻坚工程，夯实全民共享发展的基石。实现农村贫困人口脱贫致富，既是全面建成小康社会的艰巨任务，也为贫困地区加快转变经济发展方式提供主体动力和内需拉动力。实施脱贫攻坚工程，既要根据各地区实际情况因人因地制定政策，踏实做好和扩大贫困地区基础设施建设包括"四通"（通水、通电、通路、通网络）、义务教育和医疗服务的覆盖面，又要积极探索因矿产资源开发而导致土地流失返贫的资产收益扶贫制度，还要强化地方政府的脱贫责任考核，以及激励各类社会团体积极参与扶贫，增强扶贫力度和力量。在做到分类扶贫、精准扶贫和精准脱贫的基础上，实现贫困地区群众脱贫致富。其三，提高贫困人口素质，为持续提高贫困地区人民群众的收入水平打基础。百年大计，教育优先。扶贫的基础和关键是提高贫困地区人民群众的素质、创新精神和创新能力。实行教育政策优惠措施，加强贫困地区师资队伍建设，逐步普及贫困地区高中教育，完善贫困地区的职业教育，以提高贫困地区人口素质，增强就业能力、创新意识和创新能力。"坚持居民收入增长与经济增长同步、劳动报酬提高与劳动生产率提高同步"②的政策，激励劳动者积极就业、创业，持续增加劳动者的收入。深化更加突出社会公平的收入分配制度改革，在注重完善依靠市场评估生

① 中共中央文献研究室编：《十八大以来重要文献选编》中，中央文献出版社2016年版，第812页。
② 同①，第814页。

产要素贡献率，并按贡献率参与收入分配的机制的同时，更加注意提高包括贫困群众在内的普通劳动者的收入水平。其四，建立更加公平可持续的社会保障制度，促进消费者放心消费制度。消费既是经济发展的最终完成，也是推动经济增长的内在动力之一。国内拥有将近14亿人口的大市场，消费潜力巨大。但要让人民群众放心消费，必须建立起完善的更加可持续的社会保障制度。完善养老保险、医疗保险、失业保险等个人账户制度，实施全民参保全员覆盖计划，促使人民群众放心消费。积极培育消费新增长极，大力发展服务型等绿色方式消费，使消费成为拉动经济增长的又一力量。

理念是行动的向导。五大新发展理念从内在动力、组织结构、生态目标、外在动力、发展目的和主体动力等五个方面，诠释了加快转变经济发展方式的新指导思想，推动了人们对转变经济发展方式必要性、动力、路径、目的等内在机制的深刻认识，不仅指导了人们在现实实践基础上加快转变经济发展方式，而且从更高层次上丰富和深化了转变经济发展方式理论。

（二）供给侧结构性改革

转换转变经济发展方式新维度。供给与需求是市场经济发展的两个侧面，供给与需求平衡是经济健康发展的内在要求。过去在有效需求不足的情况下，我国通过粗放型经济增长方式快速发展，以解决需求不足的问题，满足人民群众的消费需求。但经济新常态时期，随着人民群众生活水平的提高，人们对消费品的质量、种类提出了更高的要求。以速度型和数量型为主的经济发展方式，已无法满足人民群众对消费品的质量要求、多元化消费需求。近期出现的“海淘热”“海外旅游热”，就是国内产品不能满足消费者需求的反映。这些现象，一方面使得国内具有“速度型”“数量型”产品过剩，另一方面产生了需求外溢。这两方面的情况既不利于经济持续发展，也不利于加快转变经济发展方式。为破解这种不寻常的问题和矛盾，以习近平同志为核心的党和国家领导人开始转换维度，提出了以供给侧结构性改革引领加快转变经济发展方式的新思路。

1. 供给侧结构性改革的提出

2015年11月，在中央财经领导小组第十一次会议上，习近平总书记提出了供给侧结构性改革新思想。2015年12月，习近平总书记在中央经济工作会议上，对供给侧结构性改革进行深入阐述，从顶层设计到重点任务作了全方位部署。随后，在2016年1月省部级主要领导干部学习贯彻十八届五中全会精神专题研讨班开班仪式会议上，习近平总书记对供给侧结构性改革作了全面阐述。2016年3月在《中华人民共和国国民经济和社会发展第十三个五年规划纲要》中明确提出的“以供给侧结构性改革为主线，扩大有效供给，满足有效需求，加快形成引领经济发展新常态的体制机制和发展方式”①，为加快转变经济发展方式提供了新的维度，即加快转变经济发展方式要从原来的需求侧发力转变到供给侧发力。中国经济发展问题不仅在于供给侧，更是出现在结构上。在2016年12月的中央经济工作会议上，习近平总书记提出：“形成以新发展理念为指导，以供给侧结构性改革为主线的政策体系，引导经济朝着更高质量、更有效率、更加公平、更可持续的方向发展。”②这次会议把供给侧结构性改革调整上升到主线的高度，说明转变经济发展方式从需求侧转移到供给侧结构性改革上来的重要性和迫切性。党的十九大报告指出：建设现代化经济体系，“以供给侧结构性改革为主线，推动经济发展质量变革、效率变革、动力变革，提高全要素生产率”③。现代经济体系建设，是针对我国经济发展内外部环境和条件出现的新变化、经济结构存在的新旧突出矛盾和问题、经济发展的质量和效益整体偏低、国际竞争能力有待进一步提高而提出的战略性举措。在现代经济体系建设过程中，加快转变经济发展方式，必须以供给侧结构性改革为主线有效引领。

2. 供给侧结构性改革提出的时代背景

十八大以来，我国经济发展虽然出现企稳向好、潜力足、回旋余地大的好局面，但也正处在建设现代经济体系、转变经济发展方式、优化经济结构和转换增长动力的攻关期，面临着诸多挑战。其一，结构性产能过剩。总量平衡和结构均衡是经济顺利发展的关键。但“十二五”以来，经济发展特别是工业领域产能严重过剩。一种情况是，以钢铁、煤炭为代表的部分行业产能过剩，一些急需的关键设备和高端产品却需要大量进口；另一种情况是，消费者对质量好、档次高、信誉好的产品需求量大，而中低档商品充斥的国内市场则无法满足消费者对产品质量和种类的需求，导致消费者出国消费和海外购物热情高涨，需求效益外溢。这两种情况的共同点

---

① 《中华人民共和国国民经济和社会发展第十三个五年规划纲要》，《光明日报》2016年3月18日。
② 《中央经济工作会议》，《光明日报》2016年12月17日。
③ 习近平：《决胜全面建成小康社会　夺取新时代中国特色社会主义伟大胜利——在中国共产党第十九次全国代表大会上的报告》，人民出版社2017年版，第30页。

是低端产品产能过剩，而高端产品产能供给不足。形成这种状况的根本原因在于供需错配，这严重阻碍了经济健康可持续发展。其二，生产要素短缺和利用率不高。经济发展离不开生产要素的供给，经济发展状况是受生产要素的供给状况和利用状况决定的。我国人口老龄化日趋严重，导致劳动力特别是高素质的劳动力供给紧缺，劳动力成本不断上升，人口红利不断下降。鉴于经济发展放缓，很多企业担心投资成为“沉没资本”而不愿投资，导致企业效益下降，而多余资本在常规项目边际效益下降的情况下，很难找到适合的投资对象。前期大规模粗放型经济发展导致的资源要素短缺和生态恶化严重的情况下，自然资源匮乏和禀赋下降，自然资源和生态环境成本不断增加。在劳动力、资本、自然资源和生态环境成为制约经济发展的瓶颈的情况下，受长期粗放型经济增长方式影响，当前经济发展在一定程度上还存在着全要素生产率低下、资源要素短缺和生态环境恶化等问题。其三，潜在的风险和矛盾不断显现。大而不强的整体经济发展状况，受2008年世界金融危机冲击及后续影响，导致各种风险和矛盾日益突显。地方政府“唯GDP论”的至上思维产生的粗放型偏好，不仅加剧了资源要素紧缺和生态环境污染，而且更多的资金融入，导致高杠杆率高居不下。同时，不断廉价征用土地导致干群矛盾和纠纷不断，影响社会稳定和政府形象。民营企业在发展中经常遇到“玻璃门”“弹簧门”“旋转门”，以及融资难和融资贵的现象，严重影响了企业家的发展意愿以及企业转型的动力。从整体来看，上述问题、矛盾和风险是由于需求侧供需失衡引起的，已严重制约新常态时期经济发展，成为加快转变经济发展方式的障碍。因此，以习近平同志为核心的党和国家领导人审时度势，转变维度，提出了要以供给侧结构性改革引领加快转变经济发展方式。

3. 需求侧转换供给侧结构性改革的缘由

供给与需求之间的关系恰如一枚硬币的正反两面，在市场经济活动中二者相互依托、相互支持，不可分割，但在经济发展过程中，不同时期就会有不同的地位和作用。在经济发展低级阶段，商品短缺，需求就成为矛盾的主要方面，需求成为经济增长的拉动力；商品短缺结束后，随着人们生活水平的提高，对商品的质量、档次、信誉要求越来越高，品种要求多元化，中低档商品供给已不能满足消费者需求，高档商品和品种多元化供给短缺就成为矛盾的主要方面，提高商品供给质量就成为经济增长的拉动力。按照马克思两大部类原理，不论在任何时期，供给与需求需保持总量平衡和结构均衡，才能促进经济健康持续发展。经济新常态时期，供需失

衡成为突出问题，制约经济发展的不再是商品短缺问题，而是商品的质量、档次和品种已不能满足消费者需求的结构性问题。矛盾的主要方面已由需求方转向供给方的结构性方面。因此，必须把商品供给结构作为当前经济发展的主攻方向。不仅要把转变经济发展方式从需求侧转向供给侧，而且还要改革优化原有的经济结构。即在保持供需大体平衡的前提下，把供给侧结构性改革作为经济发展的主线，这是党和国家领导人对经济发展规律的又一次深刻领悟。

4. 供给侧结构性改革引领加快转变经济发展方式

从转变经济发展方式为主线到供给侧结构性改革为主线的战略演变，目的是为了更好地促进经济高质量地发展。这一转变赋予转变经济发展方式新的维度。其一，矫正要素扭曲配置，优化要素供给。转变经济发展方式的核心要义就在于提高生产要素的边际效益，其方法在于打破政府部门对生产要素的控制，以市场决定生产要素配置，纠正生产要素供需错配现象。通过作加减乘除法运算，创新生产要素供给机制，优化生产要素供给，发挥和提高生产要素边际效益。其二，推动农业供给侧结构性改革，创新和培育农业发展新动能。农业作为国民经济发展的基础产业，其发展转型成功与否关系到国民经济发展的全局。当前农业发展出现供给不足和供过于求的现象，矛盾主要在于供给侧结构性方面。因此，必须改变过去只注重数量，忽视产品质量和种类的发展方式，创新和培育农业发展新动能，包括解决农业短板、农业风险，深化和推广农业科技，发展休闲旅游业，培育现代绿色食品产业等，以供给市场优质、绿色、多样的农产品，增强农业可持续发展能力。其三，实施创新驱动战略，促进实体经济转型。内生增长理论认为，内生技术能给经济持续增长供应源源不断的动力。国家须紧盯国际科技前沿理论动态，以全球视野整合全球科技创新资源，努力把握科技创新的主攻方向和突破口，实施创新驱动战略，建立以市场为导向、以企业为主体的产学研相结合的科技创新体制，努力培养和集聚创新人才，为实体经济发展谋划技术创新和产业创新，供给实体经济发展以新动力，推动实体经济转型发展进程。其四，优化升级经济结构，提供经济发展巨大活力。优化升级经济结构，既是供给侧结构性改革的着力点，也是加快转变经济发展方式的关键。优化升级经济结构，不仅能提高生产要素的质量和效率，释放生产要素潜力，提高经济增量和质量，而且更重要的是能够推进生产要素存量调整，淘汰和减少无效低端供给，盘活和提升传统产业的比较优势，培育传统产业新动能，为加快传统产业转变经济发展方式奠定结构性基础。其五，防范和化解风险与

矛盾，为加快转变经济发展方式提供安全阀。风险与矛盾是经济健康持续发展的高危区，也是供给侧结构性改革引领加快转变经济发展方式必须破解的障碍性问题。经济新常态以来，经济增速下滑引发了过去高速增长所掩盖的政府和企业高杠杆率、产能过剩、金融风险和各种隐性社会矛盾等问题逐渐开始凸显。必须通过供给侧结构性改革，降低政府和企业杠杆率，去除过剩产能和处置僵尸企业，化解金融风险，提高工人就业率，解决社会矛盾等，为经济发展筑牢风险篱笆，为加快转变经济发展方式消除风险与矛盾障碍。

以习近平同志为核心的党和国家领导集体提出的供给侧结构性改革，是在综合平衡需求与供给结构平衡的基础上，根据经济发展状况与时代条件的变化，保持现有需求的基础上，从生产端入手，加大供给侧结构性改革力度，有效化解产能过剩，优化重组产业结构，降低企业成本，提高生产要素利用率，发展战略新型产业、现代农业和现代服务业，以提高产品质量和增加产品有效供给，提高供给结构对需求结构的适应性和灵活性，推动经济发展。事实上，供给侧结构性改革追求的目的就是更好地发展生产力，打破资源要素和生态环境对新常态经济发展的制约，因而也就达到转变经济发展方式的目的。但这个过程和路径与从需求角度转变经济发展方式传统路径有很大不同。因此，以供给侧结构性改革引领加快转变经济发展方式是对传统转变经济发展方式的战略维度转变，从供给侧维度另辟蹊径引导加快转变经济发展方式，彰显了新一代领导人关于引领加快转变经济发展方式思维的前导性、战略性和宏观性。

第三节　中国经济高质量发展亟须发展转变经济发展方式理论

中国经济发展正处在向高质量发展迈进阶段。习近平总书记在党的十九大报告中指出："我国经济已由高速增长阶段转向高质量发展阶段。"[①]这是根据国内外经济发展条件和发展环境变化，对我国经济发展进入新阶段而作出的重大判断。

① 习近平：《决胜全面建成小康社会　夺取新时代中国特色社会主义伟大胜利——在中国共产党第十九次全国代表大会上的报告》，人民出版社 2017 年版，第 30 页。

实践证明，以传统的转变经济发展方式理论来指导转变经济发展方式，在实践中已难以促进经济高质量发展。我们必须在深刻把握新形势下经济发展面临的机遇与挑战的基础上，反思传统转变经济发展方式理论的短板，以新发展理念为方向指南，以供给侧结构性改革开辟新路径，进一步发挥传统转变经济发展方式的合理内容，弥补其不足，不断增添新内容，使之与时俱进，更好地指导中国加快转变经济发展方式，促进我国经济高质量发展。

一、经济高质量发展的内涵及其实现条件

经济高质量发展是我国经济发展领域里的一场革命性变革。这场变革是以习近平同志为核心的党的领导集体对新时代经济发展准确把脉的反映，也是我国实现经济从站起来、富起来到强起来的发展路径研判和发展要求。即经济高质量发展是新时代经济发展的具体化和精确化，也是建设现代化经济体系的落脚点和支柱。研究经济高质量发展的内涵及其实现条件，不仅对于推动中国经济持续健康发展有重要意义，而且对于发展转变经济发展方式理论也具有重要的引领作用。

（一）经济高质量发展的内涵

经济高质量发展具有狭义和广义两个方面的内涵。从狭义方面看，经济高质量发展是指经济主体在合理配置资源的基础上，以科技进步与创新为动力，变粗放式发展为集约式发展，从而实现动力创新、全要素生产率提高、产品质量明显提升、经济效益大幅提高。从这个层面来说，经济高质量发展是与高速度发展相对而言的，是经济发展从简单追求速度向质量第一、效益优先方向转变。从广义而言，经济高质量发展不仅局限于经济领域内的发展，还包括以经济高质量发展为基础，促进区域经济协调发展和生态环境的保护等。因此，经济高质量发展的内涵中，高质量发展是前提，实体经济振兴是战略基础，创新驱动是动力支撑，乡村振兴是重点，区域协调发展是保障。

（二）经济高质量发展实现的条件

经济高质量发展是中国经济发展由富起来到强起来的标志，是经济大国迈向经济强国的奠基石，是经济新常态时期经济发展的质量性目标。因此，经济高质量发展是中国对高速增长的一场革命性变革。它的实现不是一蹴而就的，而是需要一定条件的。

(1) 发挥市场对资源要素配置的决定性作用是经济高质量发展的重要基础。资源要素是经济活动的前提和基础，资源要素配置状况如何，直接影响着经济发展的效果。市场机制与政府干预是资源要素配置的两种方式，方式不同，效益不同。在经济高速增长阶段，政府在配置资源要素中起决定性作用，经济发展只需政府强化生产要素特别是资本的投入，就能推动经济高速发展，但发展的结果是摊大饼式的粗放型发展，出现高投入、高能耗、高污染、低效益的结果。而经济高质量发展，重视的不仅仅是速度，更重要的是产品的高质量、资源要素的高利用率和经济发展的高效益，这就要求经济主体必须受投入与产出比的严厉约束。实现这一要求使市场在资源要素配置中起决定性作用，能更好地激发各类市场活力，实现产权有效激励、资源要素自由流动、价格反映灵活、竞争公平有序的经济发展环境，从而发挥经济主体经营决策自主权，激发经济主体的创新动力和创造活力，提高资源要素配置效率、经济竞争力和经济发展的可持续性，实现经济发展向高质量、高效益迈进。

(2) 提升实体经济发展的质量和效益是经济高质量发展的重要载体。实体经济是以生产和流通为主体的经济形态，是与虚拟经济（主要是指以金融证券和资本"运作"作为主要手段实现价值增值的经济形态）相对而言的。实体经济主要包括农业、制造业和服务业等物质生产和文化生产部门。历史实践和欧美等发达国家的"再工业化"战略表明，实体经济是一国经济发展的基础、根本和脊梁，是经济活动的主体，是大国之间经济竞争的主阵地。但近年来我国经济发展呈现出脱实就虚的趋势，在追求经济高速度发展的过程中，实体经济因虚拟经济拥有过多资本而导致资本不足，运营成本不断刚性上涨，创新驱动力不足，原创性产品少，资源利用边际效益降低，产品出口竞争力弱，发展势头不强。这些困难和问题制约着实体经济发展的质量和效益的提高。提高实体经济发展的质量和效益，就要深化经济体制改革，实现资源要素由市场配置的决定作用，降低实体经济运营成本，激活实体经济活力；加快推动实体经济结构升级，增强实体经济创新驱动力，推动实体经济转型升级，提高实体经济产品的科技含量和附加值；优化升级产业结构，大力发展新兴产业，促进新产品和新业态发展；加强制度建设和监管创新，避免经济运行出现"脱实就虚"，塑造实体经济发展新优势。从微观和宏观方面共同发力，提高实体经济发展的质量和效益。

(3) 创新是经济高质量发展的重要动力支撑。人的需求无限性与产品供给能力的有限性之间的矛盾，始终伴随着人类经济的发展。持续增加生产要素的有效供给，提高生产要素的质量并形成高效组合，努力生产既有数量又有质量的产品，减少人的消费需求与产品供给能力之间的矛盾，提高人的生活水平，一直是人类长期努力的方向。而推动生产进步，提高产品质量和产品多元化的动力在于包括制度、科技、文化等方面的创新。习近平总书记在十九大报告中指出，“创新是引领发展的第一动力”①，揭示了创新是经济高质量发展的重要动力之源。在创新驱动经济高质量发展中，虽然土地、资本、资源要素等在内的生产要素仍然发挥着不可替代的重要基础作用，但创新上升到了诸多生产要素的第一位。因为创新不仅能够提高生产要素的利用率，生产高质量、多元化的产品，满足社会需求，提高经济效益，而且还能够创造出新的生产要素，形成新的生产要素组合，提高资源要素边际效益，更为重要的是还能通过技术、制度、管理和商业模式创新，使创新要素和生产要素结合，产生出具有高科技含量的创新型产业，从而实现经济发展效益倍增和高质量发展。生产要素越用越少，包括科技在内的创新要素越用越多，实现经济可持续发展和经济高质量发展，也离不开创新这一长久的驱动力。

（4）协调区域经济发展是经济高质量发展的战略保障。经济高质量发展不是指哪一个行业或部门经济的高质量发展，而是中国整体经济的高质量发展，也就是全国各个区域经济协调高质量发展。只有这样，才能建设现代化经济体系、现代化经济强国。如果只是一个部门或行业经济高质量发展，则无多大意义可言。因此，实施经济高质量发展，必须以统筹全国区域经济协调发展，缩小区域经济发展差距为战略保障。尽管自改革开放以来，国家一直致力于解决区域经济发展差距问题，但区域经济发展不平衡、不协调问题仍然突出。地区之间、城乡之间经济发展差距较大，甚至有些落后地区“未富先老”问题逐渐显现。协调区域经济发展不仅能挖掘和开发中西部地区具有禀赋的资源要素，发挥资源要素潜力，还能通过城乡之间、区域之间生产要素跨区域自由流动，实现资源要素配置的帕累托最优，提高资源要素的利用率。甚至通过国家实施的“一带一路”、京津冀协同发展、长江经济带等区域经济协调发展政策，以先进地区提供的技术、人才和产业转移带动中西部地区经济高质量发展。中西部地区丰富优质的资源要素流进东部先进地区，推动东部发达地区持续高质量发展，进而为全国现代化经济体系建设提供更为广阔的发展空间和物质基础，

---

① 习近平：《决胜全面建成小康社会　夺取新时代中国特色社会主义伟大胜利——在中国共产党第十九次全国代表大会上的报告》，人民出版社2017年版，第31页。

为全国整体经济高质量发展搭建受世界经济波动影响较小的、统一的国内市场舞台。

（5）振兴乡村是经济高质量发展的重要一环。乡村经济发展既是中国经济高质量发展的重要内容，也是中国实现经济高质量发展的基础，更是解决中国经济发展不平衡、不充分的问题，以满足人民日益增长的对美好生活需要的现实要求。中国革命和社会主义建设实践证明，以“三农”问题为代表的乡村，一直是中国革命、建设和改革的中心。中国共产党在历经革命、建设和改革的各个时期，都十分重视以“三农”为代表的乡村建设。改革开放以来，我国乡村经济建设取得了重大进展。但由于历史欠账太多，再加上多种因素制约，以“三农”问题为代表的乡村经济发展相对滞后，以二元结构为特征的城乡之间发展不平衡、不协调问题，成为中国现代化经济体系建设中最为突出的结构性矛盾，也是制约中国经济高质量发展的总病根，是实现经济高质量发展无法回避的挑战。党的十九大报告把乡村振兴的重点和落脚点放到解决好“三农”问题上，并把它作为全党工作的重中之重。只有解决好“三农”问题，切实改变农村落后面貌，促进农业发展和乡村振兴，才能补齐“四化同步”中的农业短板，为中国经济高质量发展打好坚实基础。

经济高质量发展既体现了党和国家领导集体对经济新常态时期中国经济发展态势的敏锐把握，又体现了经济发展规律对新时代经济发展的更高要求。依靠传统的转变经济发展方式路径难以实现这种更高要求，必须更新传统转变经济发展方式思维模式，形成新的转变经济发展方式理论，引导加快转变经济发展方式，才能实现经济高质量发展。

二、传统经济发展方式理论难以满足经济高质量发展要求

传统经济发展方式理论是为适应旧常态时期各个阶段的经济发展水平和发展任务而形成和发展起来的。传统经济发展方式理论包含了经济发展新路子思想、转变经济增长方式理论和转变经济发展方式理论。随着经济新常态时期经济发展环境、条件、增长动力等机制发生了一系列重要变化，以及经济高质量发展目标的提出，传统经济发展方式理论在促进新时期经济发展方面的不适应性日益凸显。

（一）传统经济发展方式理论出发点不适应经济高质量发展的需求

经济发展的出发点不同决定了理论维度不同。经济发展新路子思想和转变经济增长方式理论的出发点，均是建立在需求短缺的基础上，经济发展的目的更多的

是为了快速生产更多、更丰富的产品，以提高国家财力和综合国力。传统转变经济发展方式理论是对转变经济增长方式理论的优化升级，扩大了邓小平经济发展新路子思想和转变经济增长方式理论的内涵，增加了邓小平经济发展新路子思想和转变经济增长方式理论所没有强调的满足人民群众日益增长的物质文化需求，但其出发点仍然主要是从需求侧角度以追求数量为目的生产更多的物质财富，解决人民群众对产品的需求问题。这三种理论虽各有异，且不断升级，但其内在的本质和核心都是追求 GDP 的高速增长，解决需求短缺，相对忽视产品质量和多元化。新形势下，我国经济发展的矛盾和问题已不是传统的商品短缺问题，而是中低端商品供给过剩，中高端商品的数量和品种供给不足问题。因此，新形势下转变经济发展方式理论的立足点不再是解决需求不足问题，而是应建立在解决中高端商品的质量和种类不足的问题上。因此，引导转变经济发展方式的传统经济发展方式理论已不适应新时期经济发展的需要，必然要对其进行发展和更新。

（二）传统经济发展方式理论的依靠动力不适应经济高质量发展需求

发展依靠动力不同决定了理论维度不同。在动力问题上，不论是经济发展新路子思想、转变经济增长方式理论，还是传统转变经济发展方式理论，都强调利用科学技术提高资源要素的利用率，节约资源和保护环境，经济发展由粗放型发展转向集约型发展。但在实践过程中，建立在需求为主基础上的理论，往往会不自觉地形成以投入资金和资源要素为动力，结果带动经济发展动力落脚点最终落实到凸显中短期效应的投资、出口、消费的“三驾马车”上。以“三驾马车”拉动经济增长，在现实中形成了中低端产品产能过剩，高质量和多元化的优质产品供给缺乏，导致经济结构失衡，经济增长的潜在矛盾和问题不断显现，不利于经济健康可持续增长。虽然中央领导集体也意识到了经济结构调整的重要性，并在一定程度上作了调整，但在以投入资源和要素为动力的前提下，经济结构调整与优化并没有取得实质性的进步。经济新常态时期，随着我国资源能源短缺，生态环境恶化，经济高质量发展不能再建立在以“投”为主的动力上，而必须把经济发展的动力切实放在创新驱动上，依靠创新驱动来推动经济高质量发展。

（三）传统经济发展方式理论依靠短期刺激政策不适应经济高质量发展需求

国家政策不同决定了经济发展结果不同。不论是经济发展新路子思想、转变

经济增长方式理论，还是传统转变经济发展方式理论，更多的是依靠国家政策来推动实施。国家出台的各种政策的出发点依然落实到需求管理的短期政策上。在保持生产要素结构包括制度、经济结构、生产技术、资源要素、劳动力、资本等大体不变的情况下，为了追求经济增长速度快，国家不断调整和变换宏观政策，实施短期刺激，通过大量投入资金和生产要素，扩张经济发展规模，推动经济快速发展。通过出台政策刺激经济发展，实质上就是追求 GDP 的高速增长，形成了“GDP 至上论”。实际上，一个国家或地区发展经济需要 GDP 以一定的速度增长，没有一定的增长速度是不行的。但在经济发展过程中，过度注重 GDP 的快速增长，地方政府和经济主体会自然而然地形成较多重视数量，较少注意经济发展质量与经济结构优化调整，最终导致经济结构失衡、生产要素短缺、资源环境被破坏、产能过剩与需求不足、供求失衡，从而使人民生活水平得不到实质性改善，经济发展难以健康持续进行。经济新常态时期，经济增速下行压力导致过去追求经济高速增长掩盖下的各种矛盾和问题凸显。这种刺激经济发展的政策已不能适应当前经济高质量发展的需要，必须在经济发展供需平衡的基础上，从中短期刺激政策转向中长期平稳发展政策，从追求数量型政策转向追求质量型政策，从追求总量政策转向追求结构均衡和数量平衡政策。

三、国内外经济发展新动态需要发展转变经济发展方式理论

任何理论的诞生和发展都根源于现实实践的需要。经济新常态时期，随着全球化和国际分工的深入发展，国际科技革命和产业革命效益不断外溢，推动着国内外经济发展出现了一系列新的动态。在这些新动态中，既有利于促进经济发展的新机遇，也有阻碍经济发展的严峻的新矛盾和新风险。推动中国经济高质量发展，既要把握和利用好国内外经济发展提供的有利机遇，又要克服逐渐凸显的新矛盾和新风险，这就需要创新发展已有的转变经济发展方式理论。

（一）国际经济发展新动态

每次世界经济危机的出现，都会或多或少冲击了原有的世界经济秩序，改变世界经济原有的运动状态，更新原有的经济理论。在 2008 年世界金融危机后兴起的新技术、新产业和新业态，以及世界各国对原有的经济运作方式的调整，都会令世界各国经济发展出现质的新变化，这些新变化为我国发展转变经济发展方式理论提供了国际视野。

（1）经济全球化深入发展趋势与逆全球化趋势并存，使得我国经济发展面对的机遇与挑战并存。经济全球化是随着工业革命诞生而起步发展的。随着科学技术的不断更新换代和国际分工的深入发展，经济全球化范围不断扩展，程度不断加深。特别是进入21世纪以来，经济全球化广泛深入发展，推动了以资金、技术和资源等生产要素在国际上的流动与优化配置，深度的国际分工又促进世界各国经济广泛合作，在一定程度上为我国经济发展提供了便利。我国实施的对外开放政策，已成为推动我国经济发展的重要外在动力。受2008年世界金融危机及其后续影响，各种逆全球化形式的贸易保护主义在世界各国有所抬头，贸易保护主义导致的国与国之间的贸易壁垒层出不穷，贸易战花样繁多。特别是特朗普在近期挑起的中美贸易战，在一定程度上给我国经济发展带来挑战，这就需要我们在新形势下利用国际经济全球化的大趋势和国际分工的深入发展带来的有利因素，不断发展转变经济发展方式理论，更新其内容，使之更符合新形势下引导中国加快转变经济发展方式，推动我国经济高质量发展，以应对国际上的各种挑战。

（2）国际上新一轮科技革命和产业革命的发展与更新，为我国经济发展提供了新的创新驱动机遇与挑战。在2008年世界金融危机及其后续影响下，在物质结构、宇宙演化、生命起源以及意识本质等基础学科领域的研究逐步深化，并有望获得突破性进展。以信息为载体的生物、能源、材料等应用领域的科学研究也不断获得创新性成果，并由此产生交叉融合的关键技术包括人工智能、大数据、云计算、物联网等群体跃进。科学技术的突飞猛进带来了以能源、互联网、3D打印和智能制造为代表的新一代技术革命迅速发展，推动了世界产业革命的不断发展与更新。世界各主要大国，以这次科技革命为契机，结合本国产业实际情况，纷纷出台适合本国的再工业化计划。美国在金融危机的冲击中，深刻认识到虚拟经济与实体经济脱离、产业空心化的危害，整合本国科研力量，以高度智能化信息技术为载体，实施将大数据与智能相融合的“再工业化”工程。德国实施以信息物力融合系统为载体，将生产要素分配实现网络化与智能化，将个性化与智能化作为产品研发目标的“工业4.0”计划。日本实施“日本振兴战略”，将工业推向智能化，一些大型企业率先大量使用智能机器人。这些发达国家雄心勃勃实施的战略计划，都是建立在以信息技术为核心的新一代科技革命基础上的，产业发展都具有网络化、智能化、数字化、绿色化、协同化等特点。由于受经济全球化影响，发达国家的先进技术、产业更新、先进管理理念不可避免地产生外溢，不仅对我国的科学技术革命、科学技术

创新与产业智能发展产生重大推动作用和方向导引，也与我国实施加快转变经济发展方式的创新驱动、结构优化调整等方面产生了历史性交汇。同时，这次世界新兴科技革命和产业革命也是对中国的一个巨大考验和挑战。为应对这种挑战，中国必须紧紧抓住科技革命和产业智能更新带来的驱动力更新与转换、新兴产业发展、经济结构优化调整、全要素生产率提高的历史契机，以新内涵充实和发展原有的转变经济发展方式理论。

(3) 我国作为国际重要一员积极参与国际经济治理体系，为发展转变经济发展方式理论提供了有利的国际契机。国际经济治理体系的新调整，将会改变各国在全球经济体系中的地位和行为能力，进而改变各国经济发展面临的国际经济环境。2008 年世界金融危机爆发前，世界经济治理体系形成了较为稳定的发达资本主义国家—发展中国家的中心外围体系。全球的经济贸易规则制定、治理制度框架、权力机构及其设置都掌握在主要发达国家手中。随着以中国和金砖国家为代表的新兴经济体迅速发展及其力量不断增强，要求改革全球经济治理体系的呼声不断升高，但是主要发达国家在世界经济体系治理结构中仍然占主要地位。受 2008 年世界金融危机的冲击，发达资本主义国家—发展中国家的中心外围世界经济体系开始面临新的调整。原先由七个发达资本主要国家组成的七国集团治理全球经济，在一定程度上逐渐趋向由发达国家和发展中国家包括中国共同组成参与的二十国集团成为国际经济事务协商的重要平台，并逐渐对世界经济发展起到了稳定器、安全网的作用，是全球经济治理的重要力量和组织。国际货币基金组织、世界银行等国际经济组织机构也迈出改革步伐，加大了发展中国家在这些国际组织中的发言权和规则制定权，也为我国提升在国际货币基金组织和世界银行的发言权、规则制定权和影响力提供了空间。同时，在国际经济区域化的大背景下，由我国倡议成立的金砖国家组织与金砖国家银行、亚洲基础设施投资银行、上海合作组织与上海合作组织银行，以及举办的中国与非洲、中国与东盟等国家或地区的双边论坛与合作机制等，在世界经济活动中日益产生重要影响。我国在这些国际组织中的影响力日益提升，向着有利于我国参与或制定规则的方向发展。我国在这些国际组织中可以根据经济社会发展的需要，提出并执行有利于自己的国际经济发展战略，不仅为我国提升转变对外贸易方式和层次提供了外在便利，而且也为我们发展转变经济发展方式理论提供了有利的国际环境与条件。

(二)国内经济发展动态

经济新常态以来,中国经济发展总体取向稳中有升、稳中向好,为我国经济向高质量发展迈进提供了有利基础,但严峻复杂的矛盾和问题,也成为我国经济趋向高质量发展的羁绊。

(1) 产业结构不断优化升级,经济实力出现质的提升。经过40多年的积累和发展,进入经济新常态以来,我国的经济实力和综合国力不仅稳居世界第二,而且还在稳步提升。我国产业发展呈现出由以第二产业为主向第一、二、三产业协同发展转变,劳动密集型产业逐渐向技术密集型产业转变,现代产业经济体系逐步形成。基础设施日益完善,能源资源保障、交通运输能力显著提高,科技创新能力逐步增强,人力资本迅速积累,因而促进转变经济发展方式的物质基础和内生动力在不断增强。和前期转变经济发展方式相比,这些条件能为经济新常态时期转变经济发展方式提供支撑力和内生动力,因而为发展转变经济发展方式理论提供了科技和产业结构基础。

(2) 国内消费能力不断提升,消费结构趋向多元化。伴随着经济发展取得巨大成就,我国群众收入正处在由中等收入国家向高收入国家迈进的过程。"四化"协同推进,人民群众的消费水平不断提升,消费结构趋向多元化,带动我国产品生产向高质量、多元化发展。产业结构的优化升级,高新技术产业、现代农业、现代服务业的快速发展,不仅有助于解决资本的有效投资和技术升级,也带动社会有效供给能力提升,进而促进就业,提高人民群众收入水平和消费水平。城乡一体化的快速发展,衍生出的庞大的基础设施、公共服务设施、住房建设等投资需求和就业需求,进一步促进了消费和扩大国内市场,为转变经济发展方式提供强大的消费拉动力和有效的国内消费潜力,为发展转变经济发展方式理论夯实了市场基础。

(3) 全面深化改革。在充分研判国内外经济发展动态,深刻分析经济发展所面临的各种矛盾问题基础上,党的十八届三中全会提出以改革为主线,以重大问题为导向,提出了全面深化改革的指导思想、总体思路、主要任务和战略决策,并对各个领域改革做出了全面部署。五年来,党和国家正蹄疾步稳地破除各方面障碍转变经济发展方式的各种体制机制弊端,在重要领域和关键环节取得突破性进展,释放了经济发展潜力。党的十九大报告提出了坚持全面深化改革,形成了"坚决破除

一切不合时宜的思想观念和体制机制弊端，突破利益固化的藩篱”[①]的决心。全面深化改革特别是体制改革，实施由市场决定资源配置，释放生产要素潜力，让国有企业与民营企业在遵循市场规律和市场机制的前提下公平竞争，为发展转变经济发展方式理论提供了现实的制度正能量基础。

（4）经济新常态以来，我国经济发展态势发生了较大变化，转变经济发展方式理论也需要有新的思考的必要性。从总体形势来看，我国经济总量不断增长，从2011年起就稳居世界第二位，部分地区的人均经济总量接近或超过某些中等发达国家，贸易进出口总额在全球中具有举足轻重的影响力，外汇储备在世界各国中独占鳌头。但是，由于我国的经济结构严重失衡，科技创新力不足，产业结构仍处于国际产业价值链的下游，缺乏高端核心竞争力，城镇化水平滞后，城乡二元经济结构依然明显。这种结构性失衡问题，不仅使中国过去粗放型经济高速增长掩盖下的资源要素趋紧、环境污染加剧、产能过剩、社会矛盾不断激化、高杠杆率居高不下、金融风险等各种问题与危机逐渐凸显，而且也使经济增长内生动力不足。面对国外日趋激烈的市场竞争，贸易保护主义抬头，贸易摩擦纠纷不断，贸易战不断升级，我国对外开放也越来越面临着严峻的挑战。在国内外经济发展的新形势下，深入研究和思考已有的对外贸易方式理论，使之发展演进到能够更适应新时期引领转变对外贸易方式，也具有一定的紧迫性。

四、以新发展理念指引发展转变经济发展方式理论

理论诞生于实践，且随着实践的发展而发展。转变经济发展方式理论也要随着经济发展状况变化而不断充实、丰富和发展。推动经济高质量发展要以新发展理念为导向，发展转变经济发展方式理论。以习近平同志为核心的党和国家领导人，在科学发展观的指导下，根据新常态以来国内外经济发展新动态，特别是我国经济发展所遇到的新矛盾和问新题，提出了“创新、协调、绿色、开放、共享”五大发展新理念。新发展理念不仅指导我们破解新形势下经济发展遇到的难题，厚植经济发展新优势，从方向上引领中国经济高质量发展，更为重要的是指引了发展转变经济发展方式理论。

① 习近平：《决胜全面建成小康社会　夺取新时代中国特色社会主义伟大胜利——在中国共产党第十九次全国代表大会上的报告》，人民出版社2017年版，第21页。

(一) 扩大和深化创新内容,把创新作为发展转变经济发展方式理论的首要内容

创新既是经济高质量发展的核心动力,是持续"推进转变经济发展方式内生动力,也是引领转变经济发展方式转变的第一动力"①。包括邓小平的经济发展新路子思想、转变经济增长方式理论都非常重视科学技术对经济发展的重要作用,特别是传统转变经济发展方式理论提出的科技创新为转变经济发展方式提供动力支撑作用,说明党和国家对科学技术创新在转变经济发展方式作用的认识日渐深化,并且日益重视。在实践中,我国的科技创新虽然取得了重大进步,但由于科研体制不健全,以及创新着眼点局限于科技引进、消化吸收和再创新这个单一思维中,致使与发达国家相比,我们国家的科学技术发展仍然有很大差距,存在着较多的短板。从目前来看,我国的原创性创新、自主创新能力不高,创新意识和竞争力不强,关键的核心技术存在着短板;科研体制存在着行政干预过度现象,科技创新经费管理、奖励和评价机制不完善和不合理,难以调动相关科技创新人员的积极性和主动性;科技创新与在经济发展领域中的应用还存在"两张皮"现象,科技创新效益不高。在新形势下,面对经济增速下行、产品质量和效益不高,资源要素趋紧、生态环境恶化的压力,发展转变经济发展方式理论首要因素是要重视扩大和深化创新内容。即不仅要创新科技理论,提高科技创新理论的利用率和效益,还要创新培育发展新动力,拓展创新空间,创新农业发展动力等理论,更重要的是创新科技体制建设和文化创新体制建设,构建有利于激发科技人员创新活力的新体制、释放生产要素潜力新体制、扩大创新空间新体制等复合型的创新体制理论,从而创设"塑造更多依靠创新驱动,更多发挥先发优势的引领型发展"②的转变经济发展方式理论。

(二) 拓展协调领域,把全面协调作为发展转变经济发展方式理论的关键内容

经济协调是经济高质量发展的关键性支撑。经济协调是正确处理经济结构即经济领域中的各个部门或各个行业之间、各个区域之间的内外关系,为经济高质量发展创造良好的关键条件。"经济协调关系到经济发展的速度、结构、质量和效益,

① 李陈、李家祥:《用发展新理念引领经济发展方式加快转变》,《改革与战略》,2016 年第 8 期。

② 同①。

是经济健康持续发展的内在要求，也是实现共同富裕和公平正义的基础”[①]，更是发展转变经济发展方式理论的关键内容。自“九五”时期实施区域经济协调政策以来，在一定时间内推动了东中西地区经济协调发展，特别是中西部地区经济获得了快速发展。但是，由于当时国家没有及时构建完善的区域协调机制和互利共赢机制，区域间没有形成统一有效的大市场，结果出现了区域分割现象。这种分割现象不仅导致了人才、资源要素、技术等在内的生产全要素的自由流动受阻和效益难以提高，而且还导致了不同区域之间的经济发展，不仅存在着低水平产业同构现象，而且还存在着因盲目追求地区经济 GDP 增速而产生的恶性竞争、资源要素争夺、地区生态环境恶化、产能过剩严重等现象。经济新常态时期，经济高质量发展面对严峻态势，发展转变经济发展方式理论，不仅要重视重构区域经济协调发展，引导解决区域经济协调发展存在的问题，而且还要拓展协调领域，及时构建和完善协调发展机制和互利共赢机制，以正确处理好经济发展的各方面关系。包括宏观制定区域协调机制，促进区域间经济发展互利共赢；协调城乡区域一体化发展机制，促进城乡生产要素平等交流和公共服务设施均衡配置；协调“新四化”同步发展和相互融合机制，利于产业结构优化升级，夯实加快转变经济发展方式的结构基础；协调经济发展与社会保障、人民群众收入水平提高同步进行机制，调动经济发展主体的主动性和积极性等。在理论上构思完善和拓展协调领域，甚至达到全面协调，并把它作为发展转变经济发展方式理论的关键内容，以指导人们加快转变经济发展方式，在实践中重视拓展协调领域，不断增强经济发展的协调性，从而推动经济高质量发展。

（三）深化绿色认识，把绿色发展作为发展转变经济发展方式理论的方向内容

绿色是经济高质量发展的反向性要求。绿色本指植物的颜色，寓意生命，后外延为自然、生态环境。美国学者于 20 世纪 60 年代提出绿色经济范畴后，绿色经济的内涵就不断被扩充。随着工业经济的发展和人们环境保护意识的增强，绿色发展逐渐代替传统的“黑色发展”，成为人们在发展经济过程中追求的目标。党和国家提出的绿色发展，不仅要解决长期以来粗放型经济发展造成的资源要素趋紧、生

---

① 李陈、李家祥：《用发展新理念引领经济发展方式加快转变》，《改革与战略》2016 年第 8 期。

态环境恶化以及经济可持续发展等问题，还要实施绿色惠民，为人民群众提供更多绿色生态食品，提供生态优美的宜居家园，最终实现绿色富国。因此，绿色发展不仅内含循环发展，还内含提高能源资源利用率，实现低碳发展，降低排放污染物量，保护生态环境，促进经济发展与人、自然和谐共生、共同发展；更是内含国土空间实施保护与开发并举，推进主体功能区建设，发展具有互补性的生态产业。经济新常态时期，面对资源要素趋紧、环境污染加剧和受污染的食品愈益增多的现状，人们渴望天蓝、水清、山绿、食品洁净和经济健康可持续发展的心情更为迫切。因为绿色是永续发展的必要条件和人民对美好生活追求的重要体现，所以发展转变经济发展方式理论，要进一步深化对绿色的认识。即不仅要突破传统转变经济发展方式的局限性目标，强化和深化对绿色内涵的认识，还要把深化了的绿色内涵作为转变经济发展方式的反向内容，贯穿和融入经济高质量发展中。

（四）提升开放内涵，把深化和提升开放层次作为发展转变经济发展方式理论的重要内容

提升开放内涵与层次是经济高质量发展的外在动力。坚持对外开放，发展开放型经济，既可以利用两个市场、两种资源推动我国经济发展，又可以利用国际市场经济价值规律、竞争机制，促使企业主动发挥禀赋优势，重视技术创新及其在生产中的应用与衔接，提高经营管理水平，降低生产成本，提高经济发展质量，推动企业加快转变生产方式。改革开放后，我国坚持对外开放政策，积极发展对外贸易，外向型经济蓬勃发展。引进的外资、先进技术和管理经验成为拉动我国经济发展的重要外部动力因素。同时，在吸收借鉴外国技术与管理经验的基础上，我国的技术研究与应用、管理水平等也在不断发展与创新，为推动经济发展注入了持续的内在动力。但受 2008 年的金融危机冲击和后续影响，外国经济走势持续低迷，恢复速度较慢，再加上国外贸易保护主义抬头，特别是美国发起的中美贸易战，使得外向型经济生存与发展面临着更大的困难。这些困难主要体现在：受资源要素、人力资源和关税成本上升影响，外向型经济的资源禀赋优势和劳动力成本优势大为降低，外向型经济步履维艰；对外出口产品多以中低档产品为主，利润不高，在对外贸易摩擦中容易受到发达国家的反倾销；内陆、沿边开放滞后，还没有形成完善的对外开放机制，限制了对外资、技术的有效利用，管理经验与水平得不到提高；对外贸易审批环节冗杂，给企业带来较多的行政成本和运营成本，不利于外向型企业的发

展。这些困难和问题，导致经济发展过程中难以发挥对外开放的潜力。经济新常态时期，面对经济增速下行和国际贸易战的压力，发展转变经济发展方式理论，推动经济高质量发展，需重视对外开放对我国经济发展的影响力，借力国家布局的“一带一路”、金砖国家协商机制、上海合作组织、亚洲基础设施投资银行、金砖国家银行、上海合作组织银行等，积极研究开放新布局，提升开放新内涵，化外在压力为内在发展动力，发展经济发展方式理论，为经济高质量发展提供良好开放理论。

（五）完善共享机制，把共享作为发展转变经济发展方式理论的落脚点

成果共享是激发经济高质量发展的主体动力。“实现发展成果由人民共享，使人民群众在共建共享发展中获得更多成就感、幸福感，不仅顺应了历史主体创造历史的发展规律，而且也是转变经济发展方式的落脚点和出发点。”[①]经济发展的主体是人民群众，人民群众在发展经济的过程中，不断提高收入水平和消费水平，进而提高生活质量，既能在不断扩大的消费中提供发展经济的内需拉动力，又能以高昂的热情和不竭的主体动力积极主动地加快转变经济发展方式。改革开放以来，在“允许和鼓励一部分人、一部分地区通过诚实劳动、合法经营先富起来政策的激励下，人民群众增强了发展社会主义经济的积极性和创造性，推动我国经济发展进入快速增长期”[②]。但由于长期的粗放型发展，形成了较多注重经济快速增长和财富的积累，产生了经济发展速度与人民生活水平的提高和生活环境的改善不同步现象。再加上初次分配注重效率，再次分配注重公平的收入分配政策，以及利益调节机制不完善，导致居民收入差距不断拉大，甚至达到贫富悬殊的地步。这种现象不仅在一定程度上影响了人民群众加快转变经济发展方式的积极性，而且还影响了部分群众的消费水平和消费能力，进而削弱了对经济发展的内需拉动力。经济新常态时期，经济发展中各种风险和问题凸显，调动人民群众发展经济的积极性和创造性就显得尤为重要。因此，推动经济高质量发展，必须在共享思想的指引下，认真研究和完善共享机制，把人民群众对经济发展成果的共享作为发展转变经济发展方式理论的最终目标和落脚点，激励人民群众为推动经济高质量发展提供不竭动力。

---

① 李陈、李家祥：《用发展新理念引领经济发展方式加快转变》，《改革与战略》，2016年第8期。

② 同①。

以五个新发展理念指引发展转变经济发展方式理论，体现了经济新常态时期经济高质量发展的新要求，也在一定程度上为发展转变经济发展方式理论提供了新内容，更在实践中必将为经济高质量发展提供新动力、新结构、新方向。

五、以供给侧结构性改革为主线深化转变经济发展方式理论与实践

供给侧结构性改革是经济发展的时代需求。从国家实施宏观调控角度来看，主要包括需求侧和供给侧两个方面。需求侧调控重在解决经济发展不足的总量问题，重在运用财政政策和货币政策实行短期调控，推动经济总量增长。供给侧调控重在解决结构性问题，主要通过优化资源配置与生产结构调整以提升供给体系的质量和效率，激发经济增长动力，是一种长期的经济调控行为。世界经济发展史表明，一个国家或地区以哪一种方式实施宏观调控，是根据这个国家或地区在一定时期内的宏观经济形势所做出的选择。从我国经济新常态来看，除了经济增速下行压力外，结构性失衡是个重大问题。为解决经济增速下行压力，保持经济处于中高速发展，国家需要运用财政政策和货币政策加大投资力度。结构性失衡在需求侧和供给侧都存在，"但矛盾的主要方面在供给侧"，"我国不是需求不足，或没有需求，而是需求变了，供给的产品却没有变，质量、服务跟不上"[①]。因此，经济新常态时期，为调整优化经济结构，国家宏观调控应在坚持需求侧和供给侧协同的情况下，把重点放在供给侧结构性改革上。经济结构优化调整，从供给侧入手就可以抓住经济发展的主要矛盾，实现经济低水平供需平衡迈向高水平的供需平衡。

供给侧结构性改革是党和国家为破解经济发展难题，推动经济高质量发展，建设现代化经济体系而提出的一项战略决策。习近平在党的十九大报告中指出，推动经济高质量发展，"必须坚持质量第一、效益优先，以供给侧结构性改革为主线，推动经济发展质量变革、效率变革、动力变革，提高全要素生产率，着力加快建设实体经济、科技创新、现代金融、人力资源协同发展的产业体系，着力构建市场机制有效、微观主体有活力、宏观调控有度的经济体制，不断增强我国经济创新力和竞争力"[②]。实现经济高质量发展，也是转变经济发展方式的目标。因此，经济新常态

① 习近平:《习近平谈治国理政》第二卷，外文出版社2017年版，第253页。

② 习近平:《决胜全面建成小康社会　夺取新时代中国特色社会主义伟大胜利——在中国共产党第十九次全国代表大会上的报告》，人民出版社2017年版，第30页。

时期，发展转变经济发展方式理论，须以供给侧结构性改革为主线重新思考转变经济发展方式新路径，以便在实践中更好地推动经济高质量发展。

（一）以供给侧结构性改革为主线发展转变经济发展方式理论的缘由

转变经济发展方式理论是转变经济增长方式理论的深化和发展。转变经济增长方式理论是在我国经济发展还没有完全解决商品短缺问题的背景下提出的，当时经济社会的主要矛盾依然是人民群众日益增长的物质文化需要同落后的社会生产之间的矛盾。党和国家的主要任务是快速发展生产力，生产更多产品，满足人民群众的消费需求。随着资源要素紧缺，生态环境日趋恶化而导致的经济发展不可持续问题逐渐显现，党和国家提出转变经济增长方式理论，强调经济发展动力依靠科技，引导经济发展由粗放型转向集约型。但由于追求物质财富快速扩张和 GDP 高速增长仍然是发展经济的主要目的，转变经济增长方式功效甚微。转变经济发展方式理论增加了转变经济增长方式理论中所没有的社会发展和人的发展内容，提出经济发展要与社会发展和人的发展相协调。可是经济发展的目的仍然立足于解决人民群众日益增长的物质文化需要同落后的社会生产之间的矛盾，经济发展不可避免地仍然追求物质财富扩张和 GDP 高速增长。因此，无论是在转变经济增长方式时期，还是在转变经济发展方式时期，在国家和社会没有意识到社会主要矛盾的转换的时候，经济发展主要还是依靠投入资金和资源要素来驱动经济发展。经济结构失衡问题虽然也在不断得到解决，但没有得到实质性调整。随着 2008 年金融危机的冲击和后续影响，经济下行压力和经济结构性潜在的问题及矛盾开始凸显，中国经济发展进入新常态。经济新常态时期，一方面社会主要矛盾转变为人民对美好生活需要和不平衡不充分发展之间的矛盾，以及消费能力提升和消费多元化时代来临；另一方面，以解决需求不足问题的时代已经过去，中低档产品生产过剩和中高档产品供给不足的“供需错配”已成为经济发展急需解决的问题。在国际经济贸易保护主义抬头，国内经济发展背景变换的新形势下，以满足需求为主，突出中短期发展的转变经济发展方式理论引领经济高质量发展已显得力不从心。必须在注重供需平衡的基础上，以供给侧结构性改革为主线，把发展转变经济发展方式理论的重点放在突出解决“供需错配”导致的资源浪费问题上，解决经济结构失衡引起的经济发展不平衡、不充分问题，以及满足人民群众对美好生活的向往。

(二) 把供给侧结构性改革作为主线贯穿于转变经济发展方式之中

供给侧结构性改革,是适应和引领新形势下经济发展向形态更高级、分工更优化、结构更合理的高质量方向发展,是适应国际竞争新动态的主动选择。以供给侧结构性改革为主线发展转变经济发展方式理论,须在保持供需平衡的基础上,推动转变经济发展方式从速度规模型增长转向更高质量、更高效率、更加合理速度的集约型增长;经济结构从增量扩能的失衡结构向调整存量、做优增量的结构优化的深度调整;经济增长动力从投资驱动、要素驱动的传统增长点转向创新驱动、更高层次和更宽广领域开放的外向型拉动培育新增长点;从注重财富的积累、GDP 的高速增长转向以人民为主体的共建共享发展。

(1) 继续深化体制改革,为发展转变经济发展方式理论供给优质体制保障。制度作为影响经济发展的重要因素,具有稳定性和权威性的特点,其核心功能是供给经济活动主体激励与约束机制。体制作为制度的具体外在表现形式和实施方式,同样给予经济活动主体以激励或制约作用,但它具有不稳定性和可变性的特点。不同的体制安排,对于经济活动主体具有不同的激励或制约作用,进而达到对生产要素潜力的激活或抑制作用。转变经济发展方式是引导主体变换利用生产要素方式,并使之发生具有创新性的变化,以激活生产要素活力,释放生产潜力。改革开放后,我国对原有的体制不断进行改革,提高了劳动者的积极性和主动性,在一定程度上释放了生产要素潜力。但到目前为止,我国的体制改革还没有完成,仍然存在着制约加快转变经济发展方式不合适的体制因素。因此,以供给侧结构性改革为主线贯穿于发展转变经济发展方式理论的核心在于深化体制改革,努力供给转变经济发展方式要求的新体制。其一,处理好政府与市场的关系。深化体制改革的重中之重是处理好政府与市场的关系,减少政府对具体经济活动的干预,切实加强和改善宏观调控、发展战略规划,为人民群众搭建共建共享优质制度。加强市场监管,维护市场秩序,加快完善现代市场体系,减少政府对资源要素的配置,让市场在配置资源要素中起决定性作用,努力实现资源要素配置效率最大化和效益最大化,使政府与市场“两只手”协调配合的市场机制有效、微观主体有活力、宏观调控有力度,让经济主体有更多的活力和空间去加快转变经济发展方式。其二,深化财税体制改革。在保持目前中央和地方财力整体稳定的情况下,合理划分与理顺中央和地方的事权与财权,建立事权与支出相适应的制度。改进预算管理制度,

强化预算透明，建立合理的中央和地方债务管理及风险预警机制，坚持厉行节约，硬化预算约束。深化税收制度改革，扩大营改增实施范围，优化增值税税率，降低企业特别是中小微企业税收负担。同时，降低企业贷款利率，提高对企业融资的有效供给，化解中小型企业融资难、融资贵的问题。其三，深化金融体制改革。金融是经济的血液，是现代经济的核心，必须加快金融体制改革与创新。在加强监管的前提下，允许具备条件的民间资本建立金融机构；放宽金融市场价格管制，建立多层次资本市场建设，提高直接融资比重；加强金融监管，防范金融风险，避免发生区域性或系统性金融风险。坚持以服务实体经济为根本出发点和落脚点，提高金融服务实体经济的能力和效率。通过上述体制改革，为转变经济发展方式提供优越的制度环境，从宏观层次上引导加快转变经济发展方式。

(2) 优化升级经济结构，为转变经济发展方式供给经济增长内生动力。“经济结构是指构成一国经济的各个组成部分及其相互比例关系。它是由许多系统构成的多层次、多因素的复合体。”①经济结构决定着生产要素的配置及其利用效益。经济结构不是固定不变的，而是随着国家或区域经济发展态势变化而不断调整的。世界经济发展史表明，一个国家经济发展的生命力取决于它的经济结构是否合理。因此，一个国家或地区的经济结构调整优化升级，往往体现着该国家或地区经济发展战略的变动。2008 年国际金融危机对我国造成经济增速下行，表面上是由外部需求急剧缩减而造成的出口拉动力削弱引起的，实质上是对依靠投资、出口和生产要素高度投入为特征的传统经济发展方式所积累的经济结构性问题的冲击。这些问题既有需求结构上的内需与外需增长的不平衡矛盾，也有投资与消费关系的不平衡矛盾，它们包括：供给结构上的低附加值产业比重过大、产品过剩与中高端产业发展不足、产品需要大量进口之间的矛盾；消费者的消费质量、消费档次和消费多元化与现实有效产品供给不足、供需错配、创新能力不强之间的矛盾等。从当前看，供给侧矛盾与需求侧矛盾相比较，供给侧结构性问题更为突出，制约着转变经济发展方式的进程。因此，“推动经济结构优化升级，既是加快转变经济发展方式的关键，也是实施供给侧结构性改革的着力点”②。经济新常态时期，发展转变经济发展方式理论，只有重视供给侧经济结构优化升级，才能实现生产要素优化配

① 李陈：《马克思关于经济发展方式的思想及其当代价值》，人民出版社 2017 年版，第 206－207 页。

② 李陈、屈艳：《供给侧结构性改革引领转变经济发展方式新举措》，《改革与战略》2017 年第 12 期。

置，提高生产要素供给质量，释放生产要素潜力，进而推进生产要素存量调整，提升传统产业比较优势，培养经济发展新动力，奠定经济高质量发展的结构性基础。其一，产业结构优化。产业结构优化升级是经济结构优化调整的重头戏，也是“解决中国经济发展难题的基础性问题”①。产业结构改革需借助新一代信息技术与制造业融合发展优势，主攻智能制造业，改造传统制造业，通过培育新型生产方式，推进制造业优化升级。同时，借助大数据和互联网，瞄准国际产业创新发展前沿，优化生产要素配置，培育新产业、新业态，发展高端化、精细化服务业，进而优化产业结构。其二，区域经济结构优化。要从制度、体制、政策等方面推动区域经济结构优化升级，即在发挥现有的东部地区城市辐射群的前提下，积极打造中西部城市群，以城市群带动、辐射和培育中西部区域经济协同增长极。按照禀赋优势原则，加强顶层关于东中西各地区产业布局设计，形成全国性的跨区域生产要素流通机制，利于高效配置生产要素，释放生产要素潜力，发展地方优势特色产业。其三，发展城乡一元经济结构。现存的城乡二元经济结构是妨碍加快转变经济发展方式的突出问题，以新型城镇化建设为抓手，发展由地方政府、社会资本共同参与的具有一体型的公共基础设施建设、城乡生产要素自由和等价流动支撑的产业合理布局与发展，以及农业人口城镇化等，最大限度地发挥城镇化的聚集效益，提高城乡生产要素生产率。

（3）实施多元创新战略，供给实体经济发展和转变经济发展方式新动力。在现代经济增长过程中，科学技术是推动经济增长的第一要素。马克思曾指出，科学技术对经济发展具有巨大作用。内生增长理论也认为，技术进步是经济持续发展的内生动力。在应对2008年金融危机的过程中，越来越多的国家深刻地认识到，欲摆脱金融危机的冲击及其后续影响，塑造更加均衡协调的经济结构、具有更加强劲增长动力和可持续发展能力的经济发展态势，就必须大力发展创新驱动力。因为创新是培育经济发展新动力，推动经济恢复发展、走向繁荣的决定性力量。因此，许多国家或地区都把创新放在国家发展战略的核心位置，作为着力投入的焦点。我国多年来依靠要素驱动和投资驱动推动经济高速增长的态势，在经济新常态时期已渐行渐远。因此，经济新常态时期发展转变经济发展方式理论，必须实施包括科技创新、体制创新、知识创新、管理创新在内的多元创新战略，以多元创新作为推动经济发展的驱动力量，供给实体经济转变经济发展方式的空间和动力。其

① 刘志迎、徐毅、庞建刚：《供给侧结构性改革宏观经济管理创新》，清华大学出版社2016年版，第206页。

一，加快创新人才培养。人才是创新的主体，在应对人口老龄化，改革计划生育政策的同时，国家应紧盯科技发展前沿和方向，完善创新人才培养和引进机制，努力培育和集聚具有国际科技发展前沿视野的人才，为创新奠定主体力量。其二，深化科技体制改革。科技创新和产业创新，既是转变经济发展方式的动力支撑系统，也是实施多元创新驱动战略的关键。在强化原有的技术引进、消化吸收再创新与集成创新相结合政策的基础上，“既要推动战略新兴产业蓬勃发展，也要注重用新技术、新业态全面改造和提升传统产业”①。实体经济是科技与经济紧密结合的重要支点，应强化实体经济在创新中的技术创新决策、研发投入、科研组织和成果转化的主体地位。全面优化创新环境，制定和落实鼓励实体经济创新的各项政策，强化实体经济创新倒逼机制，支持依托实体经济建立国家创新中心，真正建立以市场需求为导向，以实体经济为主体的企业、高校和科研院所共建的创新战略联盟，促进科技成果及时转化为现实生产力。其三，拓展创新领域。国家要用全球视野整合全球创新资源，谋划和推动技术创新、制度创新、知识创新和管理创新等多元创新，供给实体经济发展动力和转变经济发展方式空间，让实体经济依据市场导向真正成为研发投入、技术决策、组织科研和科研成果应用转化的主体，促进科研成果及时转化为现实的生产力，提高科研效益。其四，加强国家创新体系建设。建设创新型国家，提升科技创新能力，国家必须建设和拥有一批世界一流的科研机构、研究型大学和创新型实体经济，以便能持续涌现重大原创性科研成果。国家要以具有紧迫性、战略性和长远性的重大科技任务和重大基础设施研发为重点和主线，依托最优优势的创新单元，整合全国乃至世界性创新资源，建立一批具有突破性、引领性和平台型的国家实验室，并在新兴运行机制下与科研院所、实体经济研发中心协同与功能互补，成为科技创新战略力量和全球创新中心，最终形成科技创新与实体经济相融合协同发展的创新发展产业体系，增加实体经济转变生产方式和发展空间，为经济高质量发展提供创新动力。

(4) 矫正生产要素扭曲配置，释放要素生产潜力。生产要素包括资本、土地、劳动力等有形要素，也包括技术、制度、组织等无形要素。这些生产要素不仅是经济发展的基础，而且它们的数量、质量、种类在配置方式上不同，也会影响经济发展水平的高低。提高生产要素的利用率是经济高质量发展和转变经济发展方式的基

① 《中共中央经济工作会议在北京举行》，《光明日报》2016 年 12 月 17 日。

础性要求，但在以需求为主的转变经济发展方式的过程中，生产要素的利用率和边际效益逐渐降低，究其原因，除了创新能力较低，在生产要素的数量、质量一定的情况下，其供需错配是主要原因。经济新常态时期，随着经济结构、动力结构的变化，生产要素配置并没有随之趋向优化方向发展，一些政府部门仍然左右着生产要素配置，继续加深生产要素供需错配的程度。因此，在供给侧结构性改革下，优化生产要素配置，纠正供需错配现象，成为发展转变经济发展方式理论的重要基础性问题。纠正生产要素错配，促进生产要素优化配置，提高生产要素效益，促进经济高质量发展，须做好加减乘除法则。其一，做好加法运算。做加法运算，就是要简政放权，处理好政府宏观调控与市场决定资源配置的关系，让生产要素在市场机制调节下优化配置，优化包括有形生产要素和无形生产要素的供给结构，提高生产要素的利用率和边际效益。其二，做好减法运算。做减法运算，就是破除政府部门对生产要素的配置权、控制权，减少低效供给或者无效供给。在市场价值规律、供求机制、竞争机制的作用下，淘汰落后或者无效产能，去掉过剩产能，关闭因结构性产能过剩导致的僵尸企业，盘活僵尸企业浪费的生产要素，解决生产要素低下问题，促进生产要素重新得到合理配置和有效供给。其三，做好乘法运算。做乘法运算，就是通过科技、制度和管理等方面的创新，以及实施"互联网＋"等行动，打破制约生产要素有效配置制度，建立和完善有利于生产要素优化配置的市场体制和机制。通过创新的科技、知识、管理、信息化等无形要素，提升资本、劳动力和土地等有形生产要素生产率，提高其附加值，实现经济发展的倍加效应。其四，做好除法运算。做除法运算，就是通过全面深化改革，有计划、多维度破除阻碍经济发展的各种体制机制，以及防范和化解经济发展过程中出现的生态危机、高杠杆率、资源要素趋紧等风险。通过做好加减乘除运算法则，去产能、去僵尸企业，化解各种风险，优化生产要素供给，释放生产要素潜力，为发展转变经济发展方式理论增添新内容。

（5）推进农业供给侧结构性改革，培育农业发展新动能。农业是国民经济的基础，农业发展转型关系到经济高质量发展与社会稳定。从人类社会发展史来看，农业发展水平制约着整个社会经济发展、人类生活水平和生活质量的提高。经济新常态时期，人民群众生活水平不断提高，生活质量逐步改善，群众消费需求呈现出优质化、个性化和多元化的要求。但我国农业经济发展却存在着农产品供给质量不符合城乡群众消费水平提高的要求；农业生产成本不断攀升，但由于国际大宗农产品价格下跌，农产品价格缺乏竞争力，导致国内产品价格上升空间不大，农业

生产经营效益下降，甚至亏本，影响了农民生产的积极性，侵蚀了农业经济高质量发展的根基；土壤污染、水土流失、地下水超采、湿地侵占等现象，致使农业生态危机，农业发展不可持续问题加剧。这些问题的产生，根源于农业供给侧结构出现问题。只有在保持农产品供需平衡的前提下，通过农业供给侧结构性改革培育农业增长新动力，才能实现农业发展转型和农业经济高质量发展。因此，发展转变经济发展方式理论，必须把农业供给侧结构性改革作为重要内容纳入其中。其一，调整农业经济结构。在转变经济发展方式中，要消除农业被看成向工业部门提供剩余劳动力和农产品，以及工业向其吸收劳动力的传统结构模式，而是按照国家稳粮、优经、扩饲的要求，统筹优化粮、经、饲三元产业区域布局，形成分工协作、优势互补的农业生产体系，提升粮、经、饲的产品质量，以供给市场优质多样的农业产品。其二，实施农业生态工程建设。按照绿色发展的理念，下大力气集中治理农业发展中遇到的土壤污染、水土流失、地下水超采等突出问题，规划和完善土地主体功能区制度和耕地轮休作业制度，持续实施农业生态工程建设和农田水利建设。积极发展适度规模经营，做强做大具有地方优势的特色产业，发掘农村以休闲疗养旅游为代表的新产业新业态，培育具有现代地方特色的食品产业和宜居宜业的现代特色村镇。其三，加强农业创新驱动。深化农业科技创新驱动意识，加强农业科技研发、创新和推广，积极扶持和培养具有一定创新意识和科研能力的农业人才和乡村工匠。调整优化城乡资源，实施以城带乡、以工哺农政策，打造城乡一、二、三产业融合发展，创新农业产业模式，延长农业产业链，发展农业中高端产品。其四，全面深化涉农产权、要素市场改革。打破现有的农业生产要素市场现状，全面深化涉农产权和要素市场改革，建立和完善农业产品和生产要素交易平台，利用这些平台的市场性、集聚辐射性和共赢增值性的特点，引导土地、资金、劳动力、科技、管理等生产要素优化配置，促进农业要素结构的转型升级，增强农业创新能力，提高农业生产要素的生产率。

（6）防范与化解风险和矛盾，确保转变经济发展方式顺利进行。转变经济发展方式的目的是为了促进经济良性发展，避免经济发展出现大起大落的波动。但在现实经济发展中，由于各种因素的作用，经济发展往往偏离供求均衡而导致经济波动。特别是在经济新常态时期，长期粗放型经济增长引起的地方政府和企业的高杠杆率、金融风险和各种社会矛盾，由于经济增速下行而不断凸显，去过剩产能和去库存又使这些风险和矛盾更加突出。经济增速下行压力，又加剧了解决这些风险和矛盾的难度。因此，经济新常态时期，以供给侧结构性改革为主线，发展转

变经济发展方式理论，必须防范和化解这些风险和矛盾。其一，实施债务重组。通过调整政府和企业的债务期限结构、调整债务利率结构、调整资金来源结构、协议债务打折等方式，进行债务重组，实现资金来源多元化，硬化地方政府债务约束，以及破除国有企业软预算行为，缓解地方政府和企业短期债务压力，降低地方政府和国有企业的高杠杆率。其二，建立多层次的金融服务体系。加快发展资本市场包括主板市场注册制、新三板的股权交易市场、做强做大债券市场等多层次、多途径的直接融资体系。完善间接融资，进一步规范发展和降低民营银行准入“门槛”，逐渐放开利率管制，利于进一步优化资本配置。鼓励上市公司增发股票或借壳上市等方式，防范因去产能引发的金融风险。利用债转优先股或发展资产证券业务，既可以降低企业杠杆率、降低企业风险，又可以盘活部分存量资产，可以为供给转变经济发展方式空间和优化资源配置提供更多的融资便利。其三，深化改革地方政府考核机制。按照新发展理念，深化改革地方政府和官员以追求 GDP 高速增长为目标的政绩考核标准机制，改变地方政府和官员追求 GDP 高速增长的投资偏好，消除地方政府和国有企业高杠杆率和产能过剩的内生机制根源。其四，深化企业结构性改革。对当前企业存在的过剩产能，采取包括“关”一批、兼并重组“并”一批、鼓励产能“走”出国门“转”一批、坚决“关门”“消”一批等方式化解产能过剩，关闭“僵尸企业”，切实盘活企业存量资产。通过完善国有企业管理和发展混合所有制经济，鼓励非国有资本参与国有企业改革、投资，实现国有企业股权多元化，增强国有企业的活力和抗风险能力。通过设立市场化基金支持和税收减免等优惠措施，打造创新支持平台，以及改进科技成果认定与转让等方式，支持创新企业发展，让创新企业成为转变经济发展方式的龙头。其五，做好防风险预控。进一步强化风险防范控制机制，加强跨省或地区的市场联防联控，防止不同地区的市场风险“交叉感染”引发的系统性或全国性风险，为国内企业发展转型筑牢风险篱笆。

小 结

自新中国成立到经济新常态时期，中国转变经济发展方式及其理论发展已有70多年。在经济新常态的大背景下，本课题《中国转变经济发展方式理论演进70年》研究，是以马克思经济发展方式思想和习近平经济发展思想为指导，认真总结了世界经济发展，特别是回顾了新中国70多年转变经济发展方式及其理论演进历程，总结和抽取了转变经济发展方式内在规律，为经济新常态时期创新和发展转变经济发展方式理论，以及为推动经济高质量发展和加快转变经济发展方式提供了理论借鉴。

转变经济发展方式及其理论演进具有内在的规律性。从世界经济发展史，特别是新中国成立以来各个阶段的转变经济发展方式及其理论发展，以及理论界的相关研究成果来看，转变经济发展方式及其理论演进既有普遍规律性，又存在着国别性。

(1) 转变经济发展方式具有普遍规律性。具有代表性的发达资本主义国家在实现工业化和现代化历程中，均自然经历了技术进步、产业结构调整。尽管这些国家实现工业化与现代化所面临的背景、推力和时间等条件不同，但共同点是在技术进步与产业结构调整中实现经济发展由粗放型转向集约型。因此，技术进步与产业结构调整在某种意义上成为转变经济发展方式的突出标志。如今发达国家的"再工业化"就是很好的明证。由此可见，实现技术创新与应用、经济结构优化调整是各国包括中国在内转变经济发展方式必须做好的功课。

(2) 我国转变经济发展方式及其理论发展又具有特殊性。除了技术进步与产业结构调整这个共性规律外，我国的具体国情决定了转变经济发展方式及其理论发展还具有特殊性。其一，转变经济发展方式具有长期性。转变经济发展方式不是一个单纯的行为，而是一个复杂的多种因素紧密相连的体系，内含体制改革、组织管理水平的提高、资源要素节约和生态环境改善、劳动力素质提升，以及国际环境和经济全球化等因素相互交织、相互影响。这就决定了我国转变经济发展方式要经历一个长期的过程。其二，转变经济发展方式及其理论发展具有阶段性和地域性的特点。我国经济发展起步晚，不具备历史上很多发达国家经济发展曾具备的良好条件，在推进转变经济发展方式的时候，不能忽视生产力水平和科学技术水平不高等客观条件，进而急于求成和全面出击，只能针对某一阶段经济发展的特点，抓住重点和迫切问题来解决，因而转变经济发展方式及其理论发展就呈现出阶段性的特点。同时，我国是个大国，地域广博，各个地区的资源禀赋和经济发展水平不同，转变经济发展方式不能一刀切，要根据各个地区的特点探索转变经济发展方式，因而转变经济发展方式就会呈现出地域性的特点。其三，转变经济发展方式及其理论发展具有不断演进的特点。我国转变经济发展方式及其理论发展之所以具有不断演进的特点，就在于经济学家们能够站在时代的高度，实事求是地深入研究我国经济发展的不同阶段中存在的客观问题，进而抽象出不同时期、不同阶段的转变经济发展方式的范畴和特点，最后形成不同时期、不同阶段的转变经济发展方式理论。因此，转变经济发展方式及其理论的演进与选择具有客观性，不同时期的转变经济发展方式及其理论发展，要适应各个时期的经济发展特点和实际状况，不能超越客观实际。同时，转变经济发展方式及其理论演进具有客观性的特点，也对其他理论的研究具有一定的指导意义。

同理，经济新常态时期，我国加快转变经济发展方式及其理论发展也要据实而谋，依事和势而定。创新和发展转变经济发展方式理论，需要经济学家们在习近平经济发展思想的指导下，把马克思经济发展方式思想与经济新常态时期经济发展的特点与面临的现实问题相结合，形成具有新时代中国特色的新型的转变经济发展方式理论，进而引导和推进加快经济新常态时期转变经济发展方式的历史进程。

参考文献

一、经典著作及党政文献

[1] 马克思恩格斯选集:第1—4卷[M]. 北京:人民出版社,2012.

[2] 马克思恩格斯文集:第1—10卷[M]. 北京:人民出版社,2009.

[3] 列宁选集:第1—4卷[M]. 北京:人民出版社,1995.

[4] 列宁专题文集:论社会主义[M]. 北京:人民出版社,2009.

[5] 列宁专题文集:论资本主义[M]. 北京:人民出版社,2009.

[6] 毛泽东选集:第1—4卷[M]. 北京:人民出版社,1991.

[7] 毛泽东文集:第6—8卷[M]. 北京:人民出版社,1999.

[8] 斯大林文集[M]. 北京:人民出版社,1985.

[9] 邓小平文选:第1卷[M]. 北京:人民出版社,1994.

[10] 邓小平文选:第2卷[M]. 北京:人民出版社,1994.

[11] 邓小平文选:第3卷[M]. 北京:人民出版社,1993.

[12] 陈云文选:第2—3卷[M]. 北京:人民出版社,1995.

[13] 江泽民文选:第1—3卷[M]. 北京:人民出版社,2006.

[14] 胡锦涛. 高举中国特色社会主义伟大旗帜 为夺取全面建设小康社会新胜利而奋斗——在中国共产党第十七次全国代表大会上的报告[M]. 北京:人民出版社,2007.

[15] 胡锦涛. 坚定不移沿着中国特色社会主义道路前进 为全面建成小康社会而奋斗——在中国共产党第十八次全国代表大会上的报告[M]. 北京:人民出版社,2012.

[16] 习近平. 决胜全面建成小康社会 夺取新时代中国特色社会主义伟大胜利——在中国共产党第十九次全国代表大会上的报告[M]. 北京:人民出版

社,2018.

[17] 习近平.习近平谈治国理政:第1—2卷[M].北京:外文出版社,2014、2017.

[18] 中共中央文献研究室.十二大以来重要文献选编:上、中[M].北京:人民出版社,1986.

[19] 中共中央文献研究室.十二大以来重要文献选编:下[M].北京:人民出版社,1988.

[20] 中共中央文献研究室.十三大以来重要文献选编:上、中[M].北京:人民出版社,1991.

[21] 中共中央文献研究室.十三大以来重要文献选编:下[M].北京:人民出版社,1993.

[22] 中共中央文献研究室.十四大以来重要文献选编:上[M].北京:人民出版社,1996.

[23] 中共中央文献研究室.十四大以来重要文献选编:中[M].北京:人民出版社,1997.

[24] 中共中央文献研究室.十四大以来重要文献选编:下[M].北京:人民出版社,1999.

[25] 中共中央文献研究室.十五大以来重要文献选编:上[M].北京:人民出版社,2000.

[26] 中共中央文献研究室.十五大以来重要文献选编:中[M].北京:人民出版社,2001.

[27] 中共中央文献研究室.十五大以来重要文献选编:下[M].北京:人民出版社,2003.

[28] 中共中央文献研究室.十六大以来重要文献选编:上[M].北京:中央文献出版社,2005.

[29] 中共中央文献研究室.十六大以来重要文献选编:中[M].北京:中央文献出版社,2006.

[30] 中共中央文献研究室.十六大以来重要文献选编:下[M].北京:中央文献出版社,2008.

[31] 中共中央文献研究室.十七大以来重要文献选编:上[M].北京:中央文献出版社,2009.

[32] 中共中央文献研究室. 十七大以来重要文献选编：中[M]. 北京：中央文献出版社，2011.

[33] 中共中央文献研究室. 十七大以来重要文献选编：下[M]. 北京：中央文献出版社，2013.

[34] 中共中央文献研究室. 十八大以来重要文献选编：上[M]. 北京：中央文献出版社，2014.

[35] 中共中央文献研究室. 十八大以来重要文献选编：中[M]. 北京：中央文献出版社，2016.

[36] 中共中央党史和文献研究院. 十八大以来重要文献选编：下[M]. 北京：中央文献出版社，2018.

[37] 中共中央宣传部. 习近平总书记系列重要讲话读本[M]. 北京：学习出版社，人民出版社，2014.

[38] 中国共产党第十八届中央委员会第五次全体会议公报[M]. 北京：人民出版社，2015.

[39] 中共中央关于制定国民经济和社会发展第十三个五年规划的建议[M]. 北京：人民出版社，2015.

[40] 中华人民共和国国民经济和社会发展第十三个五年规划纲要[M]. 北京：人民出版社，2016.

[41] 中共中央关于全面深化改革若干重大问题的决定[M]. 北京：人民出版社，2013.

[42] 本书编写组. 党的十九大报告学习辅导百问[M]. 北京：学习出版社，党建读物出版社，2017.

[43] 国家发展和改革委员会学术委员会办公室. 转变经济发展方式研究[M]. 北京：中国计划出版社，2009.

[44] 中华人民共和国国家统计局. 中华人民共和国 2008 年国民经济和社会发展统计公报[M]. 北京：中国统计出版社，2009.

二、国内著作

[1] 本书编写组. 加快经济发展方式转变解析：解读“十二五”百问[M]. 北京：中国方正出版社，2010.

[2] 本书编写组. 中国经济发展史(1949—2010)[M]. 上海:上海财经大学出版社,2014.

[3] 曾培炎. 加快转变经济发展方式[M]. 北京:中国计划出版社,1995.

[4] 陈德华,王裕国,程民选. 论经济增长方式的转变[M]. 成都:西南财经大学出版社,1997.

[5] 陈佳贵. 经济发展方式转变与经济结构调整[M]. 北京:经济管理出版社,2012.

[6] 陈建华. 新思想 新观点 新论断:深入学习十六大报告和“三个代表”重要思想[M]. 广州:广州出版社,2003.

[7] 陈征,李建平,郭铁民.《资本论》在社会主义市场经济中的运用与发展[M]. 福州:福建教育出版社,1998.

[8] 程恩富,周肇光,陶友之. 马克思主义经济思想史:经典作家卷[M]. 上海:东方出版中心,2006.

[9] 程恩富,马艳,郝国喜,等. 马克思主义经济思想史:中国卷[M]. 上海:东方出版中心,2006.

[10] 储东涛. 邓小平发展经济学论纲[M]. 北京:中国文史出版社,2004.

[11] 刁志萍. 历史唯物主义视野下的科学技术[M]. 北京:中国社会出版社,2004.

[12] 董鸿波,宋泽滨. 加快转变经济发展方式的理论与实践:以领导干部能力为视角[M]. 北京:中国经济出版社,2011.

[13] 董英辅. 中国经济增长与增长方式转变[M]. 北京:改革出版社,1998.

[14] 樊亢,王金存. 苏联社会主义经济七十年:苏联经济发展史[M]. 北京:北京出版社,1992.

[15] 傅筑夫,谷书堂. 中国原始资本积累问题[M]. 天津:天津人民出版社,1957.

[16] 高峰. 发达资本主义国家经济增长方式的演变[M]. 北京:经济科学出版社,2006.

[17] 龚关. 中华人民共和国经济史[M]. 北京:经济管理出版社,2010.

[18] 顾海良,张雷声. 20 世纪国外马克思主义经济思想史[M]. 北京:经济科学出版社,2006.

[19] 顾海良. 马克思经济思想的当代视界[M]. 北京:经济科学出版社,2005.

［20］郭金龙. 经济增长方式转变的国际比较［M］. 北京：中国发展出版社，2000.

［21］国家发展和改革委员会产业经济与技术经济研究所. 中国产业发展报告2009［M］. 北京：经济管理出版社，2010.

［22］国务院发展研究中心课题组. 转变经济发展方式的战略重点［M］. 北京：中国发展出版社，2010.

［23］何爱平，张志敏，等. 马克思主义经济学与西方经济学比较研究：第二辑［M］. 北京：中国经济出版社，2012.

［24］洪银兴，孙宁华. 中国经济发展：理论、实践、趋势［M］. 南京：南京大学出版社，2015.

［25］洪银兴. 发展经济学与中国经济发展［M］. 北京：高等教育出版社，2005.

［26］侯亚非. 人口质量与经济增长方式［M］. 北京：中国经济出版社，2000.

［27］蒋永穆，杨建川. 企业经济增长方式转变论［M］. 成都：四川大学出版社，1998.

［28］蒋自强，张旭昆，袁亚春，等. 经济思想通史：第4卷［M］. 杭州：浙江大学出版社，2003.

［29］金钊. 深入贯彻落实科学发展观 加快经济发展方式转变学习读本［M］. 北京：华文出版社，2010.

［30］经济研究编辑部. 建国以来社会主义经济理论问题争鸣［M］. 北京：中国财政经济出版社，1985.

［31］李琮. 世界经济学大辞典［M］. 北京：经济科学出版社，2000.

［32］李贺军. 中国经济增长方式选择［M］. 北京：社会科学文献出版社，1999.

［33］李家祥. 经济增长方式转型比较研究［M］. 西安：陕西师范大学出版社，2000.

［34］李家祥. 中国经济改革与发展思想研究［M］. 天津：天津社会科学院出版社，2003.

［35］李连仲. 中国迈向21世纪的宏伟纲领：学习《中共中央关于制定国民经济和社会发展"九五"计划和2010年远景目标的建议》［M］. 北京：中共中央党校出版社，1995.

［36］厉无畏，王振. 转变经济增长方式研究［M］. 上海：学林出版社，2006.

[37] 刘杲. 现代汉语大词典[M]. 上海:世纪出版集团汉语大词典出版社,2000.

[38] 刘国光,李京文. 中国经济大转变:经济增长方式转变的综合研究:上[M]. 广州:广东人民出版社,2001.

[39] 刘国光. 论综合平衡:国民经济综合平衡理论问题讨论会文集[M]. 北京:中国财政经济出版社,1981.

[40] 刘国光. 马克思的社会再生产理论[M]. 北京:中国社会科学出版社,1981.

[41] 刘平量. 经济增长方式论[M]. 长沙:湖南人民出版社,2000.

[42] 刘万贵,路广平. 经济增长方式转变理论探索[M]. 北京:中国计划出版社,1998.

[43] 刘伟,等. 经济增长与结构演进:中国新时期以来的经验[M]. 北京:中国人民大学出版社,2016.

[44] 罗季荣. 马克思社会再生产理论[M]. 北京:人民出版社,1982.

[45] 马春文,张东辉. 发展经济学[M]. 北京:高等教育出版社,2005.

[46]《马克思主义经济学说史》编写组. 马克思主义经济学说史[M]. 北京:高等教育出版社,2012.

[47] 马文奇,李洁明,江洋. 从马克思到邓小平 当代中国经济理论的演变[M]. 上海:上海文艺出版社,1998.

[48] 任保平. 中国21世纪的新型工业化道路[M]. 北京:中国经济出版社,2005.

[49] 沈开艳. 结构调整与经济发展方式转变[M]. 上海:上海社会科学院出版社,2012.

[50] 沈坤荣,等. 经济发展方式转变的机理与路径[M]. 北京:人民出版社,2011.

[51] 苏星. 新中国经济史[M]. 北京:中共中央党校出版社,2007.

[52] 覃志红. 马克思总体生产思想研究[M]. 北京:人民出版社,2012.

[53] 汤照连. 邓小平经济发展论[M]. 广州:广东人民出版社,1998.

[54] 田春生,李涛. 经济增长方式研究[M]. 南京:江苏人民出版社,2002.

[55] 王先庆,文丹枫. 供给侧结构性改革:新常态下中国经济转型与变革[M]. 北京:中国经济出版社,2016.

[56] 汪海波. 我国"九五""十五"宏观经济分析[M]. 北京:经济管理出版社,2002.

[57] 汪同三,齐建国,等. 加快经济发展方式转变论[M]. 北京:社会科学文献出版社,2013.

[58] 魏杰. "十三五"与中国经济新常态[M]. 北京:企业管理出版社,2016.

[59] 吴敬琏,刘鹤,樊纲. 中国经济新方位:如何走出增长困境[M]. 北京:中信出版集团,2017.

[60] 吴易风. 马克思主义经济学与西方经济学比较研究:第2卷[M]. 北京:中国人民大学出版社,2014.

[61] 武力. 中华人民共和国经济史[M]. 北京:中国经济出版社,1999.

[62] 夏文斌. 当代中国的发展哲学:科学发展观的哲学解读[M]. 北京:人民出版社,2009.

[63] 徐明华. 自主创新:中国经济发展方式的转变[M]. 杭州:浙江人民出版社,2010.

[64] 许志功,姜汉斌. 新世纪的号角:十六大报告专题讲座[M]. 北京:西苑出版社,2003.

[65] 杨万东,张建君,黄树东. 经济发展方式转变:"本土派"与"海外派"的对话[M]. 北京:中国人民大学出版社,2011.

[66] 叶连松. 转变经济发展方式与调整优化产业结构[M]. 北京:中国经济出版社,2011.

[67] 于光远. 中国理论经济学史(1949—1989)[M]. 郑州:河南人民出版社,1996.

[68] 袁贵仁,韩庆祥. 论人的全面发展[M]. 南宁:广西人民出版社,2003.

[69] 仉建涛,刘玉珂. 经济增长模式比较[M]. 北京:经济科学出版社,1999.

[70] 张光照,张力上. 西方马克思主义经济学[M]. 北京:经济科学出版社,2001.

[71] 张仁德,杨永华. 两个转变与中国经济发展[M]. 桂林:广西师范大学出版社,1997.

[72] 张卓元，等. 新中国经济学史纲(1949—2011)[M]. 北京：中国社会科学出版社，2012.

[73] 张卓元. 十八大后经济改革与转型[M]. 北京：中国人民大学出版社，2014.

[74] 赵晓雷. 中国现代经济理论：1949—2000[M]. 上海：上海人民出版社，2001.

[75] 赵予新，等. 产粮大省粮食产业链优化研究[M]. 北京：中国农业出版社，2013.

[76] 赵振华. 加快经济发展方式转变十讲[M]. 北京：中共中央党校出版社，2010.

[77] 周叔莲. 转变经济发展方式再认识[M]. 北京：经济管理出版社，2016.

三、中文译著

[1] 巴兰，斯威齐. 垄断资本[M]. 南开大学政治经济系，译. 北京：商务印书馆，1977.

[2] 巴兰. 增长的政治经济学[M]. 蔡中兴，杨宇光，译. 北京：商务印书馆，2000.

[3] 布哈林. 布哈林文选：中[M]. 郑异凡，编. 北京：人民出版社，1981.

[4] 布雷弗曼. 劳动与垄断资本：二十世纪中劳动的退化[M]. 方生，朱其俊，吴忆萱，等译. 北京：商务印书馆，1979.

[5] 布鲁斯，拉斯基. 从马克思到市场：社会主义对经济体制的求索[M]. 银温泉，译. 上海：格致出版社，2010.

[6] 布鲁斯. 社会主义经济的运行问题[M]. 周亮勋，荣敬本，林青松，译. 北京：中国社会科学出版社，1984.

[7] 费尔巴哈. 费尔巴哈哲学著作选集：上卷[M]. 荣振华，李金山，等译. 北京：商务印书馆，1984.

[8] 费景汉，拉尼斯. 增长和发展：演进观点[M]. 洪银兴，郑江淮，等译. 北京：商务印书馆，2004.

[9] 傅立叶. 傅立叶选集：第1、2卷[M]. 北京：商务印书馆，1982.

[10] 葛兰西. 葛兰西文选(1916—1935)[M]. 北京：人民出版社，1992.

[11] 哈恰图罗夫. 现阶段苏联经济[M]. 辽宁大学经济系世界经济研究室，译. 北京:北京出版社，1981.

[12] 黑格尔. 法哲学原理[M]. 范阳，张启泰，译. 北京:商务印书馆，1982.

[13] 黑格尔. 历史哲学[M]. 王造时，译. 上海:上海书店出版社，2011.

[14] 霍华德，J. E. 金. 马克思主义经济学史(1929—1990)[M]. 顾海良，张新，总译校. 北京:中央编译出版社，2003.

[15] 霍克海默，阿多尔诺. 启蒙辩证法(哲学片断)[M]. 洪佩郁，蔺月峰，译. 重庆:重庆出版社，2006.

[16] 康帕内拉. 太阳城[M]. 陈大维，黎思复，等译. 北京:商务印书馆，1980.

[17] 魁奈. 魁奈经济著作选集[M]. 吴斐丹，张草纫，译. 北京:商务印书馆，1979.

[18] 兰格. 社会主义经济理论[M]. 王宏昌，译. 北京:中国社会科学出版社，1981.

[19] 李嘉图. 政治经济学及赋税原理[M]. 郭大力，王亚南，等译. 北京:商务印书馆，1976.

[20] 刘易斯. 经济增长理论[M]. 梁小民，译. 上海:上海三联书店，1994.

[21] 卢卡奇. 历史与阶级意识[M]. 杜章智，等译. 北京:商务印书馆，1996.

[22] 卢卡斯. 经济周期理论研究[M]. 朱善利，译. 北京:商务印书馆，2000.

[23] 罗宾逊. 论马克思主义经济学[M]. 纪明，译. 北京:商务印书馆，1962.

[24] 马尔库塞. 单向度的人:发达工业社会意识形态研究[M]. 刘继，译. 上海:上海译文出版社，1989.

[25] 米塔格. 社会主义政治经济学及其在德意志民主共和国的应用[M]. 沙吉才，译. 北京:社会科学出版社，1982.

[26] 莫尔. 乌托邦[M]. 戴镏龄，译. 北京:商务印书馆，2009.

[27] 诺思. 制度、制度变迁与经济绩效[M]. 刘守英，译. 上海:上海三联书店，1994.

[28] 诺特京. 发达的社会主义时期的再生产比例[M]. 李学曾，孙云鹏，等译. 北京:中国人民大学出版社，1982.

[29] 欧文. 欧文选集:第1—2卷[M]. 柯家峰，等译. 北京:商务印书馆，1981.

[30] 青木昌彦. 中国经济新转型[M]. 姚志敏，等译. 南京:译林出版社，2014.

[31] 琼斯. 现代经济增长理论导引[M]. 郭家麟，等译. 北京：商务印书馆，1994.

[32] 圣西门. 圣西门选集：第1、2、3卷[M]. 董果良，译. 北京：商务印书馆，1982.

[33] 斯密. 国民财富的性质和原因的研究[M]. 郭大力，王亚南，译. 北京：商务印书馆，1972.

[34] 苏联科学院经济研究所. 苏联社会主义经济史：第6卷[M]. 盛曾安，潘天虹，周邦新，译. 北京：东方出版社，1986.

[35] 托达罗. 经济发展与第三世界[M]. 印金强，赵荣美，等译. 北京：中国经济出版社，1992.

[36] 熊彼特. 经济发展理论[M]. 邹建平，译. 北京：中国画报出版社，2012.

四、学术期刊论文

[1] 曾启贤. 我国发展国民经济总方针与马克思的再生产理论[J]. 江汉学报，1963(2)：7-10.

[2] 陈军亚，郭熙保. 改革开放以来中国共产党关于转变经济发展方式的探索[J]. 社会主义研究，2011(2)：29-33.

[3] 陈孝兵. 论制度创新与经济发展方式的转变[J]. 理论学刊，2009(8)：47-51.

[4] 陈长. 引入环境的马克思经济增长理论研究[J]. 经济问题探索，2010(10)：1-7.

[5] 程恩富，朱奎. 欧美马克思主义经济思想发展脉络[J]. 甘肃社会科学，2008(4)：1-7.

[6] 戴云蒸. 学习马克思的再生产理论 搞好国民经济的调整工作[J]. 经济问题，1981(3)：14-17.

[7] 冯宝兴，万欣，张大简. 在一定时期内优先发展轻工业的客观必然性[J]. 经济研究，1980，15(1)：17-22.

[8] 冯金华. 马克思的再生产理论和经济增长的性质[J]. 上海行政学院学报，2011，12(4)：4-11.

[9] 高峰. 国外转变经济发展方式体制机制经验借鉴[J]. 世界经济与政治论坛，2008(3)：113-116.

[10] 高国顺.《资本论》与社会主义经济增长:马克思的经济增长理论初探[J]. 湖北大学学报(哲学社会科学版),2003,30(1):12-17.

[11] 高晓红. 经济增长理论:马克思与西方学者之比较[J]. 生产力研究,2004(6):7-9.

[12] 辜胜阻,王敏,李洪斌. 转变经济发展方式的新方向与新动力[J]. 经济纵横,2013(2):1-8.

[13] 谷亚光. 略论转变经济发展方式的主旋律[J]. 高校理论战线,2010(2):39-43.

[14] 顾钰民. 论加快转变经济发展方式的三大条件[J]. 毛泽东邓小平理论研究,2011(1):16-21.

[15] 贺菊煌. 关于生产资料优先增长的问题[J]. 经济研究,1979,14(9):19-23.

[16] 洪远朋. 关于社会主义积累的几个问题[J]. 经济研究,1978,13(2):59-62.

[17] 黄泰岩. 转变经济发展方式的内涵与实现机制[J]. 求是,2007(18):6-8.

[18] 贾根良. 转变对外经济发展方式 呼唤经济发展战略的变革[J]. 经济纵横,2010(9):47-50.

[19] 姜国强. 我国经济发展方式转变的制度障碍及其跨越[J]. 社会科学家,2012(5):43-45.

[20] 赖泽源. 对经济增长方式几个理论问题的初探[J]. 当代财经,1997(4):18-22.

[21] 冷兆松. 加快转变经济发展方式战略思想的形成、发展与实践[J]. 桂海论丛,2013,29(1):46-51.

[22] 李秉忠. 学习马克思的再生产理论[J]. 学习与研究,1981(1):19-21.

[23] 李陈. 马克思主义政治经济学视域下经济发展方式理论的演进与创新[J]. 当代经济研究,2016(12):38-46.

[24] 李陈. 经济发展方式理论的发展与创新:马克思主义政治经济学的关照[J]. 技术经济与管理研究,2016(12):83-87.

[25] 李陈. 邓小平经济发展新路子思想及其对我国转方式的启示[J]. 西安财经学院学报,2015,28(5):114-118.

[26] 李陈,李家祥.马克思的发展方式观及其对转变经济发展方式的启示[J].经济学家,2013(10):5-12.

[27] 李陈,李家祥.马克思经济发展方式思想的时代价值[J].学术月刊,2015,47(4):72-78.

[28] 李陈,李家祥.新常态下需用新思维推进经济发展方式加快转变[J].宁夏社会科学,2015(2):4-9.

[29] 李陈,李家祥.用发展新理念引领经济发展方式加快转变[J].改革与战略,2016,32(8):21-26.

[30] 李陈,屈艳.供给侧结构性改革引领转变经济发展方式新举措[J].改革与战略,2017,33(12):79-83.

[31] 李翀.论加快推进我国经济发展方式转变的核心发展战略[J].中山大学学报(社会科学版),2014,54(1):190-198.

[32] 李广平.马克思的经济增长理论[J].当代经济研究,2003(6):9-14.

[33] 李家祥,陈燕.我国经济增长方式转型理论的发展与启示[J].世界经济文汇,2000(2):68-72.

[34] 李家祥,彭金荣.关于我国经济增长方式转型比较研究的思考[J].经济学动态,2000(8):41-45.

[35] 刘春宇,闫泽武.构建转变经济发展方式的指标体系[J].宏观经济管理,2010(6):40-41.

[36] 林幼平.关于我国转变经济增长方式研究的综述[J].经济评论,1996(4):89-92.

[37] 刘国光.关于社会主义再生产发展速度的决定因素的初步探讨[J].经济研究,1961(3):1-23.

[38] 刘洪,魏礼群.正确处理“七五”计划中的几个重大关系[J].经济研究,1985,20(10):3-9.

[39] 刘思华.马克思再生产理论与可持续经济发展[J].马克思主义研究,1999(3):53-58.

[40] 鲁济典.生产资料生产优先增长是一个客观规律吗?[J].经济研究,1979,14(11):16-21.

[41] 罗季荣. 关于马克思再生产理论的基本原理[J]. 厦门大学学报(哲学社会科学版),1980(3):9-29.

[42] 吕律平. 关于加速发展轻工业的几个问题[J]. 经济研究,1980,15(2):26-33.

[43] 马迪军. 工业化、信息化与跨越式发展:简新华教授访谈录[J]. 探索与争鸣,2002(2):28-30.

[44] 南丽宾. 马克思的社会再生产理论与社会主义经济调节:读《资本论》札记[J]. 南昌大学学报(人文社会科学版),1988,19(1):90-95.

[45] 逄锦聚. 经济发展方式转变与经济结构调整[J]. 财会研究,2010(5):22-24.

[46] 彭五堂. 马克思经济增长理论及其现实意义[J]. 经济问题,2005(11):7-9.

[47] 蒲晓晔,赵守国. 我国经济发展方式转变的动力结构分析[J]. 经济问题,2010(4):39-45.

[48] 齐建国. 用科学发展观统领经济发展方式转变[J]. 财贸经济,2010(4):5-12.

[49] 屈炳祥. 论《资本论》与马克思的经济增长理论[J]. 经济评论,1998(4):8-12.

[50] 申广斯. 我国转变经济发展方式的制约因素与对策[J]. 统计与决策,2009(22):106-108.

[51] 沈炳珍. 制度与技术协同演化:马克思经济增长理论及其启示[J]. 演化与创新经济学评论,2009(1):40-58.

[52] 宋则行. 马克思经济增长理论探索:兼与西方现代经济增长模式比较[J]. 当代经济研究,1995(1):1-12.

[53] 苏星. 用马克思的再生产理论指导我国社会主义经济建设[J]. 科学社会主义,1991(1):11-16.

[54] 谭乃彰. 论社会主义社会扩大再生产的两种形式及其相互关系[J]. 经济问题探索,1982(6):40-42.

[55] 唐国华,许成安. 马克思经济增长理论与中国经济发展方式的转变[J]. 当代经济研究,2011(7):15-20.

[56] 唐龙. 再论从“转变经济增长方式”到“转变经济发展方式”[J]. 探索,2009(1):78-81.

[57] 汪素芹. 中国经济发展方式转变与外贸发展方式转变相互影响的实证分析[J]. 国际贸易问题,2014(1):51-60.

[58] 王辅民. 马克思的社会资本再生产理论与《经济学手稿(1857—1858年)》:问题和争论[J]. 经济学家,1991(4):110-122.

[59] 王健. 基于马克思再生产理论构建中国特色宏观经济模型[J]. 国家行政学院学报,2013(6):79-85.

[60] 王健. 马克思的再生产理论与价值规律[J]. 教学与研究,1995(6):34-38.

[61] 王珉. 加快形成新的经济发展方式[J]. 求是,2013(2):23-24.

[62] 王慎之,肖永年. 魁奈的《经济表》和马克思的再生产理论[J]. 经济科学,1983(1):45-47.

[63] 王向明,董辅礽. 社会主义经济发展的高速度问题[J]. 经济研究,1981,16(4):30-38.

[64] 王晓东. 列宁对马克思再生产理论的贡献:读列宁著作笔记[J]. 理论探讨,1985(4):1-11.

[65] 王一鸣. 加快推进经济发展方式的“三个转变”[J]. 宏观经济管理,2008(1):9-12.

[66] 王毅. 实施绿色发展 转变经济发展方式[J]. 中国科学院院刊,2010,25(2):121-126.

[67] 王毅武. 马克思《经济表》及其中国式创新[J]. 海南大学学报(人文社会科学版),2002,20(1):1-7.

[68] 吴汉龙,冯宗宪. 基于马克思扩大再生产理论的内生经济增长模型[J]. 河北经贸大学学报,2004,25(1):8-15.

[69] 吴敬琏. 经济发展模式转型的关键是体制改革[J]. 学习月刊,2010(19):49.

[70] 吴世泰. 论马克思的再生产理论[J]. 四川师院学报(社会科学版),1981,8(1):1-8.

[71] 吴树青. 转变经济发展方式是实现国民经济又好又快发展的关键[J]. 前线,2008(1):17-19.

[72] 吴易风. 经济增长理论:从马克思的增长模型到现代西方经济学家的增长模型[J]. 当代经济研究,2000(8):1-4.

[73] 吴易风. 西方经济学家论马克思主义经济增长理论[J]. 中国人民大学学报,2002,16(6):74-78.

[74] 奚兆永. 关于扩大再生产公式的一个探索[J]. 中国经济问题,1962(5):28-30.

[75] 奚兆永. 积累是扩大再生产的唯一源泉的原理不能否定[J]. 经济研究,1979,14(9):24-26.

[76] 夏东民. 自主创新与经济发展方式转变[J]. 毛泽东邓小平理论研究,2010(3):21-25.

[77] 徐朝阳,林毅夫. 发展战略与经济增长[J]. 中国社会科学,2010(3):94-108.

[78] 许崇正,柳荫成. 马克思再生产理论与社会主义市场经济[J]. 经济学家,2006(4):21-26.

[79] 严正. 关于扩大再生产公式的几个争论问题[J]. 福建师范大学学报(哲学社会科学版),1986(2):15-21.

[80] 杨继国. 基于马克思经济增长理论的经济危机机理分析[J]. 经济学家,2010(2):5-11.

[81] 杨淑华. 我国经济发展方式转变的路径分析:基于经济驱动力视角[J]. 经济学动态,2009(3):30-33.

[82] 于金富. 马克思经济发展理论的主要内容及现实意义[J]. 当代经济研究,2012(10):12-17.

[83] 李朝林,张存刚,田彦平. 马克思的经济发展思想及其现实指导意义[J]. 经济纵横,2011(3):14-18.

[84] 张华荣,陈伟雄,方忠. 加快转变经济发展方式的国际经验与中国抉择[J]. 东南学术,2013(5):85-91.

[85] 张连辉,赵凌云. 改革开放以来中国共产党转变经济发展方式理论的演进历程[J]. 中共党史研究,2011(10):64-75.

[86] 张忠任. 马克思再生产公式的模型化与两大部类的最优比例问题[J]. 政治经济学评论,2004(2):2－19.

[87] 赵峰. 马克思的增长理论[J]. 政治经济学评论,2004(2):20－48.

[88] 赵学增. 论经济增长方式的选择[J]. 中国社会科学,1997(4):102－112.

[89] 郑伟林. 马克思的经济增长理论与现代经济增长理论的比较研究[J]. 云南财经大学学报(社会科学版),2012,27(4):30－34.

[90] 周叔莲. 十七大为什么提出转变经济发展方式[J]. 中国党政干部论坛,2008(2):12－13.

[91] 朱光华. 转变经济发展方式与调整经济结构[J]. 南开学报(哲学社会科学版),2008(1):77－79.

后 记

《中国转变经济发展方式理论演进70年》的课题研究，历经两年多的时间终于完成。在研究期间，我国经济发展既取得了重大成就，也面临着一系列严峻挑战。成就方面，经济保持中高速增长，经济结构不断优化，数字经济等新兴产业蓬勃发展，创新驱动发展战略大力实施，创新型国家建设成果丰硕，重大科技成果相继问世，农业现代化稳步推进，区域发展协调性增强，经济发展的质量和效益不断提升，国内生产总值稳居世界第二。挑战方面，我国经济体量虽大，但大而不强。经济发展不仅面临着2008年金融危机后续冲击和经济下行的双重压力，以及存在的各种风险和矛盾，而且还面临着逆全球化浪潮，特别是美国挑起的中美贸易战，给我国经济发展带来很大压力和影响。这些风险与挑战也内存新的机遇，并形成了我国加快转变经济发展方式的倒逼机制。加快转变经济发展方式，推动我国经济高质量发展，已成为经济新常态时期的迫切问题。因此，在习近平新时代中国特色社会主义经济思想指导下，以马克思经济发展方式思想为理论基础，对中国转变经济发展方式理论演进70年进行研究，探索和总结其中规律，进而思考、创新和发展转变经济发展方式理论就显得更加具有积极意义。

在导师天津师范大学经济研究所所长李家祥教授的指导下，经过与导师的反复讨论，本课题在研究中国转变经济发展方式思想的理论渊源——马克思关于经济发展方式思想的基础上，以习近平经济思想为指引，梳理了新中国成立后各个阶段的转变经济发展方式理论所呈现的特点及其演进过程，并尝试总结其中的规律性认识。同时以新发展理念为指导，以供给侧结构性改革为主线，对转变经济发展方式理论在经济发展转型（即由粗放型向集约型转变）的前提下，就经济新常态时期的经济发展动力、目的、路径，以及促进经济发展的体制机制、科技创新、人才培养、结构调整、生态环境、国内外市场等方面进行了一定程度的新思考。但是由于受时间、篇幅和作者理论功底及研究能力所限，未能做到更加全面深入思考和详尽分析，这需要在听取意见后再作进一步研究，予以完善。其中的不足之处，恳请专家学者不吝指正。

本课题在研究期间，得到了四川省社科规划办、四川轻化工大学和马克思主义学院领导、同事的帮助和资金支持。在此，对上述单位的领导和同志们表示感谢！对导师李家祥教授孜孜不倦的辛勤指导和付出表示衷心感谢！